图书在版编目（CIP）数据

现代化进程中的城乡关系研究/胡怀国等著. – – 北
京：经济科学出版社，2022.3
ISBN 978 – 7 – 5218 – 3454 – 3

Ⅰ.①现… Ⅱ.①胡… Ⅲ.①城乡关系 – 研究 – 中国
Ⅳ.①F299. 21

中国版本图书馆 CIP 数据核字（2022）第 032650 号

责任编辑：周国强
责任校对：刘　昕
责任印制：张佳裕

现代化进程中的城乡关系研究
胡怀国　陈雪娟　张彩云　等著
经济科学出版社出版、发行　新华书店经销
社址：北京市海淀区阜成路甲 28 号　邮编：100142
总编部电话：010 – 88191217　发行部电话：010 – 88191522
网址：www. esp. com. cn
电子邮箱：esp@ esp. com. cn
天猫网店：经济科学出版社旗舰店
网址：http://jjkxcbs. tmall. com
固安华明印业有限公司印装
710 × 1000　16 开　14. 75 印张　230000 字
2022 年 6 月第 1 版　2022 年 6 月第 1 次印刷
ISBN 978 – 7 – 5218 – 3454 – 3　定价：86. 00 元
（图书出现印装问题，本社负责调换。电话：010 – 88191510）
（版权所有　侵权必究　打击盗版　举报热线：010 – 88191661
QQ：2242791300　营销中心电话：010 – 88191537
电子邮箱：dbts@ esp. com. cn）

课题组成员

胡怀国（首席研究员）
中国社会科学院经济研究所研究员

陈　健（执行研究员）
中国社会科学院经济研究所副研究员

陈雪娟（执行研究员）
中国社会科学院经济研究所副研究员

张彩云（执行研究员）
中国社会科学院经济研究所副研究员

张　弛（助理研究员）
中国社会科学院经济研究所助理研究员

隋筱童（助理研究员）
中国社会科学院经济研究所博士后

目　录

一

　　习近平总书记在党的十九届五中全会第二次全体会议上的讲话中指出，"中国共产党建立近百年来，团结带领中国人民所进行的一切奋斗，就是为了把我国建设成为现代化强国，实现中华民族伟大复兴"①。新中国成立以来特别是改革开放以来，我们党团结带领全国人民坚定不移解放和发展社会生产力，用几十年时间走完了发达国家几百年走过的发展历程，创造了经济快速发展奇迹和社会长期稳定奇迹，并在这一过程中"创造了中国式现代化新道路，创造了人类文明新形态"②。特别是党的十八以来，"经过长期努力，中国特色社会主义进入了新时代"③，其基本依据是我国创造的经济快速发展奇迹和社会长期稳定奇迹，极大地提高了我国社会生产力水平，并引起了我国社会主要矛盾发生了转化，即由"人民日益增长的物质文化需要同落后的社会生产之间的矛盾"转化为"人民日益增长的美好生活需要和不平衡不充分的发展之间的矛盾"，发展的不平衡不充分已经成为满足人民日益增长的美好生活需要的主要制约因素。

---

　　① 习近平：《论中国共产党历史》，中央文献出版社 2021 年，第 302 页。
　　② 习近平：《在庆祝中国共产党成立 100 周年大会上的讲话》，人民出版社 2021 年，第 14 页。
　　③ 习近平：《决胜全面建成小康社会 夺取新时代中国特色社会主义伟大胜利》，人民出版社 2017 年，第 10 页。

2021 年是中国共产党成立 100 周年，也是我国全面建成小康社会、实现第一个百年奋斗目标之后，乘势而上开启全面建设社会主义现代化国家新征程、向第二个百年奋斗目标进军的开局之年，我国正式进入了全面建设社会主义现代化国家的新发展阶段。新发展阶段是我国发展的新的历史方位和未来 30 年制定路线方针政策的根本依据，其根本任务是全面建设社会主义现代化国家，它所面临的社会主要矛盾仍然是人民日益增长的美好生活需要和不平衡不充分的发展之间的矛盾，而我国最大的不平衡仍然是城乡发展的不平衡，最大的不充分仍然是农村发展的不充分。为深入探讨我国现代化进程中的城乡关系问题，中国社会科学院经济研究所于 2019 年设立了"现代化进程中的城乡关系研究"创新项目。三年来，课题组成员从多个角度对"现代化进程中的城乡关系"及其相关问题展开了研究，并取得了一系列阶段性研究成果。本书就是在部分阶段性成果的基础上，分四个专题即"背景篇"（中国式现代化新道路）、"历史篇"（现代化进程透视下的城乡关系）、"制度篇"（基本经济制度与土地制度）和"实践篇"（乡村振兴战略），对现代化进程中的城乡关系及其相关问题进行了系统考察。

二

习近平总书记指出，"正确认识党和人民事业所处的历史方位和发展阶段，是我们党明确阶段性中心任务、制定路线方针政策的根本依据，也是我们党领导革命、建设、改革不断取得胜利的重要经验"[①]。本书第一部分"背景篇"（中国式现代化新道路）围绕我国社会主义发展的历程，对我国不同发展阶段的理论逻辑及其政策含义进行了系统分析，以期为我国"现代化进程中的城乡关系研究"提供基础性的时代背景。其中，第一章（新中国 70 年经济发展的基本逻辑）系统回顾了新中国成立 70 年以来我国经济发展的阶段性特征及其基本逻辑，指出：新民主主义革命和社会主义革命时期的基本

---

① 习近平：《把握新发展阶段，贯彻新发展理念，构建新发展格局》，《求是》2021 年第 9 期，第 4 页。

逻辑是为经济发展提供政治前提和制度基础。1956～1978 年社会主义建设时期的基本逻辑是集中力量推进工业化、为经济发展提供物质技术基础；1978～2012 年改革开放和社会主义现代化建设新时期的基本逻辑是通过破除阻碍发展的思想藩篱和体制障碍来激发社会活力、提升经济效率和促进经济发展；2012 年中国特色社会主义进入了新时代，经济发展的基本逻辑是通过高质量发展更好地满足人民日益增长的美好生活需要。第二章（新发展阶段的理论逻辑与实践逻辑）通过对人类社会发展的阶段性及其理论回应的回顾、对社会主义初级阶段阶梯式递进的梳理，系统考察了新发展阶段的理论逻辑和实践逻辑，指出新发展阶段是我国全面建设社会主义现代化国家的阶段，同时也是经过几十年积累、站到了新的起点上的社会主义初级阶段中的一个阶段，我们必须根据我国发展的阶段、环境和条件变化，统筹国内和国际两个大局、发展和安全两件大事，全面贯彻新发展理念，加快构建新发展格局，努力推动高质量发展。第三章（新发展格局的时代内涵与实现路径）对以国内大循环为主体、国内国际双循环相互促进的新发展格局进行了系统考察，指出新发展格局是我国经济现代化的路径选择；在全面建设社会主义现代化国家的新征程上，我们必须以扩大内需为战略基点、以深化供给侧结构性改革为主线、以改革创新为根本动力、以国内大循环的畅通和消费升级推动要素升级和产业升级，努力实现更高质量、更有效率、更加公平、更可持续、更为安全的发展。

"城乡发展不平衡不协调，是我国经济社会发展存在的突出矛盾，是全面建成小康社会、加快推进社会主义现代化必须解决的重大问题。"[①] 本书第二部分"历史篇"（现代化进程透视下的城乡关系）在社会主义现代化的时代背景下，对马克思恩格斯的城乡关系理论和我国城乡关系的动态演变进行了历史考察。其中，第四章（马克思恩格斯城乡关系理论研究）在探讨了马克思恩格斯城乡关系理论的现实基础和理论来源的基础上，对马克思恩格斯城乡关系理论进行了系统考察。恩格斯指出，"第一次大分工，即城市和乡村的分离，立即使农村居民陷于数千年的愚昧状况，使城市居民受到各自的专门手艺的奴役。它破坏了农村居民的精神发展的基础和城市居民的肉体发

---

① 习近平：《习近平谈治国理政》，外文出版社 2014 年，第 81 页。

展的基础"①。按照经典作家的看法，城乡对立是社会分工的结果，消灭城乡对立的根本途径是发展生产力，即通过"把生产发展到能够满足所有人的需要的规模，结束牺牲一些人的利益来满足另一些人的需要的状况；……通过城乡的融合，使社会全体成员的才能得到全面发展"②。按照马克思恩格斯城乡关系理论，提高社会生产力，推动城乡劳动力的自由流动和全面发展，是消除城乡对立、走向城乡融合的基本途径。第五章（现代化进程透视下的城乡关系演变）结合我国发展的不同阶段，系统回顾了"城乡分离"背景下马克思主义与中国国情的初步结合（1921～1949年）、社会主义革命与建设时期的快速工业化和"城乡兼顾"（1949～1978年）、改革开放和社会主义现代化建设新时期的"城乡互动"（1978～2012年）以及新时代全面建设社会主义现代化国家进程中的"城乡融合"（2012～2021年），指出必须从全面推进现代化的角度补足城乡在现代化进程中的非均衡发展短板，加快构建城乡融合发展的体制机制和政策体系。第六章（我国城乡基本公共服务的阶段性跨越）考察了伴随着社会生产力发展、经济社会制度变迁，我国城乡基本公共服务从无到有、由点到面、从零散到系统的阶段性跨越，指出城乡之间教育、医疗卫生、交通通信等基本公共服务的不平衡事关城乡居民最基本的"可行能力"水平及其制度性公平，普遍体现了并深刻影响着我国发展的现代化进程。推进城乡基本公共服务供给的均衡和城乡基本公共服务的融合式一体化发展，是实现社会主义现代化和中华民族伟大复兴的核心内容和重要支撑。

党的十九届四中全会指出，"中国特色社会主义制度和国家治理体系是以马克思主义为指导、植根中国大地、具有深厚中华文化根基、深得人民拥护的制度和治理体系，是具有强大生命力和巨大优越性的制度和治理体系，是能够持续推动拥有近十四亿人口大国进步和发展、确保拥有五千多年文明史的中华民族实现'两个一百年'奋斗目标进而实现伟大复兴的制度和治理体系"③。本书第三部分"制度篇"（基本经济制度与土地制度）对我国现代

---

① 恩格斯：《反杜林论》，《马克思恩格斯文集》第9卷，人民出版社2009年，第308页。
② 恩格斯：《共产主义原理》，《马克思恩格斯文集》第1卷，人民出版社2009年，第689页。
③ 《中共中央关于坚持和完善中国特色社会主义制度、推进国家治理体系和治理能力现代化若干重大问题的决定》，人民出版社2019年，第2～3页。

化进程中的城乡关系密切相关的基本经济制度和土地制度进行了考察。其中，第七章（社会主义基本经济制度的理论逻辑）对现代经济发展的源起及其制度前提进行了系统考察，指出社会主义基本经济制度是马克思主义基本原理同我国具体实际相结合的产物，是我国在社会主义实践探索中不断推进理论创新和实践创新所取得的重大制度性创新成果，我们不能孤立地看待包括生产资料所有制在内的某种制度的单独作用，而必须把包括社会主义基本经济制度在内的中国特色社会主义制度视为一个涉及多层次、多领域的制度体系。第八章（我国土地制度变革的理论逻辑）结合现代化进程中土地制度变革的理论基础与国际经验，对我国不同发展阶段土地制度变革的理论逻辑进行了探讨，并特别留意到：一方面，现代社会要求促进要素流动、提高配置效率，并使得要素收益更多地与人们的努力程度成比例，这意味着每个人应拥有相对平等的土地权利并更为明晰地界定有关权利的边界；另一方面，土地要素的特殊性及其收益不完全与人们努力程度成比例的内在属性，使得土地财产权利的界定又不同于其他要素，而必须更多地服从于人们对土地的利用方式，而后者又必定会随着经济社会发展和时代变迁而不断变化。第九章（我国土地制度的阶段性演变）对新中国成立 70 年来土地制度的阶段性演变进行了系统梳理，认为我国土地制度确立的历程同时也是顺应我国生产力发展要求的改革历程，而我国的土地制度不仅促进了生产力的解放和发展，而且推动了我国的城乡关系变迁。消除城乡差距、推动城乡融合发展离不开土地制度改革，特别是要加快建立城乡统一的建设用地市场。

在全面建设社会主义现代化国家的新征程上，"最艰巨最繁重的任务在农村，最广泛最深厚的基础在农村，最大的潜力和后劲也在农村。实施乡村振兴战略，是解决新时代我国社会主要矛盾、实现'两个一百年'奋斗目标和中华民族伟大复兴中国梦的必然要求，具有重大现实意义和深远历史意义"①。党的十九大立足新时代我国社会主要矛盾的转化，明确要求实施乡村振兴战略，本书第四部分"实践篇"（乡村振兴战略）结合现代化进程中的城乡关系特别是城乡融合发展对乡村振兴战略的理论逻辑、制度基础和实践

---

① 《乡村振兴战略规划：2018—2022 年》，人民出版社 2018 年，第 3~4 页。

经验进行了探讨。其中，第十章（乡村振兴战略的理论阐释）结合马克思主义城乡关系理论对乡村振兴战略和城乡融合发展进行了理论探讨，认为乡村振兴战略是马克思主义城乡关系理论的最新成果，"城乡融合"是对"城乡统筹"和"城乡一体化"的发展和超越："城乡统筹"和"城乡一体化"仍然是以城市为中心的发展模式，而城乡融合发展和乡村振兴战略更强调乡村自身的发展动力机制，是解决"三农"问题、消除城乡差距、实现城乡融合的政策交汇点。第十一章（乡村振兴战略的制度基础）系统分析了农村基本经营制度与实施乡村振兴战略之间的关系，认为农村基本经营制度是实施乡村振兴战略的制度基础，深化农村土地改革是乡村振兴战略的重要内生动力，而发展农村新型集体经济则是乡村振兴战略的重要方向。第十二章（乡村振兴的"潍坊模式"）对主要依靠自身资源实现内生性发展的"潍坊模式"进行了历史回顾、理论分析和经验总结，认为山东省潍坊市在"实现一二三产融合发展以及小农户与大市场的对接""实现资源禀赋引致的内生性发展""在党的领导下实现农户与市场共建""以公共服务均等化推动城乡关系建设""搭建离土不离乡的乡村治理体系"等方面的成功经验，对于实施乡村振兴战略、推进城乡融合发展、消除城乡差距等具有重要的参考价值和现实意义。

三

中国社会科学院经济研究所创新项目"现代化进程中的城乡关系研究"，受中国社会科学院创新工程项目经费的资助，课题组成员主要来自中国社会科学院经济研究所政治经济学研究室。政治经济学研究室主要承担经济研究所政治经济学领域的学术研究、学科建设和人才梯队建设等任务，其前身为1954年成立的政治经济学研究组，1978年正式改组为政治经济学研究室，孙冶方、骆耕漠、张卓元、吴敬琏、朱玲等著名老一辈经济学家都曾经在政治经济学研究室工作过。改革开放以来，政治经济学研究室立足我国改革开放实际，聚焦我国经济发展和经济体制改革中的重大理论和现实问题，为政治经济学的发展和国家重大方针政策提供了有力的理论支持。"十四五"时期

(2021~2025 年)，政治经济学研究室将围绕全面建设社会主义现代化国家的第二个百年奋斗目标，一方面，继续推进关于社会主义市场经济、社会主义基本经济制度、中国式现代化、中国特色社会主义政治经济学、中国特色社会主义政治经济学的思想史基础等政治经济学基本理论问题的研究；另一方面，进一步加强关于新发展阶段与新发展格局、新发展理念与高质量发展、创新驱动与数字经济、扩大内需与消费升级、乡村振兴与城乡融合、收入分配与共同富裕等我国经济社会发展中的重大问题的研究。

　　"现代化进程中的城乡关系研究"的项目执行期为 2019~2021 年。经过三年左右的努力，课题组基本实现了预期目标并达到了创新项目的要求，但我们也充分认识到：不论是"中国式现代化"，还是伴随着中国式现代化进程的"城乡关系"，都将是一个长期的过程；到目前为止，课题组只是围绕有关问题进行了初步研究，相对粗疏并存在诸多不足之处，且我们在"国别篇""理论篇"等方面的积累尚未达到形成相对成熟的阶段性成果的程度。2022~2024 年，政治经济学研究室拟就"中国式现代化的政治经济学分析"申请并执行新的创新项目，重点是立足全面建设社会主义现代化国家的新的历史方位，对全面贯彻新发展理念、加快构建新发展格局、努力推动高质量发展以及分阶段推动共同富裕等中国式现代化新道路上的重大问题进行更为深入的学理分析。在这种情况下，"现代化进程中的城乡关系研究"作为集体研究项目大致告一段落，但课题组部分成员将继续推进"国别篇"和"理论篇"的有关研究，并试图结合国际经验和理论分析，最终形成相对完整的理论框架，以更好地满足"立足我国国情和我们的发展实践，深入研究世界经济和我国经济面临的新情况新问题，揭示新特点新规律，提炼和总结我国经济发展实践的规律性成果，把实践经验上升为系统化的经济学说，不断开拓当代中国马克思主义政治经济学新境界"[①] 的时代要求。

（执笔人：胡怀国）

---

　　① 习近平：《不断开拓当代中国马克思主义政治经济学新境界》，《求是》2020 年第 16 期，第 4~9 页。

参 考 文 献

[1] 胡怀国：《新中国70年经济发展的基本逻辑》，《理论观察》2019年第12期，第5～14页；全文转载于：中国人民大学复印报刊资料《社会主义经济理论与实践》，2020年第5期，第20～31页（本书第一章）。

[2] 胡怀国：《新发展阶段的理论逻辑：一种思想史的视角》，《改革与战略》2021年第5期，第1～10页（本书第二章）。

[3] 胡怀国：《新发展格局的内在逻辑、时代内涵与实现路径》，《山东社会科学》2021年第2期，第5～11页；全文转载于：中国人民大学复印报刊资料《体制改革》，2021年第5期，第3～11页（本书第三章）。

[4] 隋筱童：《马克思恩格斯城乡关系理论研究及新时代启示》，《兰州学刊》2020年第10期，第103～117页（本书第四章）。

[5] 陈雪娟、胡怀国：《中国现代化进程透视下的城乡关系演变》，《经济纵横》2021年第5期，第9～17页；转载于：《中国社会科学文摘》2021年第9期，第81～82页（本书第五章）。

[6] 陈雪娟、胡怀国：《我国城乡基本公共服务的阶段性跨越——现代化进程中的透视》，《河北经贸大学学报》2022年第3期，第26～33页（本书第六章）。

[7] 胡怀国：《理解社会主义基本经济制度：一种思想史的视角》，《改革与战略》2020年第8期，第1～15页；全文转载于：中国人民大学复印报刊资料《社会主义经济理论与实践》，2020年第11期，第5～17页（本书第七章）。

[8] 胡怀国：《中国现代化进程中的土地制度：百年变革的理论逻辑》，《当代经济研究》2021年第6期，第15～23页（本书第八章）。

[9] 张彩云、隋筱童：《中华人民共和国成立70年来中国土地制度的阶段性演变及成就》，《改革与战略》2019年第5期，第16～25页；全文转载于：中国人民大学复印报刊资料《社会主义经济理论与实践》，2019年第11期，第50～57页（本书第九章）。

[10] 张彩云、隋筱童、胡怀国、陈健：《乡村振兴潍坊模式的昌邑实践》导论（乡村振兴战略的理论阐释），经济科学出版社2021年，第1～14页（本书第十章）。

[11] 王立胜、张弛：《不断完善农村基本经营制度：乡村振兴战略的制度基础》，《理论学刊》2020年第2期，第53～59页（本书第十一章）。

[12] 张彩云、隋筱童、胡怀国、陈健：《乡村振兴潍坊模式的昌邑实践》第一章（农业农村现代化的"潍坊模式"），经济科学出版社2021年，第15～30页（本书第十二章）。

背景篇
中国式现代化新道路

第一章
新中国 70 年经济发展的基本逻辑

[摘要] 社会主义革命、建设和改革开放，都是为了解放和发展生产力，更好地满足人民需要，不断促进人的全面发展、全体人民共同富裕。其中，新民主主义革命和社会主义革命时期的基本逻辑，是建立新中国、确立社会主义基本制度，为经济发展提供政治前提和制度基础。1956～1978 年社会主义建设时期，基本逻辑是在保障人们基本生活的条件下，集中力量推进工业化，为经济发展提供物质技术基础。1978～2012 年改革开放和社会主义现代化建设新时期，基本逻辑是破除阻碍发展的思想藩篱和体制障碍，通过市场化改革激发社会活力、提升经济效率，提高经济发展水平和人们生活水平。2012 年以来，中国特色社会主义进入了新时代，新时代的发展一定是更为全面的发展，也一定是"以人民为中心"的发展。

[关键词] 经济发展　制度基础　工业化　社会主义市场经济

新中国成立 70 年以来，我国社会经济发生了翻天覆地的巨大变化，几十年间成功地从一个相对落后的传统农业国，快速成长为经济总量世界第二、制造业规模和货物贸易量世界第一的工业大国，创造了经济发展的中国奇迹。习近平曾深刻地指出，"新中国成立以来特别是改革开放以来，在不到 70 年的时间内，我们党带领人民坚定不移解放和发展社会生产力，走完了西方几百年的发展历程，推动我国快速成为世界第二大经济体"①。这是深刻改变中

---

① 习近平：《在纪念马克思诞辰 200 周年大会上的讲话》，人民出版社 2018 年，第 18 页。

华民族命运的巨大发展成就，是实现中华民族伟大复兴进程中具有决定性意义的历史性飞跃。不过，正如习近平指出的，"中华民族伟大复兴，绝不是轻轻松松、敲锣打鼓就能实现的"[①]，新中国 70 年来的巨大发展成就来之不易，其间不乏曲折的艰辛探索过程，但我国社会经济发展的巨大成就，尤其是 70 年来创造的经济快速发展奇迹和社会长期稳定奇迹本身，仍然雄辩地表明：我们一定始终坚持了某种正确的东西，背后必定存在某种有待于我们探究的基本逻辑。本文愿就此作初步的尝试。

一、引　言

克拉克曾经观察到，"1800 年以前，在我们所能观察到的所有社会中，人均收入会有所波动，时好时坏，但却没有发生趋势性变化。……即使到 1813 年，大部分人的物质条件并不比他们非洲大草原的祖先好"[②]。一般认为，在传统农业社会发展阶段，生活在不同时期、不同地区的人们，至少就人均收入水平和生活质量而言，或许有量的差别，但并无质的不同。工业革命则深深地改变了这一切：18 世纪中叶以来，率先发轫于英国的工业革命及其在不同地区的扩展，不仅极大地促进了社会生产力的发展并深刻地改变了整个社会的组织方式和运行模式，而且为理论经济学的产生和发展提供了丰厚的土壤。至少到目前为止，经济思想史上的不同理论经济学体系及其主要经济理论，往往对应于工业化的不同情形或工业化进程的不同阶段。例如：伴随着英国工业革命兴盛的古典经济学体系，针对后发国家如何通过工业化实现经济赶超的李斯特国家经济学说，深入剖析工业化过程中"劳动－资本关系"、旨在实现"人是人的最高本质"的马克思政治经济学；伴随着第二次工业革命的兴起、学科分工和经济学的职业化而着重探讨市场机制在资源

[①] 习近平：《决胜全面建成小康社会　夺取新时代中国特色社会主义伟大胜利》，人民出版社 2017 年，第 15 页。
[②] G. Clark, *The Industrial Revolution*, In：P. Aghion & S. Durlauf ed., *Handbook of Economic Growth*, Vol. 2A, Elsevier 2014, P. 217.

配置方面决定性作用的新古典经济学,以及随着工业化在主要经济体的充分展开和生产能力的相对过剩、重点探讨政府部门在解决有效需求不足和稳定宏观经济等方面重要作用的凯恩斯经济学说等等,概莫能外。

从传统农业社会转型为现代工业社会是一个艰难而又复杂的过程。英国工业革命以来开辟的工业化、现代化路径,是理论经济学的主要研究对象,且经过 200 余年的积累有着相对成熟的理论体系和相对丰富的政策工具,但迄今为止,世界上只有约 1/6 的人口按照这一路径取得了相对成功,跻身于发达经济体之列。我国在短短 70 年时间里大致走完了西方几百年的发展历程,其工业化、现代化路径与西方国家存在很大的不同,在很大程度上"拓展了发展中国家走向现代化的途径,给世界上那些既希望加快发展又希望保持自身独立性的国家和民族提供了全新选择,为解决人类问题贡献了中国智慧和中国方案"①。这是拥有不同历史文化传统和具体国情的东西方社会所走过的两种不同的工业化、现代化路径,它们之间既存在若干共同之处,又有着本质的不同。大致而言,当前欧美发达经济体的经济发展和现代化转型,很大程度上是英国工业革命不断扩展的结果,它们遵循着类似的基本逻辑。新中国成立以来的发展经验则有所不同:作为世界上唯一拥有数千年不曾间断文明的国家,我们拥有不同于欧美国家的历史文化积淀,不仅在人口、资源、气候等方面与西方国家有异,而且近代以来更是在西方工业文明的冲击下处境艰难,因而在工业化、现代化进程中既存在着某种共性,又面临着迥然不同于西方社会的诸多特性、遵循着不同的基本逻辑。

正如习近平指出的,"站立在 960 万平方公里的广袤土地上,吸吮着中华民族漫长奋斗积累的文化养分,拥有 13 亿中国人民聚合的磅礴之力,我们走自己的路,具有无比广阔的舞台,具有无比深厚的历史底蕴,具有无比强大的前进定力"②。新中国成立 70 周年之际,我们有必要立足于我国 70 年经济发展实践,结合东西方社会不同的发展经验和路径选择,借助于历史的、国别的、理论的比较研究,系统地总结提炼我国 70 年经济发展的基本逻辑。

---

① 习近平:《决胜全面建成小康社会 夺取新时代中国特色社会主义伟大胜利》,人民出版社 2017 年,第 10 页。

② 习近平:《在哲学社会科学工作座谈会上的讲话》,人民出版社 2016 年,第 16 ~ 17 页。

二、经济发展的国际经验：路径选择与理论回应

人类社会曾长期处于传统农业社会，18 世纪中叶以来的英国工业革命率先启动了现代意义上的经济发展，它是近代欧洲一系列事件的产物，有着较为长期的物质上、思想上的准备。按照胡怀国的观察，"1453 年君士坦丁堡的陷落，阻断了东西方社会的传统商路，引发了欧洲社会的一系列连锁反应并重塑了近代世界格局。尤其是 1492 年的地理大发现、16 世纪的宗教改革，推动了欧洲民族意识的形成和民族国家的勃兴，迎来了重商主义或马克思所说的'工场手工业'时代，并为苏格兰启蒙运动、法国启蒙运动以及英国工业革命在 18 世纪的兴起，以及 19 世纪其在欧洲大陆和北美地区的扩展，提供了思想上的准备和现实的物质基础"①。近代欧洲的现代化进程，最早与宗教改革催生的民族语言和民族国家的形成有关：正是民族国家的形成以及国王与商业资本的结盟，使得欧洲若干国家在重商主义时代、在中世纪传统模式的缝隙中，找到了一条在全球范围内迅速积累财富并在近代国家竞争中脱颖而出的新路径，为欧洲后来的工业革命积累了初步的物质基础。从某种程度上讲，民族国家的形成和成长，是近代欧洲打破中世纪沉寂、走向工业化和现代化的最基本的政治前提。

不过，尽管国王和商业资本结盟的重商主义理论和政策，有助于积累财富和国家富强，有助于若干国家在国际竞争中脱颖而出，但它本身与工业化、现代化并没有太多的关系。正如重商主义的系统批判者亚当·斯密指出的，"重商主义所要奖励的产业，都是有钱有势的人所经营的产业。至于为贫苦人民的利益而经营的产业，却往往被忽视、被压抑"②。工业化和现代化需要一种新型的社会组织方式和经济运行模式，一方面，它有赖于人们在一定的政治、法律和经济秩序下自愿平等的普遍参与，另一方面，"在一个政治修

---

① 胡怀国：《中国特色社会主义政治经济学国家主体性的历史逻辑与思想史基础》，《经济纵横》2019 年第 7 期，第 28~29 页。

② 亚当·斯密：《国民财富的性质和原因的研究》下卷，商务印书馆 1996 年，第 212 页。

明的社会里，造成普及到最下层人民的那种普遍富裕情况的，是各行各业的产量由于分工而大增"①，即这种自愿平等的普遍参与导致的是一种普遍富裕，而不是强化某个群体的相对优势甚至导致整个社会的撕裂。正是基于这种认识，亚当·斯密在英国工业革命之初，立足工业化和市场经济的发育完善，提出了截然不同于重商主义的第一个现代意义上的政治经济学体系，开启了理论经济学的古典时代：一方面，"每一个人，在他不违反正义的法律时，都应听其完全自由，让他采用自己的方法，追求自己的利益，以其劳动及资本和任何其他人或其他阶级相竞争"②；另一方面，人们在进行有关经济活动时，需要一定的政治前提和制度基础，以维持国家独立和主权完整、捍卫公平正义、提供公共服务和市场矫正措施等，或如亚当·斯密所言："第一，保护社会，使不受其他独立社会的侵犯。第二，尽可能保护社会上各个人，使不受社会上任何其他人的侵害或压迫，这就是说，要设立严正的司法机关。第三，建设并维持某些公共事业及某些公共设施"③。

然而，尽管工业革命通过普遍的劳动分工和市场交易，大大提高了劳动生产率、促进了经济发展并在很大程度上造成了"普及到最下层人民的那种普遍富裕"，但同时也表现出了某种二重性，尤其是在自由竞争条件下劳动相对于资本的弱势地位。亚当·斯密早在英国工业革命之初就注意到了这一点，生活在英国工业革命晚期的马克思，则敏锐而深刻地认识到了这个问题并给出了更深入系统的分析，指出："分工提高劳动的生产力，增加社会的财富，促使社会精美完善，同时却使工人陷于贫困直到变为机器。劳动促进资本的积累，从而也促进社会富裕程度的提高，同时却使工人越来越依附于资本家"④。马克思认为，"人是人的最高本质"，经济发展的最终目的是实现人自由而全面的发展，共产主义是人类社会的最终归宿："共产主义是对私有财产即人的自我异化的积极的扬弃，因而是通过人并且为了人而对人的本

① 亚当·斯密：《国民财富的性质和原因的研究》上卷，商务印书馆 1996 年，第 11 页。
② 亚当·斯密：《国民财富的性质和原因的研究》下卷，商务印书馆 1996 年，第 252 页。
③ 亚当·斯密：《国民财富的性质和原因的研究》下卷，商务印书馆 1996 年，第 252～253 页。
④ 马克思：《1844 年经济学哲学手稿》，《马克思恩格斯文集》第 1 卷，人民出版社 2009 年，第 123 页。

质的真正占有"①，并在后来系统的政治经济学研究中，深入剖析了资本主义生产方式，构建了人类历史上第一个马克思主义政治经济学体系，揭示了社会主义取代资本主义的必然性，实现了社会主义从空想到科学的历史性飞跃。

斯密和马克思分别开创了古典经济学和马克思主义政治经济学，其理论背景都是率先启动工业革命的英国，如马克思在 1867 年《资本论》第一版序言中明确指出："我要在本书研究的，是资本主义生产方式以及和它相适应的生产关系和交换关系。到现在为止，这种生产方式的典型地点是英国。因此，我在理论阐述上主要用英国作为例证。"② 与率先启动工业革命并长期处于领先地位的英国不同，几乎所有国家在启动工业化的过程中都会面临着来自领先工业国的竞争压力甚至战争威胁，尤其是在第二次工业革命中脱颖而出的德国。从某种意义上讲，德国经济学家李斯特开辟的国家经济学说，正是试图为那些落后工业国如何反超先进工业国提供某种理论说明。正如李斯特强调的，由于不同的国家处于不同的发展阶段，"现在就让羔羊和狮子躺在一起还不安全"③，我们需要一种国家经济学："国家经济学认为，希望获得最高度独立、最高度文化和物质繁荣的国家，应该在其权力范围内采取一切措施，捍卫其经济安全免遭任何外国的攻击，不管这种攻击是采取敌视性法规的形式还是采取军事行动的形式。一个国家要能保护自己，应该尽其可以利用的物质和人力资源，建立工业，并促进工业发展"④。也就是说，在先进工业国的竞争压力下，落后国家的工业化缺乏从容渐进的外部条件，有必要"采取一切措施"确保国家独立和国家安全，并尽其一切可以利用的资源推进工业化。德国正是通过这种策略并利用第二次工业革命的契机，实现了经济发展和工业化的反超，到 1913 年已经全面超过英国，成为欧洲头号经济强国和第一大工业国。

俄国与德国一样，在第二次工业革命期间启动了工业化进程，但由于落

---

① 马克思：《1844 年经济学哲学手稿》，《马克思恩格斯文集》第 1 卷，人民出版社 2009 年，第 185 页。

② 马克思：《资本论》"第一版序言"，《马克思恩格斯文集》第 5 卷，人民出版社 2009 年，第 8 页。

③ 李斯特：《政治经济学的自然体系》，商务印书馆 1997 年，第 29 页。

④ 李斯特：《政治经济学的自然体系》，商务印书馆 1997 年，第 30 页。

后的生产力水平、顽强的封建残余，不论是工业化进程和资本主义生产关系的发展，还是 1861 年废除农奴制、20 世纪初斯托雷平土地改革，尽管在一定程度上提高了生产力水平，但同时却造成了更为严重的社会不公和某种程度的社会撕裂。正是基于俄国的特殊国情，列宁对马克思主义政治经济学进行了重大的理论创新，提出了马克思主义国家理论、政党理论、垄断资本理论、帝国主义理论等一系列新理论，并领导俄国人民建立了苏维埃政权和人类历史上第一个社会主义国家。此后，苏联在第一个五年计划（1928～1932年）期间完成了从农业国向工业国的转变，在第二个五年计划（1933～1937年）期间跃升为欧洲第一大工业国，不仅快速实现了工业化、推动了苏联经济发展，而且为二战期间战胜纳粹德国奠定了雄厚的物质基础。不仅如此，苏联短短 20 年间迅速实现工业化，尤其是 20 世纪 30 年代突飞猛进之时，恰逢西方世界陷入空前的、长期的"大萧条"之际，苏联在落后农业国基础上迅速推进工业化并实现经济赶超的经验，引起了各国人民的普遍关注，成为一种独特并产生广泛影响的发展模式。

也就是说，就欧洲的发展经验而言，18 世纪的英国、19 世纪的德国和 20 世纪的俄国，先后经历了工业化进程，后者更是在更为落后的生产力水平上成功地实现了反超，先后成为欧洲第一大工业国。当然，它们的国情各异，工业化进程各有不同；它们在成功地实现工业化、推动经济发展的同时，也各自存在着明显的不足甚至重大的缺陷。例如，英国的工业革命经历了长期渐进的过程，其间自由竞争的原始积累期，让人们充分领略了不同阶层在工业化进程中的不同处境、资本相对于劳动的优势地位及其残酷性，如恩格斯曾指出："1840 年，利物浦上等阶级（贵族、自由职业者等）的平均寿命是 35 岁，商人和收入较好的手工业者是 22 岁，工人、短工和一般雇佣劳动者只有 15 岁"[①]。德国的生产力水平相对落后，且在工业化进程中面临着来自先进工业国的竞争压力，故正如李斯特国家经济学说所表明的那样，更多地采取了不惜"一切措施"甚至军事行动的策略来确保国家安全、推动经济发展和工业化，但在成功地成为欧洲第一大经济体和第一大工业国不久，先后

---

① 恩格斯：《英国工人阶级状况》，《马克思恩格斯文集》第 1 卷，人民出版社 2009 年，第 420 页。

成为第一次世界大战和第二次世界大战的主要策动国，给人类社会带领了巨大的灾难，我们不能说二者之间完全没有关系。苏联是在生产力更为落后的农业国、封建生产关系占主导地位的基础上推进工业化的，它的基础更为薄弱，但进程更为迅速、成效更为显著，时间上距离我们也最近，给人们的印象也更为深刻，其间形成的社会主义传统模式不仅为战后整个社会主义阵营，而且为二战之后赢得民族解放的诸多落后国家所借鉴，但它自身存在的严重教条主义和僵化体制，却为 20 世纪 80 年代世界社会主义运动遭遇严重挫折，埋下了伏笔。

我国国情更为复杂。正如党的十九大报告指出的，"鸦片战争后，中国陷入内忧外患的黑暗境地，中国人民经历了战乱频仍、山河破碎、民不聊生的深重苦难。为了民族复兴，无数仁人志士不屈不挠、前仆后继，进行了可歌可泣的斗争，进行了各式各样的尝试，但终究未能改变旧中国的社会性质和中国人民的悲惨命运"①。一方面，我们拥有数千年小农经济的历史文化传统，幅员辽阔，不同地区的自然条件、发展水平千差万别，且在西方先进工业国的压力下，我们几乎不具有西方那种从容地积累现代化因素、渐次地展开工业化进程的客观条件。另一方面，近代以来的中华民族久经磨难，中国人民经历了战乱频仍、山河破碎、民不聊生的深重苦难，这意味着英国工业革命所经历的那种纯自由竞争的或资本主义式的工业化过程，尤其是其在促进效率的同时极大地强化"劳动相对于资本的弱势地位"的性质，是积贫积弱的中华民族和生活困顿的大部分中国人民所难以承受的。也就是说，在工业化进程的起点上，我们的国情更为复杂、生产力水平更为落后。内部的封建主义沉疴、外来的帝国主义压力、困顿的人民生活、屈辱的近代历史，使得我们很难直接借鉴英国、德国、苏联的经验，而必须结合我国具体国情，历经一个艰辛探索的过程。

---

① 习近平：《决胜全面建成小康社会 夺取新时代中国特色社会主义伟大胜利》，人民出版社2017 年，第 13 页。

三、经济发展的政治前提与制度基础：新中国成立与社会主义基本制度的确立

国际经验表明，独立自主的民族国家是经济发展最基本的前提，迄今尚无任何一个大的国家，可以在山河破碎的状态下成功地推进工业化、实现经济发展，中国同样不能例外。早在抗日战争接近尾声之际，毛泽东就深刻地指出："一八四〇年鸦片战争以来的一百零五年的历史，特别是国民党当政以来的十八年的历史，清楚地把这个要点告诉了中国人民。一个不是贫弱的而是富强的中国，是和一个不是殖民地半殖民地的而是独立的，不是半封建的而是自由的、民主的，不是分裂的而是统一的中国，相联结的。……解放中国人民的生产力，使之获得充分发展的可能性，有待于新民主主义的政治条件在全中国境内的实现。"① 1949 年中华人民共和国的成立，我国实现了国家独立和人民解放，完成了新民主主义革命，"彻底结束了旧中国半殖民地半封建社会的历史，彻底结束了旧中国一盘散沙的局面，彻底废除了列强强加给中国的不平等条约和帝国主义在中国的一切特权，实现了中国从几千年封建专制政治向人民民主的伟大飞跃"②。不过，对于近代以来积贫积弱的中华民族而言，国家独立和人民解放为经济发展提供了必要条件，但并不足以引领我们步入现代经济发展的轨道：一方面，落后的生产力和困顿的人民生活，使得自由竞争的英国式工业化路径所强化的劳动相对于资本的弱势，是我们的人民难以承受的；另一方面，我们是一个大国、东方大国，一个小农经济占主导地位的落后国，难以像英国和德国那样利用世界殖民体系实现原始资本积累，而不得不更多地依靠自己的力量，走独立自主的工业化道路。历史的、现实的、国际的各种因素，使得社会主义成为我们的必然选择。

然而，与马克思的最初设想不同，我们并不是生产力高度发达、资本主

---

① 毛泽东：《论联合政府》，《毛泽东选集》第 3 卷，人民出版社 1991 年，第 1080 页。
② 习近平：《在庆祝中国共产党成立 95 周年大会上的讲话》，人民出版社 2016 年，第 3 页。

义生产关系充分发展并已严重阻碍生产力发展的国家，我们还是一个传统经济方式占绝对主导地位的落后农业国。这意味着，在最终确立社会主义制度之前，我们要经历一个较长的、利用一切因素尽可能提高社会生产力的过渡时期。马克思曾指出过这一点，如他在《资本论》第一版序言谈到生产力相对落后、工业化进程起步不久的德国时指出，德国"同西欧大陆所有其他国家一样，不仅苦于资本主义生产的发展，而且苦于资本主义生产的不发展。……古老的、陈旧的生产方式以及伴随着它们的过时的社会关系和政治关系还在苟延残喘"①。毛泽东更是深刻地指出，"现在的中国是多了一个外国的帝国主义和一个本国的封建主义，而不是多了一个本国的资本主义，相反地，我们的资本主义是太少了"②。当然，利用资本主义的目的是更快地发展生产力，为完成社会主义革命、建立社会主义制度并最终实现人自由而全面的发展奠定更坚实的物质基础，而不是为了满足资本的逐利本性、增进资本相对于劳动的优势地位，故毛泽东进一步解释说："为了对付帝国主义的压迫，为了使落后的经济地位提高一步，中国必须利用一切于国计民生有利而不是有害的城乡资本主义因素……我们现在的方针是节制资本主义，而不是消灭资本主义。"③

　　正是基于对我国国情的准确把握、对马克思主义基本原理的深刻理解，1949 年新中国成立后，我们在迅速医治战争创伤、恢复国民经济，尤其是结束抗美援朝之后，于 1953 年确立了社会主义过渡时期的总路线和总任务："从中华人民共和国成立，到社会主义改造基本完成，这是一个过渡时期。党在这个过渡时期的总路线和总任务，是要在一个相当长的时期内，逐步实现国家的社会主义工业化，并逐步实现国家对农业、对手工业和对资本主义工商业的社会主义改造。"④ 这是一个利用包括资本主义在内的各种因素努力推动生产力发展，为社会主义奠定更坚实的物质基础，并在此基础上通过社

---

① 马克思：《资本论》"第一卷序言"，《马克思恩格斯文集》第 5 卷，人民出版社 2009 年，第 9 页。
② 毛泽东：《论联合政府》，《毛泽东选集》第 3 卷，人民出版社 1991 年，第 1060 页。
③ 毛泽东：《论人民民主专政》，《毛泽东选集》第 4 卷，人民出版社 1991 年，第 1479 页。
④ 毛泽东：《革命的转变和党在过渡时期的总路线》，《毛泽东文集》第 6 卷，人民出版社 2009 年，第 316 页。

会主义改造，确立社会主义制度的过渡时期。按照最初的估计，"要完成这个任务，大约需要经过三个五年计划，就是大约十五年左右的时间（从一九五三年算起，到一九六七年基本上完成，加上经济恢复时期的三年，则为十八年，这十八年中已经过去了四年)，那时中国就可以基本上建设成为一个伟大的社会主义国家"①。这一判断，是符合马克思主义基本原理和我国具体国情的。不过，在具体实践探索中，这一过程被大大缩短了：到 1956 年底，我国基本实现对个体农业、手工业和资本主义工商业的社会主义改造，完成了社会主义革命，确立了社会主义基本制度。其原因是多方面的，一方面，面对近代以来积贫积弱的具体国情、长期战争造成的千疮百孔、国内外的复杂局势以及西方国家的政治孤立、经济封锁甚至战争威胁等，中国人民对建设新中国的机会倍感珍惜、普遍存在某种赶超心理。另一方面，这也同当时的国际局势有关。从某种程度上讲，我们在社会主义革命和建设时期，正处于社会主义和资本主义两大阵营相互对抗的时期，几乎自始至终都面临着战争的阴霾，我们迫切需要的和平环境并不是我们自己能够单独决定的，努力争取并充分利用国际和平的间隙、加快推进社会主义建设更多地是一种不得已的选择。

在回顾这段历史时，我们不能忘记这一国际背景。不妨以毛泽东访苏期间的一段经历为例。1949 年 12 月 16 日，毛泽东在与斯大林会谈时问道："目前最重要的问题是保障和平问题。中国需要三至五年的和平时间，以便把经济恢复到战前水平和稳定国内局势……因此，中共中央委托我向您了解，如何和在多大程度上能够保障国际和平"②；斯大林的回答是，"和平取决于我们的努力。如果我们齐心协力，不仅能够保障五至十年的和平，而且能够保障二十至二十五年，甚至更长时间的和平"③。然而，即便有这种努力、获得了这一保证，但刚刚过去了半年左右的时间，就爆发了多国卷入的朝鲜战争，使得我们在医治战争创伤、恢复国民经济的关键时刻，在承受了巨大的

---

① 毛泽东：《革命的转变和党在过渡时期的总路线》，《毛泽东文集》第 6 卷，人民出版社 2009 年，第 316~317 页。

②③ 中共中央文献研究室：《毛泽东年谱：1949—1976》第 1 卷，中央文献出版社 2013 年，第 59 页。

压力、付出了巨大的牺牲之后，才换来了难得的和平。我们必须结合时代背景和国际局势来理解当时的选择。也就是说，我们在进行社会主义革命和社会主义建设的过程中，始终有一种争取并珍惜国际和平、与时间赛跑的紧迫感和危机意识，不仅社会主义改造的进度大大超出了最初的估计（在三年而不是十五年时间里基本完成了社会主义改造），而且在 1956 年确立社会主义基本制度、步入全面建设社会主义时期不久，就发生了以"全民大炼钢铁"为代表的"大跃进"运动，试图在短时间内迅速赶超英美发达经济体的工业化水平，一度造成了国民经济的严重困难。也就是说，这种特殊环境下形成的紧迫感和危机意识，某种程度上是经济发展的双刃剑：它既有可能激发人们的工作激情、推进经济发展，又有可能造成"左"倾冒进、导致严重损失，令我们在社会主义实践探索中历经曲折。

回顾这段历史，尽管我们没有像预想的那样，在一个相对较长的过渡时期内，充分利用包括资本主义因素在内的各种因素来努力提高社会生产力水平，但我们的新民主主义革命和社会主义革命还是整体上取得了远超预期的巨大成功："在一个几亿人口的大国中比较顺利地实现了如此复杂、困难和深刻的社会变革，促进了工农业和整个国民经济的发展，这的确是伟大的历史性胜利。"[1] 简言之，从 1949 年中华人民共和国成立到 1956 年底基本实现对个体农业、手工业和资本主义工商业的社会主义改造，我们完成了社会主义革命，确立了社会主义基本制度，"完成了中华民族有史以来最为广泛而深刻的社会变革，为当代中国一切发展进步奠定了根本政治前提和制度基础，实现了中华民族由近代不断衰落到根本扭转命运、持续走向繁荣富强的伟大飞跃"[2]。新民主主义革命和社会主义革命的完成，新中国的成立和社会主义基本制度的确立，为我国经济发展奠定了根本的政治前提和制度基础，也是新中国 70 年发展取得巨大成就的第一个基本逻辑。

---

[1] 《中国共产党中央委员会关于建国以来党的若干历史问题的决议》，中共中央文献研究室：《改革开放三十年重要文献选编》，中央文献出版社 2008 年，第 189 页。

[2] 习近平：《决胜全面建成小康社会 夺取新时代中国特色社会主义伟大胜利》，人民出版社 2017 年，第 14 页。

四、经济发展的物质技术基础：工业化路径与社会主义建设时期的艰辛探索

早在 1776 年初版的《国富论》中，亚当·斯密就颇具预见性地指出，"世界上从未存在过而且也决不能存在完全没有制造业的大国"①。中国是一个大国，一个农业占主导地位的东方大国，制造业对于我国的经济发展同样是必不可少的，甚至是我国实现经济发展的关键环节。对此，毛泽东深有体会："在农业国的基础上，是谈不上什么强的，也谈不上什么富"②，"现在我们能造什么？能造桌子椅子，能造茶碗茶壶，能种粮食，还能磨成面粉，还能造纸，但是，一辆汽车、一架飞机、一辆坦克、一辆拖拉机都不能造"③，我国的经济发展有赖于大规模地启动和推进工业化进程，这既是我国国情所决定的，也是各国发展经验所充分表明了的。然而，工业化是一个充满不确定性的艰难过程，西方国家有着相对成熟的工业化经验和理论成果，但鸦片战争以来的百余年经历，表明我们无法有效复制这种经验：理论上，西方经济学本质上属于"小国模型"，而大国有大国的特殊性，资本的逐利性和自发的市场机制，不足以在支离破碎、相对封闭甚至相互隔绝的 960 万平方公里的土地上，把存在巨大差异、处于不同发展水平的数亿人口带入一个人们普遍参与、普遍受益的工业化时代；经验上，美国在南北战争、日本在明治维新、德国在普法战争之后，利用第二次工业革命的契机开启了全国性的工业化进程，晚清的洋务运动在时间上与之相若甚至更早，此后还先后经历了所谓晚清"同光中兴"和民国"黄金十年"，但即便到新中国成立前夕，"中国还有大约百分之九十左右的分散的个体的农业经济和手工业经济，这是落后的，这是和古代没有多大区别的，我们还有百分之九十左右的经济生活停

---

① 亚当·斯密：《国民财富的性质和原因的研究》上卷，商务印书馆 1996 年，第 368 页。
② 毛泽东：《在资本主义工商业社会主义改造问题座谈会上的讲话》，《毛泽东文集》第 6 卷，人民出版社 1999 年，第 495 页。
③ 毛泽东：《关于中华人民共和国宪法草案》，《毛泽东文集》第 6 卷，人民出版社 1999 年，第 329 页。

留在古代"①。

在这种情况下，苏联 20 世纪 30 年代在短短一二十年间快速实现工业化，并且不仅在二战中战胜了武装到牙齿的纳粹德国，而且迅速崛起为战后能够与美国相抗衡的国家，其发展经验和工业化路径对积贫积弱的中国无疑具有极大的吸引力和一定的借鉴意义。再加上战后国际格局的变化，我国历史地选择了借鉴苏联的工业化路径和社会主义传统模式，即以生产资料所有制的单一公有制、高度集中的计划经济体制和高度集权的行政管理体制等为特征的社会主义传统模式。1956 年，我国确立了社会主义基本制度，开启了社会主义建设的新征程，其核心逻辑是在维持社会稳定、保障人民基本生活的前提下，尽可能地整合各种资源、尽快地推进工业化，包括统购统销、人民公社、户籍制度在内的一系列体制机制和制度安排，在很大程度上都是为了配合这一目标。当然，尽管我们更多地借鉴了苏联的工业化经验，但并没有完全照搬，毛泽东曾总结说："解放后，三年恢复时期，对搞建设，我们是懵懵懂懂的。接着搞第一个五年计划，对建设还是懵懵懂懂的，只能基本上照抄苏联的办法，但总觉得不满意，心情不舒畅。"② 整体而言，从 1956 年确立社会主义基本制度到 1978 年正式启动改革开放，我们进行了社会主义建设的艰辛探索，其间我们取得了显著的建设成就，在某种意义上为改革开放以来的"富起来"和新时代的"强起来"奠定了必不可少的物质技术基础，同时也付出了一定的代价甚至是惨痛的教训。

不过，正如习近平指出的，"中国共产党的伟大不在于不犯错误，而在于从不讳疾忌医，敢于直面问题，勇于自我革命，具有极强的自我修复能力"③。在社会主义建设的艰辛探索过程中，尽管我们不乏曲折的经历甚至惨痛的教训，但中国共产党人立足我国国情的传统、实事求是的品格、自我革命的精神和自我修复的能力，使得我们在多数情况下能够在不太长的时间里采取有效纠偏措施，得以在工业化进程中展现出足够的弹性和韧性，并最终

---

① 毛泽东：《在中国共产党第七届中央委员会第二次全体会议上的报告》，《毛泽东选集》第 4 卷，人民出版社 1991 年，第 1430 页。
② 毛泽东：《读苏联〈政治经济学教科书〉的谈话（节选）》，《毛泽东文集》第 8 卷，人民出版社 1999 年，第 117 页。
③ 习近平：《论坚持全面深化改革》，中央文献出版社 2018 年，第 325 页。

取得了显著的成就。图 1-1 显示了我国 1953~2018 年的产业结构（第一、第二、第三产业在 GDP 中的比例，有关数据均来自国家统计局），它清晰地表明：其一，在 1956~1978 年的社会主义建设时期，第二产业占 GDP 的比例虽然有较大的波动，但有着明显的快速提高的趋势（从 1953 年的 23.2% 快速提高到 1956 年的 27.2% 和 1978 年的 47.7%），而自 1978 年以来则基本上处于 40%~48% 之间，没有表现出特别的上升或下降趋势；其二，第二产业占 GDP 的比例曾经有两次比较大的波动，即 1958~1960 年急速增至 44.4%、1966~1968 年快速降至 31.1%，但它们基本在一两年内快速恢复到了正常趋势线上，表现出了极强的快速修复能力。也就是说，1956~1978 年的社会主义建设时期是我国集中力量推进工业化的时期，其间有不少波动、但并没有改变基本趋势；尽管我们在实践探索中也面临着各种各样的困难、出现过各种各样的问题，但整体上使得我国在短短二十多年的时间里，迅速由一个拥有数千年小农经济传统的落后农业国，转变成了工业部门在国民经济中占主导地位的工业国家，并初步建立了相对完整的工业体系和国民经济体系，为我国改革开放以后持续较快的经济发展提供了必不可少的物质技术基础。

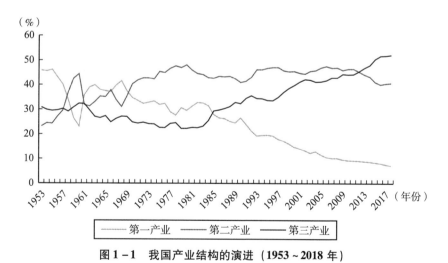

图 1-1 我国产业结构的演进（1953~2018 年）

资料来源：国家统计局。

也就是说，尽管我们在社会主义建设过程中也经历了不少曲折，尽管人们的生活水平并没有随着经济发展同步提高，但立足于我国基本国情并结合国际经验，我们在保障人们基本生活的前提下，尽可能地集中各种资源推进工业化，其基本逻辑是没有问题的。1956～1978年的社会主义建设时期，是工业化进程取得显著进展的时期，同时也为改革开放以后的经济快速发展和社会长期稳定，提供了必不可少的物质技术基础。不仅如此，即便从改革开放以来努力培育和发展完善社会主义市场经济的角度，它也在很大程度上发挥了某种奠基性作用，至少表现在：其一，新中国成立不久，我们迅速驱逐了外国军队、废除了不平等条约，以雷霆手段取缔妓院、清剿土匪、打击囤积居奇、稳定物价、恢复经济秩序等，并出台了《婚姻法》废除封建婚姻制度、颁布了《土地改革法》开展大规模土地改革，不仅为改革开放前的工业化，而且为改革开放以来的市场化奠定了现代社会的基石；其二，在经济发展水平仍然较低的情况下，大力普及基础教育、努力提高识字率，迅速建立起适合我国国情的公共卫生体系，使得我国适龄儿童小学入学率由新中国成立之初的不足20%大幅提高到1978年的95.5%，到60年代初彻底消除或有效控制了鼠疫、天花、霍乱、血吸虫病、黑热病、麻风病、结核病、克山病、大骨节病等长期严重影响人们健康的各类传染病和地方病，为社会主义建设提供了具有一定教育水平和良好健康水平的庞大劳动力队伍。正是在这个意义上，习近平总结说："我们党领导人民进行社会主义建设，有改革开放前和改革开放后两个历史时期，这是两个相互联系又有重大区别的时期，但本质上都是我们党领导人民进行社会主义建设的实践探索。……虽然这两个历史时期在进行社会主义建设的思想指导、方针政策、实际工作上有很大差别，但两者决不是彼此割裂的，更不是根本对立的。"①

---

① 习近平：《毫不动摇坚持和发展中国特色社会主义》，《习近平谈治国理政》，外文出版社2014年，第22～23页。

五、经济发展的体制机制：改革开放与社会主义市场经济

"改革开放是我们党的一次伟大觉醒，正是这个伟大觉醒孕育了我们党从理论到实践的伟大创造。"[①] 1978 年 12 月 18～22 日召开的党的十一届三中全会，在深刻总结我国社会主义建设正反两方面经验的基础上，作出了把党和国家的工作中心转移到经济建设上来、实行改革开放的历史性决策，"开启了改革开放和社会主义现代化的伟大征程"[②]。如果说，我们在社会主义革命和建设时期更多的是借鉴社会主义传统模式，通过"集中力量办大事"，在较短的时间内、在一穷二白的落后农业国的基础上，快速搭起了一个略显粗糙但初步成型的工业大国的架子，那么，改革开放以来，我们则通过不断深化改革、更多地引入市场化的体制机制，充分发挥每个人的积极性，不断提高社会活力和经济效率，在实现快速经济发展的同时，极大地改善了人们的生活水平、提高了人们的生活质量，开辟了中国特色社会主义道路，实现了中华民族从站起来到富起来的伟大飞跃。前一阶段的基本逻辑是在保障基本生活的条件下，尽可能地集中各种资源快速推进工业化；后一阶段的基本逻辑，则是在此基础上，充分利用国际政治局势相对缓和、国际产业加速转移的历史性机遇期，尽可能地利用市场机制的效率优势，不断完善经济发展的体制机制，推动经济的快速增长和人民生活水平的不断提高，创造了经济快速发展奇迹和社会长期稳定奇迹。

如果说，传统模式在铺摊子、搭架子阶段有着迅速集中资源的相对优势，那么，随着社会主义建设事业的推进和物质技术条件的积累，传统模式必然越来越明显地暴露出其在窒息活力、损害效率等方面的内在缺陷。1978 年 5 月 11 日，《光明日报》刊发《实践是检验真理的唯一标准》一文，揭开了解放思想的序幕；1978 年 12 月 13 日，邓小平在中央工作会议闭幕会上所作的

[①] 习近平：《在庆祝改革开放 40 周年大会上的讲话》，人民出版社 2018 年，第 4 页。

[②] 习近平：《在庆祝改革开放 40 周年大会上的讲话》，人民出版社 2018 年，第 1 页。

《解放思想，实事求是，团结一致向前看》的讲话中指出："一个党，一个国家，一个民族，如果一切从本本出发，思想僵化，迷信盛行，那它就不能前进，它的生机就停止了……只有解放思想，坚持实事求是，一切从实际出发，理论联系实际，我们的社会主义现代化建设才能顺利进行"①；紧接着党的十一届三中全会胜利召开，明确提出要"把全党工作的着重点和全国人民的注意力转移到社会主义现代化建设上来"②，它必然"要求大幅度地提高生产力，也就必然要求多方面地改变同生产力发展不适应的生产关系和上层建筑，改变一切不适应的管理方式、活动方式和思想方式，因而是一场广泛、深刻的革命"③，正式拉开了改革开放的大幕。

理论上讲，苏联在工业化进程中形成并对整个社会主义阵营产生了巨大影响的社会主义传统模式，最大的问题是对马克思主义基本原理和社会主义社会的教条式理解以及由此形成的僵化体制。其主要表现，一是脱离生产力水平仍然相对落后的实际国情和生产关系必须适应生产力水平的马克思主义基本原理，认为社会主义社会只能存在公有制经济，所谓"求纯"；二是认为公有制只有全民所有制和集体所有制两种形式，并且全民所有制是公有制的高级形式，集体所有制作为公有制的低级形式不仅会必然过渡为全民所有制，而且应尽快过渡为全民所有制。"正确认识我国社会现在所处的历史阶段，是建设有中国特色的社会主义的首要问题，是我们制定和执行正确的路线和政策的根本依据。"④改革开放是为了解放和发展生产力，改革开放的关键是突破传统教条和僵化体制，其逻辑起点是准确认识我国所处的发展阶段。党的十三大正式提出并系统阐述了社会主义初级阶段理论，明确指出"我国的社会主义社会还处在初级阶段。……不承认中国人民可以不经过资本主义充分发展阶段而走上社会主义道路，是革命发展问题上的机械论，是右倾错误的重要认识根源；以为不经过生产力的巨大发展就可以越过社会主义初级

① 邓小平：《解放思想，实事求是，团结一致向前看》，《邓小平文选》第2卷，人民出版社1994年，第143页。
②③《中国共产党第十一届中央委员会第三次全体会议公报》，中共中央文献研究室：《改革开放三十年重要文献选编》，中央文献出版社2008年，第15页。
④ 中共中央文献研究室：《改革开放三十年重要文献选编》，中央文献出版社2008年，第474页。

阶段，是革命发展问题上的空想论，是'左'倾错误的重要认识根源"[①]。正是在这个意义上，我们说社会主义初级阶段理论为我国的改革开放提供了总依据。

正是依据对我国具体国情的准确把握以及社会主义初级阶段的深刻理解，邓小平在 1992 年南方谈话中系统阐述了"社会主义本质论"并提出了著名的"三个有利于标准"，不仅从根本上解放了思想、突破了社会主义传统模式的教条主义，彻底清除了长期困扰社会主义建设者的思想藩篱，而且明确提出了社会主义也可以搞市场经济的理论主张。邓小平指出，"社会主义的本质，是解放生产力，发展生产力，消除剥削，消除两极分化，最终达到共同富裕"[②]；"改革开放迈不开步子，不敢闯，说来说去就是怕资本主义的东西多了，走资本主义道路。……判断的标准，应该主要看是否有利于发展社会主义社会的生产力，是否有利于增强社会主义国家的综合国力，是否有利于提高人民的生活水平"[③]。以此为基础，党的十四大明确提出了建立和完善社会主义市场经济体制的改革目标，指出"经济体制改革的目标，是在坚持公有制和按劳分配为主体、其他经济成分和分配方式为补充的基础上，建立和完善社会主义市场经济体制"[④]。社会主义市场经济体制改革目标的确立以及社会主义市场经济的形成和发展，充分发挥了社会主义的制度优势和市场经济在资源配置方面的效率优势。此后，我们不断发展和完善社会主义市场经济体制，努力破除阻碍国家和民族发展的一切思想和体制障碍，通过让劳动、知识、技术、管理、资本等要素的活力竞相迸发，让一切创造社会财富的源泉充分涌流，我们充分激发了人民的积极性和能动性，极大地解放和发展了生产力，实现了中华民族从站起来到富起来的伟大飞跃。

习近平曾总结说："党的十一届三中全会开启了改革开放历史新时期。30 多年来，尽管遇到各种困难，但我们创造了第二次世界大战结束后一个国

---

① 中共中央文献研究室：《改革开放三十年重要文献选编》，中央文献出版社 2008 年，第 474 页。

② 邓小平：《在武昌、深圳、珠海、上海等地的谈话要点》，《邓小平文选》第 3 卷，人民出版社 1993 年，第 373 页。

③ 邓小平：《在武昌、深圳、珠海、上海等地的谈话要点》，《邓小平文选》第 3 卷，人民出版社 1993 年，第 372 页。

④ 中共中央文献研究室：《改革开放三十年重要文献选编》，中央文献出版社 2008 年，第 655 页。

家经济高速增长持续时间最长的奇迹。我国经济总量在世界上的排名，改革开放之初是第十一；2005 年超过法国，居第五；2006 年超过英国，居第四；2007 年超过德国，居第三；2009 年超过日本，居第二。2010 年，我国制造业规模超过美国，居世界第一。我们用几十年时间走完了发达国家几百年走过的发展历程，创造了世界发展的奇迹。"① 改革开放开辟了中国特色社会主义道路，创造了我国经济快速发展奇迹和社会长期稳定奇迹，其背后的基本逻辑是：在坚持社会主义基本制度的前提下，充分发挥市场机制在资源配置中的决定性作用，并努力探索生产资料所有制、分配方式等在社会主义市场经济条件下的有效实现形式。正如习近平总结的，"在社会主义条件下发展市场经济，是我们党的一个伟大创举。我国经济发展获得巨大成功的一个关键因素，就是我们既发挥了市场经济的长处，又发挥了社会主义制度的优越性。……我们要坚持辩证法、两点论，继续在社会主义基本制度与市场经济的结合上下功夫，把两方面优势都发挥好，既要'有效的市场'，也要'有为的政府'，努力在实践中破解这道经济学上的世界性难题"②。在社会主义条件下发展市场经济，是改革开放以来的伟大创举，也是新中国 70 年经济发展的第三个基本逻辑。

六、新时代的经济发展

国家富强、民族振兴、人民幸福是近代以来中国人民最伟大的梦想。70 年筚路蓝缕、不懈奋斗，我国的经济实力、综合国力、人们生活、国际地位得到了空前提升，我国已经从一个积贫积弱、一穷二白的落后农业国，跃升为世界第二大经济体和第一大工业国，"创造了人类社会发展史上惊天动地的发展奇迹"③。正是基于这一巨大发展成就，党的十九大作出了"中国特色

---

① 习近平：《在省部级主要领导干部学习贯彻党的十八届五中全会精神专题研讨班上的讲话》，人民出版社 2016 年，第 4 页。

② 习近平：《在十八届中央政治局第二十八次集体学习时的讲话》，《习近平关于社会主义经济建设论述摘编》，中央文献出版社 2017 年，第 64 页。

③ 习近平：《在庆祝中国共产党成立 95 周年大会上的讲话》，人民出版社 2016 年，第 4 页。

社会主义进入了新时代"的重大判断。新时代仍然属于社会主义初级阶段，但我国社会的主要矛盾发生了转化，即由"人民日益增长的物质文化需要同落后的社会生产之间的矛盾"转化为"人民日益增长的美好生活需要和不平衡不充分的发展之间的矛盾"。按照生产力决定生产关系的马克思主义基本原理以及马克思主义必须与我国具体国情相结合的实践经验，"中国特色社会主义进入新时代"必然意味着我国经济发展的基本逻辑会发生相应的阶段性调整：一方面，新时代仍然属于初级阶段，这意味着我们必须通过全面深化改革，继续解放和发展生产力；另一方面，经过长期努力，我国社会生产力已经有了显著提高，满足人民日益增长的美好生活需要的主要制约因素是发展的不平衡不充分，我们不仅应该在总量、更应该在质量和结构的层面上，来解放和发展生产力。

新时代是我国发展新的历史方位，它是由我国社会主要矛盾的转化决定的，而社会主要矛盾的转化不仅是我国发展的必然结果，而且也对新时代的发展提出了新的要求。一方面，随着经济社会发展，"人民美好生活需要日益广泛，不仅对物质文化生活提出了更高要求，而且在民主、法治、公平、正义、安全、环境等方面的要求日益增长"①，这意味着新时代仅仅快速增长是不够的，而必须"顺应人民群众对美好生活的向往，坚持以人民为中心的发展思想，以保障和改善民生为重点，发展各项社会事业，加大收入分配调节力度，打赢脱贫攻坚战，保证人民平等参与、平等发展权利，使改革发展成果更多更公平惠及全体人民，朝着实现全体人民共同富裕的目标稳步迈进"②。也就是说，新时代的发展一定是以人民为中心的发展、成果由人民共享的发展，"要通过深化改革、创新驱动，提高经济发展质量和效益，生产出更多更好的物质精神产品，不断满足人民日益增长的物质文化需要"③。另一方面，随着经济社会发展，我国社会生产力水平已经有了显著的提高，新时代满足人民日益增长的美好生活需要的主要制约因素，已经不是经济的总

---

① 习近平：《决胜全面建成小康社会 夺取新时代中国特色社会主义伟大胜利》，人民出版社 2017 年，第 11 页。

② 习近平：《在庆祝中国共产党成立 95 周年大会上的讲话》，人民出版社 2016 年，第 18 ~ 19 页。

③ 习近平：《在省部级主要领导干部学习贯彻党的十八届五中全会精神专题研讨班上的讲话》，人民出版社 2016 年，第 25 页。

体规模和经济增长的速度，而是发展的不平衡不充分问题，这意味着我们不能再单纯追求数量型指标，而必须全面贯彻新发展理念，坚持以供给侧结构性改革为主线，着力推动高质量发展，加快建设现代化经济体系。

"当代中国的伟大社会变革，不是简单延续我国历史文化的母版，不是简单套用马克思主义经典作家设想的模板，不是其他国家社会主义实践的再版，也不是国外现代化发展的翻版，不可能找到现成的教科书。"[1] 新中国成立70年以来，我们党坚持把马克思主义基本原理同我国具体实际相结合，不断解放和发展生产力，在几十年时间里走完了西方几百年的发展历程，取得了举世瞩目的巨大发展成就，其背后是存在基本逻辑的，并在不同发展阶段有着不同的表现形式。社会主义革命、建设和改革开放，都是为了解放和发展生产力，更好地满足人民需要，不断促进人的全面发展、全体人民共同富裕，其中：新民主主义革命和社会主义革命时期的基本逻辑，是建立新中国、确立社会主义基本制度，为经济发展提供政治前提和制度基础；1956～1978年的社会主义建设时期，基本逻辑是在保障人们基本生活的条件下，集中力量推进工业化，为经济发展提供物质技术基础；1978～2012年的改革开放和社会主义现代化建设新时期，基本逻辑是破除阻碍发展的思想藩篱和体制障碍，通过市场化改革激发社会活力、提升经济效率，提高经济发展水平和人们生活水平。2012年以来，中国特色社会主义进入了新时代，经济发展的基本逻辑是通过供给侧结构性改革推动高质量发展，更好地满足人民日益增长的美好生活需要；新时代的发展，一定是更为全面的发展，也一定是"以人民为中心"的发展。

（作者胡怀国，原题目为《新中国70年经济发展的基本逻辑》，发表于《理论观察》2019年第12期，第5～14页。）

---

[1] 习近平：《在哲学社会科学工作座谈会上的讲话》，人民出版社2016年，第21页。

第二章

新发展阶段的理论逻辑与实践逻辑

[摘要] 新发展阶段是我国全面建设社会主义现代化国家的阶段，同时也是社会主义初级阶段中的一个新的阶段。社会主义初级阶段理论是马克思主义基本原理同我国具体实际相结合的产物，同时也是一个阶梯式递进、不断发展进步、日益接近质的飞跃的量的积累的过程。从初级阶段到新发展阶段，是我们对社会主义发展的阶段性的认识不断深化的过程，也是社会主义初级阶段理论不断发展完善的过程，有必要在系统梳理人类社会发展的阶段性、社会主义发展的历史进程及其理论回应的基础上，结合这一过程来深入理解新发展阶段的理论逻辑、准确把握新发展阶段的历史方位和时代内涵。

[关键词] 新发展阶段　社会主义初级阶段　高质量发展

一、引　　言

习近平总书记在省部级主要领导干部学习贯彻党的十九届五中全会精神专题研讨班开班式上的讲话中指出，"正确认识党和人民事业所处的历史方位和发展阶段，是我们党明确阶段性中心任务、制定路线方针政策的根本依据，也是我们党领导革命、建设、改革不断取得胜利的重要经验。党的十九届五中全会提出，全面建成小康社会、实现第一个百年奋斗目标之后，我们要乘势而上开启全面建设社会主义现代化国家新征程、向第二个百年奋斗目标进军，这标志着我国进入了一个新发展阶段"①。新发展阶段是我国全面建设社会主义现代化国家的阶段，它意味着我国将由世界上最大的发展中国家转变为世界上最大的发达国家，不仅在我国社会主义发展进程和中华民族伟大复兴进程中具有里程碑式的重要意义，而且将从根本上改写世界上发达经济体的版图和数百年来各国现代化的具体路径，具有深刻的历史逻辑、实践逻辑和理论逻辑。

2021 年是中国共产党成立 100 周年，也是新发展阶段的开局之年。100 年来，中国共产党团结带领全国各族人民不懈奋斗，历经新民主主义革命、社会主义革命和建设、改革开放和社会主义现代化建设新时期，成功地站在了全面建设社会主义现代化国家的新的历史起点上，其中最重要的一条经验就是坚持把马克思主义基本原理同中国具体实际相结合，而我国所处的发展阶段和历史方位则是我国具体实际的集中体现。新发展阶段不仅是我国发展的新的历史方位，更是未来 30 年我国制定路线方针政策的根本依据，事关全面建设社会主义现代化国家的全局，具有重要的理论价值和现实意义。"只有在整个人类发展的历史长河中，才能透视出历史运动的本质和时代发展的方向"②，本章试图透过人类社会发展的历史长河，系统梳理人类社会发展的阶段性、社会主义发展的历史进程及其理论回应，以更准确地把握我国发展的新的历史方位、更深入地理解新发展阶段的理论逻辑。

二、人类社会发展的阶段性及其理论回应：
从亚当·斯密到卡尔·马克思

按照世界银行提供的最新数据，2019 年世界人口总计为 76.74 亿人，其中高收入经济体、OECD 成员国和我国拥有的人口分别为 12.36 亿人、13.60 亿人和 13.98 亿人；这意味着，如果我们成功地实现了新发展阶段的预期目

---

① 《深入学习坚决贯彻党的十九届五中全会精神 确保全面建设社会主义现代化国家开好局》，《人民日报》2021 年 1 月 12 日，第 1 版。
② 习近平：《在纪念马克思诞辰 200 周年大会上的讲话》，人民出版社 2018 年，第 7 页。

标，即到 2035 年基本实现社会主义现代化（人均 GDP 达到中等发达国家水平）、到 21 世纪中叶全面建成社会主义现代化强国，那么我们将在新中国成立之后不到 100 年的时间里，沿着社会主义方向和性质的现代化路径跻身于发达经济体之列，所涉及的人口规模超过了发达经济体现有人口的总和，无疑将从根本上改变世界上发达经济体的版图，并在人类社会发展史上开辟出一条全新的现代化路径①。习近平总书记曾经指出，"当代中国正经历着我国历史上最为广泛而深刻的社会变革，也正在进行着人类历史上最为宏大而独特的实践创新。这种前无古人的伟大实践，必将给理论创造、学术繁荣提供强大动力和广阔空间。这是一个需要理论而且一定能够产生理论的时代，这是一个需要思想而且一定能够产生思想的时代"②。在人类社会发展的历史上，那些成功实现了现代化转型的经济体通常都经历了一系列实践创新、制度创新和理论创新；特别是那些重大的理论创新，它们作为人类社会发展的重要阶段的理论回应，不仅深化了人们对人类社会发展规律的认识，而且对现实经济乃至未来社会亦产生了深远的影响。历史地看，不论是实践创新、制度创新还是理论创新，通常都与人们对人类社会发展的阶段性的深刻理解和准确把握有关，我们不妨从人类社会现代化的源头——英国工业革命——谈起。

在人类社会的发展历史上，英国工业革命是一个重大事件，它不仅开启了人类社会的现代化进程，而且孕育出了第一个现代意义上的理论经济学体系——古典经济学——以及作为古典经济学的批判继承和创新发展的马克思主义政治经济学体系。按照著名经济史学家克拉克的观察，"1800 年以前，在我们所能观察到的所有社会中，人均收入会有所波动，时好时坏，但却没有发生趋势性变化。……即使到 1813 年，大部分人的物质条件并不比他们非

---

① 对于发达经济体，目前尚无明确的标准，但肯定要比高收入经济体的标准为高。即便按照高收入经济体的标准，世界银行的最新数据表明，2019 年高收入经济体（人均国民收入超过 12535 美元）总计为 83 个，而人口超过 100 万、500 万和 1000 万的高收入经济体（按 2019 年人口数量）分别为 48 个、31 个和 20 个；其中，人口超过 1000 万的高收入经济体分别为美国、日本、德国、法国、英国、意大利、韩国、西班牙、波兰、加拿大、沙特、澳大利亚、罗马尼亚、智利、荷兰、比利时、希腊、捷克、瑞典和葡萄牙，大多可归类为欧美及其衍生经济体。参见：http：//databank. world-bank. org/data/download/site－content/OGHIST. xls。

② 习近平：《在哲学社会科学工作座谈会上的讲话》，人民出版社 2016 年，第 8 页。

洲大草原上的祖先好"①。一般认为，至少就主要经济体而言，人类社会曾长期处于传统农业社会，其核心特征是围绕数量相对有限、位置相对固定的土地资源，形成某种具有等级化和人格化特征的制度性框架；在这种相对稳定和封闭的经济社会结构中，人们难以完全凭借自身努力改变自身境遇，从而不仅难以产生现代意义上的经济发展，而且也无法产生现代意义上的理论经济学体系。18 世纪中叶以来率先发轫于英国的工业革命则深深地改变了这一切：它不仅极大地提高了劳动生产率、推动了经济发展，而且深刻地改变了整个社会的组织方式和运行模式，开启了人类社会从传统社会向现代社会的转型，同时也孕育出了经济思想史上的两部划时代经典作品，即亚当·斯密（Adam Smith，1723—1790）的《国富论》（1776 年）和卡尔·马克思（Karl Marx，1818—1883）的《资本论》②。

　　"只有聆听时代的声音，回应时代的呼唤，认真研究解决重大而紧迫的问题，才能真正把握住历史脉络、找到发展规律，推动理论创新。"③ 斯密和马克思分别在英国工业革命发轫之初和接近尾声之际，紧紧抓住了时代的脉搏、回应了时代的呼唤，成功构建了具有深远影响的理论经济学体系。其中，前者开辟了理论经济学的古典时代，为整个西方社会的现代化路径提供了一种基本的理论框架；后者则对这种现代化路径进行了系统的理论考察和彻底的理论反思，不仅开创了理论经济学中的马克思主义政治经济学体系，而且为科学社会主义的现实运动提供了根本的理论基础。斯密和马克思之所以能够作出如此重大的理论创新，某种程度上同他们对人类社会发展阶段性的深刻理解有关。以斯密为例，在现代经济学奠基之作《国富论》中，斯密对人类社会的不同发展阶段进行了系统的比较，特别是"最低级最粗野的狩猎民族""比较进步的游牧民族""比较更进步的农业社会"以及制造业发展引起

---

　　① 格雷戈里·克拉克：《工业革命》，阿吉翁、杜尔劳夫主编：《增长经济学手册》第 2A 卷，冯科、胡怀国译，经济科学出版社 2019 年，第 219 ~ 220 页。

　　② 在 1867 年《资本论》第一版序言中，马克思明确指出："我要在本书研究的，是资本主义生产方式以及和它相适应的生产关系和交换关系。到现在为止，这种生产方式的典型地点是英国。因此，我在理论阐述上主要用英国作为例证。"参见：《马克思恩格斯文集》第 5 卷，人民出版社 2009 年，第 8 页。

　　③ 习近平：《在哲学社会科学工作座谈会上的讲话》，人民出版社 2016 年，第 14 页。

的"更为进步的社会",并深刻认识到:从相对稳定封闭的传统社会转型为高度开放扩张的现代社会,通常意味着公共事务和公共支出的增加。以国家安全和军事支出为例,"游牧民多余暇,幼稚农业状态下的农民,也有一些空闲时间,至于手艺工人或制造业者,则全无闲暇。关于武艺的训练,第一种人就是把大部分时间花费在它上面,都于自己无损。第二种人把一部分时间花费在它上面,也不会蒙受大损失。第三种的情况却大不同。他费去一小时,即有一小时的损失。……然而在另一方面,由农业改良而产生的财富,或者说,由这些改良蓄积下来的财物,却又不免诱起邻国的觊觎和侵略"①。也就是说,经济发展和社会进步,必然要求国家承担起更多的维护国家安全和社会稳定的职责,故"君主的第一义务,就是策本国社会的安全,使其不受其他独立社会的横暴与侵侮。这种义务的实行,势必随社会文明的进步,而逐渐需要越来越大的费用"②。

斯密认为,当时西欧各国盛行的重商主义体系,本质上是一种管制与垄断的学说,其所提出来的国家致富手段,不仅是短视的,而且也是不公正的,不可能实现真正的富国裕民:一方面,"消费是一切生产的唯一目的,而生产者的利益,只在能促进消费者的利益时,才应当加以注意。……但在重商主义下,消费者的利益,几乎都是为着生产者的利益而被牺牲了"③;另一方面,"重商主义所要奖励的产业,都是有钱有势的人所经营的产业。至于为贫苦人民的利益而经营的产业,却往往被忽视、被压抑"④。真正的国家富强必须以人们的普遍富裕为基础,而"在一个政治修明的社会里,造成普及到最下层人民的那种普遍富裕情况的,是各行各业的产量由于分工而大增"⑤。由此,斯密以普遍的劳动分工和平等自愿的市场交易为基础,构建起了人类社会第一个现代意义上的理论经济学体系,其基本结论是:一方面,应充分发挥市场在资源配置中的决定性作用,"每一个人,在他不违反正义的法律时,都应听其完全自由,让他采用自己的方法,追求自己的利益,以其劳动

---

① 亚当·斯密:《国民财富的性质和原因的研究》下卷,商务印书馆1996年,第260~261页。
② 亚当·斯密:《国民财富的性质和原因的研究》下卷,商务印书馆1996年,第270页。
③ 亚当·斯密:《国民财富的性质和原因的研究》下卷,商务印书馆1996年,第227页。
④ 亚当·斯密:《国民财富的性质和原因的研究》下卷,商务印书馆1996年,第212页。
⑤ 亚当·斯密:《国民财富的性质和原因的研究》上卷,商务印书馆1996年,第11页。

及资本和任何其他人或其他阶级相竞争"①。另一方面，要更好发挥政府作用，"第一，保护社会，使不受其他独立社会的侵犯。第二，尽可能保护社会上各个人，使不受社会上任何其他人的侵害或压迫，这就是说，要设立严正的司法机关。第三，建设并维持某些公共事业及某些公共设施"②。

马克思生活在英国工业革命接近尾声之际，对英国工业革命有着更为全面、深刻的观察，并通过对古典经济学的批判继承和创新发展，创立了马克思主义政治经济学。早在《1844年经济学哲学手稿》中，马克思就深刻地认识到，"分工提高劳动的生产力，增加社会的财富，促使社会精美完善，同时却使工人陷于贫困直到变为机器。劳动促进资本的积累，从而也促进社会富裕程度的提高，同时却使工人越来越依附于资本家"③。也就是说，马克思接受了斯密关于分工能够提高劳动生产力、促进经济发展的看法，但进一步认识到劳动分工和市场交易在促进经济发展和资本积累的同时，还会强化劳动相对于资本的弱势以及劳动对资本的依赖性，进而造成劳动异化、劳动外化以及作为其社会性实现的私有财产的积累。在马克思看来，"人是人的最高本质"，经济发展必须服务于人的发展，人类社会必将在生产力高度发达的基础上，通过共产主义来扬弃人类的自我异化，最终实现人的自由而全面的发展："共产主义是对私有财产即人的自我异化的积极的扬弃，因而是通过人并且为了人而对人的本质的真正占有；因此，它是人向自身、也就是向社会的即合乎人性的人的复归，这种复归是完全的复归，是自觉实现并在以往发展的全部财富的范围内实现的复归。"④

如果说，斯密的研究重点是如何通过现代市场经济的发育和完善来促进经济发展，那么马克思的研究重点则是在经济发展的基础上，如何通过制度变革来保证经济发展服务于人的发展。当然，尽管马克思关注的重点是人的发展及其社会性基础和制度性框架，但他同时也深刻地认识到人的发展必须

① 亚当·斯密：《国民财富的性质和原因的研究》下卷，商务印书馆1996年，第252页。
② 亚当·斯密：《国民财富的性质和原因的研究》下卷，商务印书馆1996年，第252~253页。
③ 马克思：《1844年经济学哲学手稿》，《马克思恩格斯文集》第1卷，人民出版社2009年，第123页。
④ 马克思：《1844年经济学哲学手稿》，《马克思恩格斯文集》第1卷，人民出版社2009年，第185页。

以经济发展为基础，这也是马克思创立的科学社会主义区别于空想社会主义、浪漫主义和无政府主义等学说的重要特征。正是由于对经济发展的重视，马克思移居英国后对以英国为代表的资本主义生产方式进行了集中深入的政治经济学研究，最终创作出了马克思主义政治经济学说史上的不朽经典《资本论》，深刻揭示了资本主义运行规律和人类社会发展规律并得出了资本主义必将为共产主义（未来社会）所代替的历史必然性。马克思特别指出："无论哪一个社会形态，在它所能容纳的全部生产力发挥出来以前，是决不会灭亡的；而新的更高的生产关系，在它的物质存在条件在旧社会的胎胞里成熟以前，是决不会出现的。……大体说来，亚细亚的、古希腊罗马的、封建的和现代资产阶级的生产方式可以看做是经济的社会形态演进的几个时代。资产阶级的生产关系是社会生产过程的最后一个对抗形式"①，人类社会必将在生产力高度发达的基础上，进入经济发展与人的发展相互促进的新阶段，这就把人们对人类社会发展的阶段性的认识推向了一个新的高度。

三、对社会主义发展阶段的认识及其理论逻辑：从初级阶段到新发展阶段

正如习近平总书记指出的，"马克思创建了唯物史观和剩余价值学说，揭示了人类社会发展的一般规律，揭示了资本主义运行的特殊规律，为人类指明了从必然王国向自由王国飞跃的途径，为人民指明了实现自由和解放的道路"②。正是通过对以英国为代表的资本主义生产方式的深入分析，马克思创立了马克思主义政治经济学说，深刻揭示了资本主义必将为共产主义（未来社会）所代替的历史必然性，并对未来社会进行了初步的理论设想。按照经典作家的最初设想，"共产主义革命将不是仅仅一个国家的革命，而是将在一切文明国家里，至少在英国、美国、法国、德国同时发生的革命，在这

---

① 马克思：《〈政治经济学批判〉序言》，《马克思恩格斯文集》第2卷，人民出版社2009年，第592页。

② 习近平：《在纪念马克思诞辰200周年大会上的讲话》，人民出版社2018年，第8页。

些国家的每一个国家中，共产主义革命发展得较快或较慢，要看这个国家是否有较发达的工业，较多的财富和比较大量的生产力"①。然而，与经典作家的最初设想不同，科学社会主义从理论到实践、从实践到制度、从一国到多国的现实运动，几乎无一例外地发生在生产力水平相对落后的国家，且不同国家在完成社会主义革命、进行社会主义建设时面临的发展阶段和环境条件也存在很大不同。特别地，"在中国这样落后的东方大国中建设社会主义，是马克思主义发展史上的新课题。我们面对的情况，既不是马克思主义创始人设想的在资本主义高度发展的基础上建设社会主义，也不完全相同于其他社会主义国家。照搬书本不行，照搬外国也不行，必须从国情出发，把马克思主义基本原理同中国实际结合起来，在实践中开辟有中国特色的社会主义道路。在这个问题上，我们党作过有益探索，取得过重要成就，也经历过多次曲折，付出了巨大代价"②，其中最重要的一点就是对社会主义发展阶段的准确认识。

历史地看，至少就实现路径而言，资本主义和社会主义的产生与发展及其理论回应存在很大的不同：资本主义的产生和发展经历了较为漫长的历史过程，人们是在资本主义生产方式有了一定的发展之后才形成了包括古典经济学在内的相关理论学说，马克思更是在以英国为代表的资本主义生产方式充分展开之后才创立了马克思主义政治经济学说，某种程度上属于先有现实运动、后有理论回应；社会主义的产生则完全不同，它在很大程度上是先有初步的理论设想和奋斗目标，再经历一种从理论到实践、从实践到制度的现实运动。正如习近平指出的，"抽象的理论是经过加工提炼的，它形成理论时抽象掉的那些次要因素和属性，在现实中无论怎样都是撇不掉的"③，现实运动总是发生在特定的历史条件之下，从理论设想到现实运动必然会引入一系列额外的复杂性。特别地，正如毛泽东指出的，"在复杂的事物的发展过程中，有许多的矛盾存在，其中必有一种是主要的矛盾，由于它的存在和发

---

① 恩格斯：《共产主义原理》，《马克思恩格斯文集》第1卷，人民出版社2009年，第687页。
② 中共中央文献研究室：《改革开放三十年重要文献选编》，中央文献出版社2008年，第475页。
③ 习近平：《对发展社会主义市场经济的再认识》，《东南学术》2001年第4期，第33页。

展规定或影响着其他矛盾的存在和发展"①；社会生产力水平的提高、社会主义发展的阶段性变化及其所引起的社会主要矛盾的转化，必然要求我们"根据我国生产力发展的要求，在每一个阶段上创造出与之相适应和便于继续前进的生产关系的具体形式"②，这意味着社会主义的发展进程必然是一个实践创新、理论创新和制度创新相统一的过程。正是在这个意义上，习近平总书记特别强调说，"马克思一再告诫人们，马克思主义理论不是教条，而是行动指南，必须随着实践的变化而发展。一部马克思主义发展史就是马克思、恩格斯以及他们的后继者们不断根据时代、实践、认识发展而发展的历史"③。

在这个过程中，我国改革开放以来形成并在社会主义现代化建设进程中不断深化的社会主义初级阶段理论，是社会主义发展史上的一个重大理论创新，是对社会主义发展的阶段性的深刻认识和理论升华。按照马克思、恩格斯的理论设想，共产主义（未来社会）以生产力高度发达的资本主义创造的庞大物质财富为基础，且由于从根本上克服了生产资料的资本主义私人占有和社会化生产之间的矛盾、进一步解放了生产力，故必定拥有比资本主义更高的生产力水平以及与之相适应的更高级的生产关系。然而，由于社会主义革命主要发生在资本主义相对薄弱、生产力相对落后的国家，故几乎所有的社会主义国家在进行社会主义建设时面临的都是生产力相对落后的现实条件，如何准确认识社会主义发展阶段、相应的生产力水平以及与之适应的生产关系，就成为事关社会主义建设全局的重要问题。回顾 20 世纪波澜壮阔的社会主义发展史，苏联作为人类历史上建立的第一个社会主义国家，其在社会主义建设过程中形成并对几乎所有社会主义国家产生了广泛影响的社会主义传统模式，既有对马克思主义理论的创新发展，又存在着严重的教条主义和明显的僵化特征，特别是脱离社会主义发展阶段和生产力水平、盲目追求生产资料的单一公有制并急于向共产主义过渡，在取得了社会主义建设巨大成就的同时亦日益表现出了严重弊端，最终导致 20 世纪末叶苏联解体、东欧剧

① 毛泽东：《矛盾论》，《毛泽东选集》第 1 卷，人民出版社 1991 年，第 320 页。
② 中共中央文献研究室：《改革开放三十年重要文献选编》，中央文献出版社 2008 年，第 213 页。
③ 习近平：《在纪念马克思诞辰 200 周年大会上的讲话》，人民出版社 2018 年，第 9 页。

变,世界社会主义运动陷入低潮。与之不同,尽管我国在社会主义建设时期较多地借鉴了苏联经验,但几乎始终对社会主义传统模式中的教条主义有所察觉,在社会主义建设的艰辛探索过程中积累了正反两方面历史经验,并初步建立起了相对完整的工业体系和国民经济体系;改革开放以来,我国坚持马克思主义基本原理同我国具体实际相结合,更为准确地认识到了我国生产力发展的实际水平,创造性地提出了社会主义初级阶段理论,成功地开辟了中国特色社会主义道路,不仅创造了经济快速发展奇迹和社会长期稳定奇迹、实现了中华民族从站起来到富起来的伟大飞跃,而且重新焕发了科学社会主义的蓬勃生机活力、开辟了当代中国马克思主义和 21 世纪马克思主义的新境界,并在中国共产党成立 100 周年之际成功地站在了全面建设社会主义现代化国家的新的历史起点上。

社会主义初级阶段理论来之不易。正如党的十三大报告总结的,"不承认中国人民可以不经过资本主义充分发展阶段而走上社会主义道路,是革命发展问题上的机械论,是右倾错误的重要认识根源;以为不经过生产力的巨大发展就可以越过社会主义初级阶段,是革命发展问题上的空想论,是'左'倾错误的重要认识根源"[①]。1956 年我国完成社会主义革命、确立了社会主义基本制度,事实上已经进入了社会主义初级阶段,党的八大报告亦明确指出,"我们国内的主要矛盾,已经是人民对于建立先进的工业国的要求同落后的农业国的现实之间的矛盾,已经是人民对于经济文化迅速发展的需要同当前经济文化不能满足人民需要的状况之间的矛盾"[②],但由于我们对社会主义发展阶段的认识,还没有达到足以提出系统完整的社会主义初级阶段理论的程度,使得我们在此后的社会主义建设过程中走过了一段曲折的艰难探索历程。党的十一届三中全会重新确立了解放思想、实事求是的思想路线,作出了把党和国家的工作中心转移到经济建设上来、实行改革开放的历史性决策,正式开启了我国改革开放的历史进程,我国社会主义发展进入了一个新阶段;党的十二大明确提出要"把马克思主义的普遍真理同我国的具体实

---

① 中共中央文献研究室:《改革开放三十年重要文献选编》,中央文献出版社 2008 年,第 474 页。
② 《中国共产党第八次全国代表大会关于政治报告的决议》,人民出版社 1956 年,第 4 页。

际结合起来，走自己的道路，建设有中国特色的社会主义"①，我国的改革开放事业全面展开。在此基础上，党的十三大结合以往正反两方面历史经验，系统阐述了社会主义初级阶段理论，明确提出"正确认识我国社会现在所处的历史阶段，是建设有中国特色的社会主义的首要问题，是我们制定和执行正确的路线和政策的根本依据。对这个问题，我们党已经有了明确的回答：我国正处在社会主义的初级阶段。这个论断，包括两层含义。第一，我国社会已经是社会主义社会。我们必须坚持而不能离开社会主义。第二，我国的社会主义社会还处在初级阶段。我们必须从这个实际出发，而不能超越这个阶段"②。正是依据社会主义初级阶段理论，党的十四大确立了社会主义市场经济体制的改革目标和基本框架，党的十五大系统阐述了建设中国特色社会主义经济的基本内容，明确了"公有制为主体、多种所有制经济共同发展"的基本经济制度和社会主义市场经济的微观基础，开创了我国改革开放的新局面，成功地把中国特色社会主义推向了 21 世纪。

正如习近平总书记指出的，"社会主义初级阶段不是一个静态、一成不变、停滞不前的阶段，也不是一个自发、被动、不用费多大气力自然而然就可以跨过的阶段，而是一个动态、积极有为、始终洋溢着蓬勃生机活力的过程，是一个阶梯式递进、不断发展进步、日益接近质的飞跃的量的积累和发展变化的过程"③。社会主义初级阶段理论依据的是马克思主义基本原理和我国具体实际，特别是我国社会主义发展的阶段和生产力发展的实际水平，这意味着随着经济社会发展和生产力水平的提高，社会主义初级阶段本身是一个不断发展的动态过程，我们对社会主义初级阶段的理论认识也有一个不断深化的过程。21 世纪以来，特别是党的十八以来，"经过长期努力，中国特色社会主义进入了新时代，这是我国发展新的历史方位"④，其基本依据是我国的经济快速发展奇迹和社会长期稳定奇迹，极大地提高了我国社会生产力

① 中共中央文献研究室：《改革开放三十年重要文献选编》，中央文献出版社 2008 年，第 260 页。
② 中共中央文献研究室：《改革开放三十年重要文献选编》，中央文献出版社 2008 年，第 474 页。
③ 《深入学习坚决贯彻党的十九届五中全会精神 确保全面建设社会主义现代化国家开好局》，《人民日报》2021 年 1 月 12 日，第 1 版。
④ 习近平：《决胜全面建成小康社会 夺取新时代中国特色社会主义伟大胜利》，人民出版社 2017 年，第 10 页。

的发展水平并引起了我国社会主要矛盾发生了转化。新时代仍然属于社会主义初级阶段，但社会主要矛盾发生了转化，党的十九大系统阐述了新时代坚持和发展什么样的中国特色社会主义、怎样坚持和发展中国特色社会主义问题，明确了分两个阶段实现第二个百年奋斗目标的战略安排。2021 年是中国共产党成立 100 周年，也是我国全面建成小康社会、实现第一个百年奋斗目标之后，乘势而上开启全面建设社会主义现代化国家新征程、向第二个百年奋斗目标进军的开局之年，我国正式进入了全面建设社会主义现代化国家的新发展阶段。从初级阶段到新时代再到新发展阶段，是我们对社会主义发展的阶段性的认识不断深化的过程，同时也是社会主义初级阶段理论不断发展完善的过程，我们必须结合这一过程来深刻理解新发展阶段的理论逻辑、准确把握新发展阶段的历史方位和时代内涵。

四、深刻理解新发展阶段的理论逻辑：基于社会主义初级阶段理论的初步考察

　　新发展阶段是我国全面建设社会主义现代化国家的阶段，同时也是社会主义初级阶段中的一个新的阶段，这意味着新发展阶段既拥有社会主义初级阶段的本质特征，又有着经济社会发展所赋予的新的时代内涵和具体内容。按照党的十三大系统阐述的社会主义初级阶段理论，我国社会主义初级阶段"不是泛指任何国家进入社会主义都会经历的起始阶段，而是特指我国在生产力落后、商品经济不发达条件下建设社会主义必然要经历的特定阶段。我国从五十年代生产资料私有制的社会主义改造基本完成，到社会主义现代化的基本实现，至少需要上百年时间，都属于社会主义初级阶段"①。这意味着从 1956 年基本完成社会主义改造、确立社会主义基本制度，到 2049 年新中国成立 100 周年之际全面建成社会主义现代化国家、实现"第二个百年"奋斗目标，我国都处于社会主义初级阶段。同时，社会主义初级阶段是一个不

---

　　① 中共中央文献研究室：《改革开放三十年重要文献选编》，中央文献出版社 2008 年，第 476 页。

断动态演进的连续过程，其间经历的重要时间节点包括：1978 年我国正式开启了改革开放，开辟了中国特色社会主义道路、形成了社会主义初级阶段理论；2012 年，中国特色社会主义进入了新时代；2021 年，我国进入了全面建设社会主义现代化国家的新发展阶段；2049 年，我国将全面建成社会主义现代化国家。也就是说，从社会主义初级阶段到新发展阶段，是我国社会主义发展进程中的阶梯式递进和"日益接近质的飞跃的量的积累"，新发展阶段是社会主义初级阶段动态演进过程的进一步发展，有必要结合社会主义初级阶段理论和我国社会主义发展的阶段性特征，进一步明晰社会主义初级阶段、新时代和新发展阶段的理论逻辑及其相互关系，进而更为准确地把握新发展阶段的历史方位及其政策含义。

社会主义初级阶段理论是我国社会主义发展进程中的重大理论创新，是马克思主义基本原理同我国具体实际相结合的产物，也是我国改革开放和社会主义现代化建设的总依据。社会主义初级阶段理论明确了我国处于并将长期处于社会主义初级阶段，这意味着：其一，我国已经是社会主义社会，满足人民需要、实现共同富裕、促进人的全面发展是社会主义的本质要求和我国发展的根本目的；其二，我国的社会主义仍处于初级阶段，我们的根本任务是发展生产力，"是否有利于发展生产力，应当成为我们考虑一切问题的出发点和检验一切工作的根本标准"[①]。我国的社会主义性质和初级阶段的生产力水平，共同决定了"社会主义的本质，是解放生产力，发展生产力，消灭剥削，消除两极分化，最终达到共同富裕"[②]。同时，按照生产关系一定要适应生产力水平的马克思主义基本原理，"社会主义生产关系的发展并不存在一套固定的模式，我们的任务是要根据我国生产力发展的要求，在每一个阶段上创造出与之相适应和便于继续前进的生产关系的具体形式"[③]；或者说，"社会主义基本制度确立以后，还要从根本上改变束缚生产力发展的经济体制，建立起充满生机和活力的社会主义经济体制，促进生产力的发展，

---

① 中共中央文献研究室：《改革开放三十年重要文献选编》，中央文献出版社 2008 年，第 476 页。
② 《邓小平文选》第 3 卷，人民出版社 1993 年，第 373 页。
③ 中共中央文献研究室：《改革开放三十年重要文献选编》，中央文献出版社 2008 年，第 213 页。

这是改革，所以改革也是解放生产力"①。也就是说，改革是社会主义的自我完善，是为了适应生产力发展水平而对生产关系进行的适应性调整，它必然是一个随着生产力水平不断提高而持续进行的动态过程。由此，我们可以把社会主义初级阶段理论的核心逻辑简要地归纳为"改革（生产关系的适应性调整和社会主义的自我完善）—解放和发展生产力（经济发展与社会进步）—满足人民需要（日益增长的物质文化需要）—人的全面发展、全体人民共同富裕"或简记为"改革—经济发展—物质文化需要"。

社会主义初级阶段理论的提出和改革开放的持续推进，极大地解放和发展了生产力，创造了我国经济快速发展奇迹和社会长期稳定奇迹，并引起了我国社会主要矛盾发生了转化，中国特色社会主义进入了新时代。新时代仍然属于社会主义初级阶段，但由于社会主要矛盾发生了历史性变化，一方面，人民需要由日益增长的"物质文化需要"转变为日益增长和不断升级的多层次、多样化、个性化的"美好生活需要"，另一方面，满足人民需要的主要制约因素由"落后的社会生产"转变为"不平衡不充分的发展"，这就对新时代我国发展提出了新的要求："我们要在继续推动发展的基础上，着力解决好发展不平衡不充分问题，大力提升发展质量和效益，更好满足人民在经济、政治、文化、社会、生态等方面日益增长的需要，更好推动人的全面发展、社会全面进步"②。也就是说，新时代仍然属于社会主义初级阶段，仍然要求通过改革推动经济发展进而人的发展，但随着经济社会发展、生产力水平的提高和人民生活水平的提高，"人民需要"由相对简单的物质文化需要提升为更为全面多元的美好生活需要，"经济发展"由相对侧重于量的扩张的快速经济增长转变为更加注重质量和效益的质的提升的高质量发展，"改革"亦相应地进一步深化为"全面深化改革"。党的十八大以来提出的一系列新思想、新理念、新战略，如"以人民为中心的发展思想""全面深化改革""供给侧结构性改革"以及创新、协调、绿色、开放和共享的"新发展理念"等，正是为了适应新时代我国经济社会发展的新特征、新要求，其在

---

① 《邓小平文选》第 3 卷，人民出版社 1993 年，第 370 页。
② 习近平：《决胜全面建成小康社会 夺取新时代中国特色社会主义伟大胜利》，人民出版社 2017 年，第 11 ~ 12 页。

经济方面集中表现为全面贯彻新发展理念、坚持以供给侧结构性改革为主线、着力推动高质量发展、加快建设现代化经济体系。相应地，社会主义初级阶段的核心理论逻辑亦由"改革—经济发展—物质文化需要"进一步深化为新时代的"全面深化改革—高质量发展—美好生活需要"。

2021 年是中国共产党成立 100 周年，同时也是我国开启全面建设现代化国家、正式进入新发展阶段的开局之年。新发展阶段仍然属于社会主义初级阶段、仍然处于中国特色社会主义的新时代，社会主义初级阶段和新时代的核心理论逻辑仍然适用于新发展阶段，但我国社会主义发展进程与我国发展的阶段、环境和条件变化又赋予了其新的时代内涵并提出了新的要求。具体而言，在新发展阶段，我们必须根据我国发展阶段、环境和条件变化，统筹中华民族伟大复兴战略全局和世界百年未有之大变局，深刻认识我国社会主要矛盾变化带来的新特征新要求，深刻认识错综复杂的国际环境带来的新矛盾新挑战，统筹国内和国际两个大局、发展和安全两件大事，全面贯彻新发展理念、加快构建新发展格局，努力实现更高质量、更有效率、更加公平、更可持续、更为安全的发展。换句话说，在新时代的核心理论逻辑"全面深化改革—高质量发展—美好生活需要"中，为了顺应我国发展阶段、国内外环境条件变化和全面建设社会主义现代化国家的要求，处于核心环节的"高质量发展"的内涵和外延得到了极大的深化和扩展，某种程度上可以把新发展阶段的核心理论逻辑归结为"全面深化改革—高质量发展（新发展理念、新发展格局）—美好生活需要"，并由此规定了新发展阶段的时代内涵和政策含义：一方面，我国社会主要矛盾已经转化为人民日益增长的美好生活需要和不平衡不充分的发展之间的矛盾，我们必须切实转变发展方式，推动经济发展的质量变革、效率变革、动力变革，提升供给体系对国内需求的适配性，加快构建以国内大循环为主体、国内国际双循环相互促进的新发展格局，更好地满足人民多样化、个性化和不断升级的美好生活需要；另一方面，当今世界正经历百年未有之大变局，世界进入动荡变革期，我国发展面临的国际环境日趋复杂，我们必须坚持创新在我国现代化建设全局中的核心地位，把科技自立自强作为国家发展的战略支撑，深入实施创新驱动发展战略、突破关键核心技术，提升我国产业链供应链现代化水平，更好维护我国产业链供应链的稳定性、安全性和竞争力。

五、结　语

习近平总书记曾经强调指出，"今天，时代变化和我国发展的广度和深度远远超出了马克思主义经典作家当时的想象。同时，我国社会主义只有几十年实践、还处在初级阶段，事业越发展新情况新问题就越多，也就越需要我们在实践上大胆探索、在理论上不断突破。……我们要以更加宽阔的眼界审视马克思主义在当代发展的现实基础和实践需要，坚持问题导向，坚持以我们正在做的事情为中心，聆听时代声音，更加深入地推动马克思主义同当代中国发展的具体实际相结合，不断开辟 21 世纪马克思主义发展新境界"①。新发展阶段是我国全面建设社会主义现代化国家的阶段，同时也是经过几十年积累、站到了新的起点上的社会主义初级阶段中的一个阶段。党的十九大明确了到 2035 年基本实现社会主义现代化、到本世纪中叶全面建成社会主义现代化强国的战略安排，党的十九届五中全会对全面建设社会主义现代化国家如何开好局、起好步作出了系统谋划和战略部署，全面勾勒了立足新发展阶段、贯彻新发展理念、构建新发展格局、推动高质量发展的现代化路径。站在全面建设社会主义现代化国家新征程的新的历史起点上，我们必须保持战略定力，统筹国内和国际两个大局、发展和安全两件大事，全面贯彻新发展理念，加快形成以国内大循环为主体、国内国际双循环相互促进的新发展格局，在不稳定和不确定的世界中持续推进我国高质量发展，奋力谱写全面建设社会主义现代化国家的壮丽篇章！

（作者胡怀国，原题目为《新发展阶段的理论逻辑：一种思想史的视角》，
发表于《改革与战略》2021 年第 5 期，第 1～10 页。）

---

① 习近平：《在庆祝中国共产党成立 95 周年大会上的讲话》，人民出版社 2016 年，第 9～10 页。

第三章
新发展格局的时代内涵与实现路径

[摘要] 以国内大循环为主体、国内国际双循环相互促进的新发展格局，是根据我国发展阶段、环境和条件的变化所作出的主动选择，是"十四五"和未来更长时期推动高质量发展、更好满足人民美好生活需要、重塑我国国际合作和竞争新优势的重大战略部署。加快构建新发展格局是新发展阶段贯彻新发展理念、推动高质量发展的系统性谋划，必须以扩大内需为战略基点、以深化供给侧结构性改革为主线、以改革创新为根本动力，以国内大循环的畅通和消费升级推动要素升级和产业升级，提升我国产业链现代化水平和供给体系对国内需求的适配性，更好地维护我国产业链供应链的稳定性、安全性和竞争力，以实现更高质量、更有效率、更加公平、更可持续、更为安全的发展。

[关键词] 新发展阶段　新发展格局　高质量发展

2020年4月份以来，习近平总书记多次强调指出，要加快形成"以国内大循环为主体、国内国际双循环相互促进的新发展格局"。党的十九届五中全会审议通过的《中共中央关于制定国民经济和社会发展第十四个五年规划和二〇三五年远景目标的建议》（以下简称《建议》），对"十四五"时期如何加快构建新发展格局进行了系统阐述，明确提出要"以推动高质量发展为主题，以深化供给侧结构性改革为主线，以改革创新为根本动力，以满足人民日益增长的美好生活需要为根本目的，统筹发展和安全，加快建设现代化经济体系，加快构建以国内大循环为主体、国内国际双循环相互促进的新发展格局"①。新发展格局是根据我国发展的阶段、环境和条件变化所作出的主动选择，是新发展阶段推动高质量发展、重塑我国国际合作和竞争新优势的战略抉择，是事关"十四五"和未来更长时期我国发展战略、发展路径的重大战略部署，具有深刻的理论逻辑、实践逻辑和时代内涵。

一、新发展格局的理论逻辑与实践逻辑

习近平《在经济社会领域专家座谈会上的讲话》中指出，"今年以来，我多次讲，要推动形成以国内大循环为主体、国内国际双循环相互促进的新发展格局。这个新发展格局是根据我国发展阶段、环境、条件变化提出来的"②。当今世界正经历百年未有之大变局，我国发展面临的国内外环境发生着深刻复杂的变化，新发展格局正是立足世界百年未有之大变局和中华民族伟大复兴的战略全局，顺应大国发展的经济规律和我国发展的阶段、环境和条件变化，在统筹国内与国外、发展与安全的基础上提出来的重要战略举措。经济理论和国际经验表明，一个国家的经济发展往往会经历不同阶段，而那些成功地实现阶段性跨越的经济体通常会伴随着明显的结构性变迁和动力转换：第一，绝大多数经济体曾长期处于传统农业社会，它更多地属于一种自给自足的生存型经济，在产业结构上以第一产业为主，在需求结构上以消费为主，经济活动更多的是为了满足生存需要，整个社会在某种程度上受制于"马尔萨斯陷阱"；第二，正如斯密在《国富论》（1776 年）中指出的，"世界上从未存在过而且也决不能存在完全没有制造业的大国"③，大国突破"马尔萨斯陷阱"、从传统社会转型为现代社会，通常需要经历某种工业化进程，在产业结构上表现为第二产业的崛起，在需求结构上表现为投资的增加以及消费比例的相对下降；第三，随着经济社会的发展、收入水平的提高和生活

① 《中共中央关于制定国民经济和社会发展第十四个五年规划和二〇三五年远景目标的建议》，人民出版社 2020 年，第 6 页。
② 习近平：《在经济社会领域专家座谈会上的讲话》，人民出版社 2020 年，第 4 页。
③ 亚当·斯密：《国民财富的性质和原因的研究》上卷，商务印书馆 1996 年，第 368 页。

水平的改善，那些成功突破"中等收入陷阱"的经济体，往往经历了显著的消费升级过程，特别是从生存型消费转向更有利于人力资本积累和知识积累的发展型享受型消费，并通过消费升级带动要素升级、产业升级和技术升级，在产业结构上表现为第三产业尤其是高端服务业的兴起，在需求结构上表现为消费比例的提高。

图 3－1 是按世界银行分类标准划分的不同收入组别的经济发展（人均GDP）与消费比例（消费/GDP）之间的关系，至少部分地反映了经济发展过程中的这种阶段性跨越和结构性转换，其本身存在着一定的规律性，但绝非一个自然而然的过程。正如李斯特（1837 年）在论及工业化进程时所指出的，"对各种制造业起源的研究表明，工业的发展常常可能是由于机遇。可能正是机遇引导着某些人到某一特定的地方去促进曾经是弱小而微不足道的某一工业的发展——就如同偶然被风吹落的种子可能有时会长成参天大树一样。但是，工业的发展是一个可能需要几百年才能完成的过程，不该把一个国家通过法律和制度所实现的成就纯粹归之于机遇"[①]。至少就大国经济而言，如果说工业化是摆脱"马尔萨斯陷阱"、步入现代经济发展的关键，那么消费升级推动下的要素升级、产业升级和技术升级，则是摆脱"中等收入陷阱"的核心，它们都需要与之适应的制度性框架和相对特定的国内外条件和环境。历史地看，那些成功实现上述阶段性跨越的经济体，尽管具体路径各有不同，但往往表现出了如下共性：其一，在传统社会的基础上开启工业化进程，往往有赖于一定的保护政策或"隔离"措施，以减弱先进工业国的竞争压力并形成某种有利于资本积累的制度性框架；其二，工业化的大规模推进，有赖于更深度地融入全球经济，以充分利用国际资源和国际市场、国际资本与国际技术；其三，随着经济发展、收入提高和技术水平逼近国际前沿，以消费升级推动要素升级和产业升级成为跨越中等收入陷阱的关键，它通常意味着依托国内循环的结构性升级并通过内循环的升级推动外循环的升级，进而步入内外循环相互促进的高质量发展之路。

---

① 李斯特：《政治经济学的自然体系》，商务印书馆 1997 年，第 40～41 页。

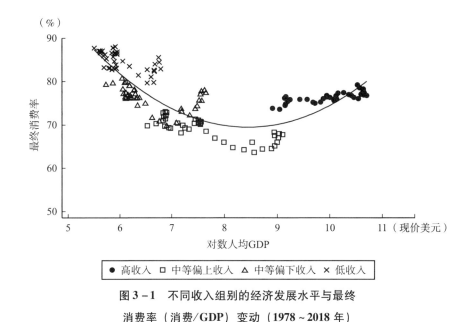

图 3 - 1　不同收入组别的经济发展水平与最终

消费率（消费/GDP）变动（1978～2018 年）

资料来源：根据"世界银行数据库"整理而成，感谢史琳琰博士在数据整理和制图方面提供的帮助。

正如习近平曾指出的，"新中国成立以来特别是改革开放以来，在不到 70 年的时间内，我们党带领人民坚定不移解放和发展社会生产力，走完了西方几百年的发展历程，推动我国快速成为世界第二大经济体"[1]。我国在短短几十年时间里成功实现了从站起来到富起来、迎来了从富起来到强起来的历史性飞跃，不仅经历了不同的发展阶段和结构性跨越，而且是我们深入理解《建议》、系统阐述的新发展格局的现实基础，有必要予以简要回顾和梳理。概略言之，新中国成立之初，"中国还有大约百分之九十左右的分散的个体的农业经济和手工业经济，这是落后的，这是和古代没有多大区别的，我们还有百分之九十左右的经济生活停留在古代"[2]，我国发展有赖于大规模地推进工业化进程。1956～1978 年的社会主义建设时期，是我国在特定的国内条

① 习近平：《在纪念马克思诞辰 200 周年大会上的讲话》，人民出版社 2018 年，第 18 页。
② 毛泽东：《在中国共产党第七届中央委员会第二次全体会议上的报告》（1949 年 3 月 5 日），《毛泽东选集》第 4 卷，人民出版社 1991 年，第 1430 页。

件（一穷二白的落后农业国）和国际环境（两大阵营相对抗的冷战格局）下，集中力量推进工业化进程的时期。其间，我国主要借鉴社会主义传统模式形成了某种有助于推进强制性积累和超高投资率的制度性框架，其核心逻辑是在维持社会稳定、保障人民基本生活的前提下，尽可能地整合各种资源、尽快地推进工业化，包括统购统销、人民公社、户籍制度在内的一系列体制机制和制度安排，在很大程度上都是为了配合这一目标。在这一过程中，特别是在冷战格局的国际环境下，一方面，我们难以充分利用国际市场、国际资本和国际技术，不得不集中相对有限的资源用于工业化进程，居民消费和社会发展在某种程度上受到了抑制，人们的收入水平和生活水平并没有随着经济发展同步提高；另一方面，我们更多地借鉴了同属于社会主义阵营的苏联经验，主要运用计划经济手段和集中行政体制推进工业化进程，某种程度上造成了资源配置和产业结构的扭曲，第二产业的发展在某种程度上是以第一、三产业的不平衡发展为代价的。这是我国社会主义建设的艰辛探索时期和工业化进程的艰难起步阶段，尽管这期间我们也遭遇到各种各样的困难、出现过各种各样的问题，但整体上使得我国在短短二十多年的时间里，迅速由一个拥有数千年小农经济传统的落后农业国，转变成了工业部门在国民经济中占主导地位的工业国家，并初步建立起了相对完整的工业体系和国民经济体系。

"改革开放是我们党的一次伟大觉醒，正是这个伟大觉醒孕育了我们党从理论到实践的伟大创造"[①]。1978 年 12 月 18 ~ 22 日召开的党的十一届三中全会，在深刻总结我国社会主义建设正反两方面经验的基础上，作出了把党和国家的工作中心转移到经济建设上来、实行改革开放的历史性决策。与此同时，特别是 20 世纪 80 年代以来，我国发展面临的国际环境发生了一系列新变化，为我国发展提供了更为有利的条件：一方面，国际政治局势趋于缓和，和平与发展逐渐成为时代的主题；另一方面，全球主要经济体经历了新一轮经济自由化、全球化浪潮，特别是以全球价值链分工为特征的新一轮全球化浪潮，不仅推动了全球经济增长，而且推动了国际产业转移、重塑了国

---

① 习近平：《在庆祝改革开放 40 周年大会上的讲话》，人民出版社 2018 年，第 4 页。

际分工格局。改革开放以来，我国充分利用国内国际的有利条件和我国发展面临的历史性机遇，一方面，通过不断深化改革、更多地引入市场化的体制机制，不断提高经济效率和社会活力；另一方面，充分利用新一轮经济全球化和国际产业加速转移的历史性机遇，深度融入全球产业链供应链体系，推动了我国经济的持续快速增长和人民生活水平的不断提高，创造了举世瞩目的经济快速发展奇迹和社会长期稳定奇迹。图 3 - 2 部分反映了改革开放以来我国发展的结构性变迁（需求侧）：贸易依存度（进出口占 GDP 比例）持续提高、投资率始终处于较高水平、国内消费比例相对下降，它们共同推动了我国经济的高速增长，并充分显示了外循环拉动内循环的强劲动力（至少在2006 年以前）。不过，21 世纪以来特别是 2008 年以来，我国发展面临的国内条件和国际环境发生了巨大变化：一方面，以外循环拉动内循环的动力开始减弱，贸易依存度在 2006 年达到峰值后开始快速下降；另一方面，国内消费需求占 GDP 的比例出现了方向性变化，自 2008 年起稳步回升（见图 3 - 2）。大国发展的一般规律与我国发展阶段、环境和条件的变化，共同预示了我国发展进入了一个新的阶段，即从大规模推进工业化的高速增长阶段转变为以消费升级带动要素升级、产业升级和技术升级的高质量发展阶段。

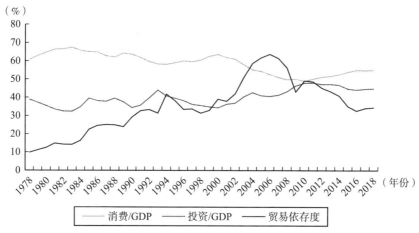

图 3 - 2　我国经济发展的结构性变迁（需求侧）（1978 ~ 2018 年）

资料来源：国家统计局。

正是基于对我国发展阶段、环境和条件变化的深刻认识和准确把握，党的十八大以来，以习近平同志为核心的党中央作出了"我国社会主要矛盾已经转化为人民日益增长的美好生活需要和不平衡不充分的发展之间的矛盾"，"中国特色社会主义进入新时代"的重大政治判断，[①] 并依据我国社会主要矛盾发展变化带来的新特征新要求，统筹推进"五位一体"总体布局、协调推进"四个全面"战略布局，明确了不断促进人的全面发展、全体人民共同富裕的以人民为中心的发展思想，确立了全面贯彻新发展理念、以供给侧结构性改革为主线、推动高质量发展、加快建设现代化经济体系的战略目标。党的十九大全面阐述了新时代坚持和发展中国特色社会主义的总目标、总任务、总体布局、战略布局、发展方式、发展动力等基本问题，明确了分两个阶段到 2035 年基本实现现代化、到本世纪中叶全面建成社会主义现代化强国、实现第二个百年奋斗目标的战略安排。党的十九届五中全会审议通过的《建议》，正是按照党的十九大作出的分两个阶段实现第二个百年奋斗目标的战略安排，统筹考虑我国发展阶段、环境和条件变化，对"十四五"时期我国发展进行了系统谋划、作出了一系列重大战略部署，其核心是通过全面贯彻新发展理念、加快构建新发展格局，实现更高质量、更有效率、更加公平、更可持续、更为安全的发展。其中，"以国内大循环为主体、国内国际双循环相互促进"的新发展格局，不仅是新时代推动高质量发展、更好满足人民美好生活需要的必然要求，而且是顺应大国发展规律和我国发展阶段、环境和条件变化所作出的主动选择，更是"十四五"时期开启全面建设社会主义现代化国家新征程的一项重要战略部署，具有深刻的理论逻辑与实践逻辑。

二、深刻把握新发展格局的时代内涵

"十四五"时期是我国全面建成小康社会、实现第一个百年奋斗目标之后，乘势而上开启全面建设社会主义现代化国家新征程、向第二个百年奋斗

---

① 习近平：《决胜全面建成小康社会 夺取新时代中国特色社会主义伟大胜利》，人民出版社2017 年，第 11 页。

目标进军的第一个五年，也意味着我国发展进入了一个新阶段。正如习近平总书记指出的，"进入新发展阶段，国内外环境的深刻变化既带来一系列新机遇，也带来一系列新挑战，是危机并存、危中有机、危可转机。我们要辩证认识和把握国内外大势，统筹中华民族伟大复兴战略全局和世界百年未有之大变局，深刻认识我国社会主要矛盾发展变化带来的新特征新要求，深刻认识错综复杂的国际环境带来的新矛盾新挑战，增强机遇意识和风险意识，准确识变、科学应变、主动求变，勇于开顶风船，善于转危为机，努力实现更高质量、更有效率、更加公平、更可持续、更为安全的发展"①。新发展格局是适应我国发展阶段、环境和条件变化，在错综复杂的国际环境下保持战略定力、办好自己的事的主动选择，是新发展阶段贯彻新发展理念、推动高质量发展的重要战略部署，有必要深刻认识、准确把握其时代内涵。

第一，新发展格局是适应我国社会主要矛盾变化、更好满足人民美好生活需要的必然要求，是新发展阶段推动高质量发展、到2035年基本实现社会主义现代化远景目标的一项重要战略部署。党的十九大立足于中华民族伟大复兴战略全局，准确把握国内国际形势和我国发展条件，作出了我国社会主要矛盾发生了转化、中国特色社会主义进入了新时代的重大政治判断，并依据我国社会主要矛盾发展变化带来的新特征新要求，明确了"要在继续推动发展的基础上，着力解决好发展不平衡不充分问题，大力提升发展质量和效益，更好满足人民在经济、政治、文化、社会、生态等方面日益增长的需要，更好推动人的全面发展、社会全面进步"②。我国社会主要矛盾的变化是关系全局的历史性变化，中国特色社会主义进入新时代是我国发展新的历史方位，以扩大内需为战略基点、以国内大循环为主体的新发展格局是新时代更好满足人民美好生活需要的必然要求。"十四五"时期是我国开启全面建设社会主义现代化国家新征程、向第二个百年奋斗目标进军的第一个五年，也标志着我国进入了新发展阶段；党的十九届五中全会审议通过的《建议》，既是对"十四五"时期我国经济社会发展的全面规划，又是对新发展阶段我国经

---

① 习近平：《在经济社会领域专家座谈会上的讲话》，人民出版社2020年，第4页。
② 习近平：《决胜全面建成小康社会 夺取新时代中国特色社会主义伟大胜利》，人民出版社2017年，第11~12页。

济社会发展的系统谋划，加快构建新发展格局则是其中事关全局的关键环节。由此可见，新发展格局并不是临时性的权宜之计，而是着眼于我国长远发展的重大战略部署，是对"十四五"和未来更长时期我国发展战略的重大调整完善。

第二，新发展格局是适应我国发展阶段、环境和条件变化的主动选择，是在不稳定不确定的世界中推动高质量发展的战略举措。改革开放以来，我国充分利用相对有利的国内条件和国际环境，主动打开国门、深度融入全球经济，创造了经济快速发展奇迹和社会长期稳定奇迹，它在很大程度上是一种"两头在外""大进大出"的赶超型发展模式和以外循环拉动内循环的发展战略。21 世纪以来特别是 2008 年国际金融危机以来，我国发展的阶段、环境和条件都发生了重大变化，一方面，单纯的量的扩张不仅面临着越来越大的资源环境压力，而且难以满足人民多样化、个性化和不断升级的美好生活需要；另一方面，世界经济增长持续乏力、国际贸易不断萎缩，使得市场和资源两头在外的国际大循环动能明显减弱，我们必须结合我国发展的阶段、环境和条件调整发展战略、转换发展模式、寻求经济发展新动能。以国内大循环为主体、畅通国内循环，不仅有利于扩大内需、推动消费升级、更好满足人民美好生活需要，而且有助于提升供给体系对国内需求的适配性。与此同时，当今世界正经历百年未有之大变局，新一轮科技革命和产业变革深入发展，国际力量对比深刻调整，我国发展的外部环境发生了巨大变化。一方面，随着我国发展水平的提高、经济体量的增大和技术前沿的逼近，我国与发达经济体在更多领域由强互补性转变为一定程度的竞争性，特别是"实践反复告诉我们，关键核心技术是要不来、买不来、讨不来的"[1]，这意味着我们必须更多地依赖自主创新、努力实现关键核心技术自主可控，确保我国发展的主动权；另一方面，随着国际经济、科技、文化、安全、政治等格局的深刻调整，保护主义、单边主义上升，世界进入动荡变革期，我国发展面临着日趋错综复杂的国际环境，我们必须着力维护产业链供应链的稳定性、安全性，这都要求我们必须着力畅通国内大循环，以国内大循环的畅通和升级

---

① 习近平：《习近平谈治国理政》第 3 卷，外文出版社 2020 年，第 248 页。

促进国际大循环的安全、稳定与升级。

第三，以国内大循环为主体、国内国际双循环相互促进的新发展格局，不是封闭的单循环，而是顺应大国经济发展规律和我国发展阶段、环境和条件变化，统筹国内和国际两个大局、发展与安全两件大事，以扩大内需为战略基点、以国内大循环为主体的国内国际双循环相互促进。依托国内需求是大国经济发展的一般规律，我国发展已经由投资和进出口主导的赶超型发展阶段，转变为以内需为主导、以消费升级为特点的高质量发展阶段。以国内大循环为主体、以扩大内需为战略基点，既不是封闭的单循环、又不是简单的国内需求的量的扩张，而是在畅通国内大循环的基础上实现更高水平的双循环的相互促进：一方面，通过畅通国内大循环，着力优化升级生产、分配、流通、消费体系，提升供给体系对国内需求的适配性，形成需求牵引供给、供给创造需求的更高水平动态平衡；另一方面，通过深化供给侧结构性改革，把扩大内需战略与创新驱动发展战略有机结合，依托国内超大规模市场优势和内需潜力，提高科技创新能力、突破关键核心技术，提升我国产业链供应链现代化水平，维护我国产业链供应链的稳定性、安全性和竞争力，进而在统筹国内和国际、发展与安全的基础上，实现国内国际双循环的相互促进，以更高水平的对外开放打造国际合作和竞争新优势。正如习近平总书记指出的，"扩大内需和扩大开放并不矛盾。国内循环越顺畅，越能形成对全球资源要素的引力场，越有利于构建以国内大循环为主体、国内国际双循环相互促进的新发展格局，越有利于形成参与国际竞争和合作新优势"①。新发展格局以扩大内需为战略基点、以国内大循环为主体，但它绝不是简单的扩大内需、更不是封闭的单循环，而是统筹需求与供给、国内与国际、发展与安全的系统性谋划和深层次变革。

三、加快构建新发展格局的政策含义与实现路径

党的十九届五中全会审议通过的《建议》，围绕未来五年我国发展目标

① 习近平：《国家中长期经济社会发展战略若干重大问题》，《求是》2020年第21期。

和 2035 年基本实现现代化的远景目标，在准确把握当前和今后一个时期国内外发展大势、深入分析我国发展环境面临的深刻复杂变化的基础上，对"十四五"时期我国经济社会发展进行了系统谋划和全面部署。其中，加快构建新发展格局是"十四五"和未来更长时期事关全局的系统性谋划和深层次变革，我们必须以满足人民日益增长的美好生活需要为根本目的、以深化供给侧结构性改革为主线、以推动高质量发展为主题、以改革创新为根本动力，加快构建以国内大循环为主体、国内国际双循环相互促进的新发展格局。

第一，深化市场化改革、畅通国内大循环，以扩大内需为战略基点、以供给侧结构性改革为主线，提升供给体系对国内需求的适配性，形成需求牵引供给、供给创造需求的更高水平动态平衡。新发展阶段构建以国内大循环为主体的新发展格局，必须以扩大内需为战略基点，但新发展格局中的扩大内需绝不是短期的需求侧管理，而是立足于世界百年未有之大变局和中华民族伟大复兴战略布局的中长期战略安排，必须立足长远和根本，坚持系统性观念，进行系统性谋划和深层次变革，这就要求我们：首先，深化市场化改革、畅通国内大循环。正如习近平总书记指出的，"理论和实践都证明，市场配置资源是最有效率的形式。市场决定资源配置是市场经济的一般规律，市场经济本质上就是市场决定资源配置的经济"[1]，新发展阶段构建以国内大循环为主体的新发展格局，必须进一步深化市场化改革、畅通国内大循环，加快建设统一开放、竞争有序的市场体系，贯通国内市场的生产、分配、流通、消费各环节，打破市场垄断、行业分割和地方保护，打通经济循环堵点，破除妨碍生产要素市场化配置和商品服务流通的体制机制障碍，建设高标准市场体系、建立统一开放的要素市场，健全劳动、资本、土地、知识、技术、管理、数据等生产要素由市场评价贡献、按贡献决定报酬的体制机制，充分激发各类市场主体的活力。其次，消费是我国经济增长的重要引擎，必须坚持以扩大内需为战略基点、全面促进消费，增强消费对经济发展的基础性作用。为此，必须顺应消费升级趋势，努力提升传统消费、培育新型消费、发

---

[1] 习近平：《论坚持全面深化改革》，中央文献出版社 2018 年，第 31 页。

展服务消费；坚持按劳分配为主体、多种分配方式并存，提高劳动报酬在初次分配中的比重，多渠道增加城乡居民财产性收入，着力提高低收入群体收入、努力扩大中等收入群体；完善公共服务体系和再分配机制、健全多层次社会保障体系，不断增强人民群众的获得感、幸福感和安全感。最后，构建新发展格局必须以供给侧结构性改革为主线，"把实施扩大内需战略同深化供给侧结构性改革有机结合起来"①。我国社会主要矛盾的转化，意味着发展的不平衡不充分已成为满足人民日益增长的美好生活需要的主要制约因素，必须深化供给侧结构性改革，"用改革的办法推进结构调整，减少无效和低端供给，扩大有效和中高端供给，增强供给结构对需求变化的适应性和灵活性，……使我国供给能力更好满足广大人民日益增长、不断升级和个性化的物质文化和生态环境需要"②。正是在这个意义上，习近平总书记强调说，"要坚持供给侧结构性改革这个战略方向，扭住扩大内需这个战略基点，使生产、分配、流通、消费更多依托国内市场，提升供给体系对国内需求的适配性，形成需求牵引供给、供给创造需求的更高水平动态平衡"③。

第二，以科技创新催生新发展动能，推进产业基础高级化、产业链现代化，维护我国产业链和供应链的稳定性、安全性和竞争力。习近平总书记曾经指出，"虽然我国经济总量跃居世界第二，但大而不强、臃肿虚胖体弱问题相当突出，主要体现在创新能力不强，这是我国这个经济大块头的'阿喀琉斯之踵'。通过创新引领和驱动发展已经成为我国发展的迫切要求。"④ 新发展阶段构建新发展格局，必须坚持以创新驱动塑造我国发展新优势、以科技创新催生我国发展新动能，全面推动全产业链优化升级、提升我国产业链供应链现代化水平。首先，创新是引领发展的第一动力，"现在，我国经济社会发展和民生改善比过去任何时候都更加需要科学技术解决方案，都更加

---

① 《中共中央关于制定国民经济和社会发展第十四个五年规划和二〇三五年远景目标的建议》，人民出版社 2020 年，第 15 页。

② 习近平：《在省部级主要领导干部学习贯彻党的十八届五中全会精神专题研讨班上的讲话》，人民出版社 2016 年，第 29～30 页。

③ 习近平：《在经济社会领域专家座谈会上的讲话》，人民出版社 2020 年，第 5 页。

④ 习近平：《在省部级主要领导干部学习贯彻党的十八届五中全会精神专题研讨班上的讲话》，人民出版社 2016 年，第 11 页。

需要增强创新这个第一动力"①，构建新发展格局同样需要"坚持创新在我国现代化建设全局中的核心地位，把科技自立自强作为国家发展的战略支撑"②，一方面要强化企业创新主体地位、促进各类创新要素向企业集聚，另一方面要健全社会主义市场经济条件下新型举国体制，加强基础研究、推进学科交叉融合，完善共性基础技术供给体系，实施一批具有前瞻性、战略性的国家重大科技项目，打好关键核心技术攻坚战。其次，面对世界百年未有之大变局和错综复杂的国际环境，要紧紧围绕制造强国、质量强国等，坚持把发展经济着力点放在实体经济上，统筹推进产业基础高级化、产业链现代化。一方面，立足我国产业规模优势、配套优势和部分领域先发优势，打造新兴产业链、锻造产业链供应链长板；另一方面，实施产业基础再造工程、加大重要产品和关键核心技术攻关力度，补齐产业链供应链短板，推动全产业链优化升级，进而在提高我国发展的质量效益和核心竞争力的同时，更好地维护我国产业链供应链的稳定性、安全性和竞争力。

第三，以国内大循环的畅通和升级重塑我国国际合作和竞争新优势，统筹国内与国际、发展与安全，实现国内国际双循环的相互促进，在不稳定不确定的世界中推进我国高质量发展。当今世界正经历百年未有之大变局，经济全球化遭遇逆流、世界进入动荡变革期，但人类命运共同体理念深入人心、和平与发展仍然是时代主题。正如习近平强调的，"实践证明，过去 40 年中国经济发展是在开放条件下取得的，未来中国经济实现高质量发展也必须在更加开放条件下进行"③。对外开放是我国的一项基本国策，中国开放的大门只会越开越大；不过，随着我国发展阶段和条件的变化，随着世界经济政治格局的深刻调整、世界进入动荡变革期，我国对外开放的内容和形式都发生了新的变化：一方面，我们要通过内循环的畅通和升级推动外循环的升级、实现更高水平的开放和国内国际双循环的相互促进；另一方面，要在重塑我国国际合作和竞争新优势、推进更高水平开放的同时，更好地统筹发展与安

---

① 习近平：《在科学家座谈会上的讲话》，人民出版社 2020 年，第 4 页。
② 《中共中央关于制定国民经济和社会发展第十四个五年规划和二〇三五年远景目标的建议》，人民出版社 2020 年，第 9 ~ 10 页。
③ 习近平：《习近平谈治国理政》第 3 卷，外文出版社 2020 年，第 194 页。

全，有效防范各类风险，确保我国经济行稳致远。首先，顺应我国发展阶段、环境和条件的变化，推进我国产业链供应链现代化和全产业链优化升级，进而在提升我国在全球价值链分工地位、推进更高水平开放的同时，更好地维护我国产业链供应链的稳定性、安全性和竞争力，或如习近平强调的，"产业链、供应链在关键时刻不能掉链子，这是大国经济必须具备的重要特征"①。其次，近年来世界经济持续低迷、保护主义和单边主义明显上升，全球产业链供应链受到各种因素的冲击、地区化和区域化趋势明显，新冠肺炎疫情全球大流行进一步加剧了这种趋势，我们要进一步推进同不同国家和地区的经济合作，"凡是愿意同我们合作的国家、地区和企业，包括美国的州、地方和企业，我们都要积极开展合作，形成全方位、多层次、多元化的开放合作格局"②。最后，安全是发展的前提、发展是安全的保障，越开放越要重视安全、越要统筹好发展和安全，新发展阶段推动高质量发展，必须"把安全发展贯穿国家发展各领域和全过程，防范和化解影响我国现代化进程的各种风险，筑牢国家安全屏障"③。

正如习近平总书记指出的，"改革开放以来，我们遭遇过很多外部风险冲击，最终都能化险为夷，靠的就是办好自己的事、把发展立足点放在国内"④。我们应该充分认识到，尽管当今世界正经历百年未有之大变局、我国发展面临的国内外环境发生了深刻复杂的诸多变化，但我国仍处于重要的战略机遇期，并且"我国制度优势显著，治理效能提升，经济长期向好，物质基础雄厚，人力资源丰厚，市场空间广阔，发展韧性强大，社会大局稳定，继续发展具有多方面优势和条件"⑤。《建议》系统阐述的加快构建以国内大循环为主体、国内国际双循环相互促进的新发展格局，正是根据我国发展阶段、环境和条件变化，在深刻认识我国社会主要矛盾发展变化带来的新特征

---

① 习近平：《国家中长期经济社会发展战略若干重大问题》，《求是》2020 年第 21 期。

② 习近平：《在经济社会领域专家座谈会上的讲话》，人民出版社 2020 年，第 8 页。

③ 《中共中央关于制定国民经济和社会发展第十四个五年规划和二〇三五年远景目标的建议》，人民出版社 2020 年，第 36 页。

④ 习近平：《关于〈中共中央关于制定国民经济和社会发展第十四个五年规划和二〇三五年远景目标的建议〉的说明》，《中共中央关于制定国民经济和社会发展第十四个五年规划和二〇三五年远景目标的建议》，人民出版社 2020 年，第 53 页。

⑤ 习近平：《在经济社会领域专家座谈会上的讲话》，人民出版社 2020 年，第 3 页。

新要求、深刻认识错综复杂的国际环境带来的新矛盾新挑战的基础上，统筹国内和国际两个大局、发展和安全两件大事，在不稳定不确定的世界中增强战略定力、办好自己的事的主动选择和系统谋划，是"十四五"和未来更长时期推动高质量发展、更好满足人民美好生活需要的重大战略部署。"改革是解放和发展社会生产力的关键，是推动国家发展的根本动力"①，同时也是构建新发展格局的根本动力；站在全面建设社会主义现代化国家新征程的新的历史起点上，我们必须进一步深化市场化改革、推进高水平开放，加快构建国内国际双循环相互促进的新发展格局，奋力谱写社会主义现代化新征程的壮丽篇章！

（作者胡怀国，原题目为《新发展格局的内在逻辑、时代内涵与实现路径》，
发表于《山东社会科学》2021 年第 2 期，第 5~11 页。）

---

① 习近平：《在经济社会领域专家座谈会上的讲话》，人民出版社 2020 年，第 7 页。

历史篇
现代化进程透视下的城乡关系

第四章
马克思恩格斯城乡关系理论研究

[摘要] 马克思、恩格斯基于 19 世纪资本主义社会中城乡对立的矛盾，批判和发展了空想社会主义者"城乡平等"论与亚当·斯密"自然顺序"论中的相关思想，从历史唯物主义角度论述了城乡关系是由生产力水平决定，并随所有制变化而演进这一规律，论证了推动工农业的融合发展，城乡劳动力自由流动，可以发展社会生产力、消灭资本主义私有制，进而实现城乡融合。在马克思、恩格斯的城乡关系理论指导下，针对新时代我国城乡发展不平衡不充分的社会矛盾，应加快转变农业生产方式，深化农业供给侧结构性改革，建立城乡一体化劳动力市场，推动城乡融合发展。

[关键词] 城乡融合　生产力　生产要素流动

马克思主义理论是中国特色社会主义理论体系的重要组成部分，新中国在过去 70 多年中所取得的成就也证明了马克思主义理论的蓬勃生命力。随着中国特色社会主义进入新时代，城乡之间的发展不平衡成为我国社会主要矛盾的一个突出表现："城乡发展不平衡不协调，是我国经济社会发展存在的突出矛盾，是全面建成小康社会、加快推进社会主义现代化必须解决的重大问题。"① 城乡关系理论作为马克思主义理论的一部分，贯穿了马克思、恩格斯对人类社会研究的整个过程。因此认真梳理马克思主义城乡关系理论，对于正确理解新时代城乡融合发展理念的科学内涵，在实践中缩小城乡差距、

---

① 习近平:《习近平谈治国理政》，外文出版社 2014 年，第 81 页。

实现乡村振兴具有重要的研究价值。

一、马克思恩格斯城乡关系理论形成基础

马克思在 1845 年出版的《德意志意识形态》中写道:"一切划时代的体系的真正的内容都是由于产生这些体系的那个时期的需要而形成起来的。所有这些体系都是以本国过去的整个发展为基础的,是以阶级关系的历史形式及其政治的、道德的、哲学的以及其他的后果为基础的。"[①] 因此,研究马克思关于城乡关系的理论,既要从当时的经济社会现实进行考察,也要梳理其他理论学派对其的影响。

(一) 现实基础

英国是城市化最先起步和首先完成的国家。中世纪的英国国民经济的主要部门是农业,农业生产力的进步为劳动力转移和城市发展提供了基本保障。但 14 世纪中后期,英国多次爆发黑死病、鼠疫等,全国人口迅速减少了 1/3以上,农业生产处于衰退状态,大批中小城镇退化为村庄,城市化受到了严重挫折。直至 16 世纪,英国发生"农业革命""圈地运动",迫使农村土地制度和经营方式发生转变,农村无产者被迫转入乡村工业流向生产和城市[②],为城市输送大量工业制品和低价劳动力,一些城市将城市殖民主义与旧的农奴制等结合起来,形成了具有现代特征的生产、经营、组织方式。史学家克里德特称这一现象为"工业化前的工业化"[③]。

18 世纪中期工业革命发生后,以蒸汽为动力的近代工业生产方式要求资本、劳动力、能源和原材料的积聚,成为欧洲各国城市人口迅速增长的强大

---

① 《马克思恩格斯全集》第 3 卷,人民出版社 1960 年,第 544 页。
② 谷延方:《中古英国农村劳动力转移和城市化特点——兼与工业革命时期比较》,《世界历史》2008 年第 4 期,第 106~114 页。
③ Peter Kriedte et al., *Industrialization before Industrialization*, *Rural Industry in the Genesis of Capitalism*, Cambridge University Press, 1981, P. 320.

动力。尤其随着铁路的出现，食物与燃料这些笨重的货物能够运进城市，制造业第一次集中到了大城市。至 1914 年，英格兰有 2/3 的人居住在人口超过 2 万的城市，柏林、维也纳、圣彼得堡和莫斯科等城市人口甚至超过 100 万；至 1950 年欧洲城市人口比例为 50%，集中了全球 40% 的城市人口。[1] 城市化推动了近代西方社会的人口分布和职业结构的转变，也形成了新的资本主义政治体制和文化观念，城乡开始分离。对此，马克思指出"现代的历史是乡村城市化，而不像在古代那样，是城市乡村化"[2]。

由于城乡的分离，广大的城乡劳动者成为各自手艺的仆役，虽然在城市化之前，这种分工促进了生产力的发展和社会财富的生产，但随着资本主义生产资料私有制和资产阶级的产生，手工业和工业集中于城市，农业集中于农村，城乡开始对立。在城市，本来就很恶劣的工人的居住条件因为农村无地农民的突然涌进而更加尖锐化，"最污秽的猪圈也经常能找到租赁者"。[3] 恶劣的居住环境使得贫民子女无法获得基本教育，犯罪与疾病蔓延。恩格斯在《英国工人阶级状况》一书中引用当时的调查报告发现，过度拥挤与环境恶化引发了惊人的病死率，"曼彻斯特和利物浦的流行病所引起的死亡率，一般说来比农业区高两倍；在城市患神经系统疾病的比农村多四倍，患胃病的比农村多一倍多，同时，在城市因肺部疾病死亡的人数和农村比较是 2.5：1。在城市，因天花、麻疹、百日咳和猩红热而死亡的幼儿比农村多三倍，因脑水肿而死亡的多两倍，因痉挛而死亡的多九倍"。[4] 为了保护贵族，防止疾病蔓延，部分城市在建设城区时采用分区制，包括圣彼得堡、伦敦和巴黎等地[5]，这又使得劳资阶级矛盾更加突出和尖锐。在农村，资本主义的生产方式割裂了农业和家庭工厂手工业的联系，又"破坏着人和土地之间的物质变换，也就是使人以衣食形式消费掉的土地的组成部分不能回归土地，从而破

---

[1] R. R. 帕尔默：《现代世界史》，世界图书出版公司 2009 年，第 476 页。

[2] 《马克思恩格斯文集》第 8 卷，人民出版社 2009 年，第 131 页。

[3] 《马克思恩格斯文集》第 3 卷，人民出版社 2009 年，第 276 页。

[4] 《马克思恩格斯文集》第 1 卷，人民出版社 2009 年，第 421 页。

[5] 费尔南·布罗代尔：《日常生活的结构：可能和不可能——十五至十八世纪的物质文明、经济和资本主义》，商务印书馆 2017 年，第 650～663 页。

坏土地持久肥力的永恒的自然条件"①。在土地被破坏后，农民的土地所有权成为虚设，劳动成果被资本家夺取。为了维持生计，大量农民在农业劳动之余去工厂主那里寻找工作，但是机器的不断改进、资本有机构成的不断提高，不允许吸收来自农业区的全部过剩的劳动人口，而开垦荒地是极其冒险的行为，因此剩余劳动力被困在仅有的工业区中，农民同无产阶级工人变成了竞争的关系，甚至是相对立的状态，"农业区成了慢性疾病的发源地，而工厂区则成了周期贫穷的发源地"②。

到 18 世纪二三十年代，法国、英国等地的农民和工人的竞争达到高峰。资本家将工资压到最低，再通过转嫁给救济法，对农民和无产阶级工人给予一点点微薄的补贴，而这点补偿无法消弭乡村和城市之间、农业和工业之间的对立状态。基于这种由于资本主义条件下的不合理的劳动分工导致的城市盲目扩张下的城市病态与乡村衰落的历史背景，马克思和恩格斯提出了城乡融合发展的思想："只有通过城市和乡村的融合，现在的空气、水和土地的污毒才能排除，只有通过这种融合，才能使现在城市中日益病弱的群众的粪便不致引起疾病，而被用做植物的肥料"③，这"已经成为工业生产本身的自觉需要"④。

（二）理论来源

在对资本主义现实社会中城乡对立、工农业分离导致的尖锐矛盾进行考察的同时，马克思和恩格斯也广泛地批判和借鉴了其他学派的思想，包括重商主义学派的"重商、重工、抑农"思想，重农主义学派的"农业是一切利益的本源"理论，空想社会主义者的"城乡平等、社会公平"论，以及亚当·斯密的"社会分工、自然顺序论"，这些思想中又以空想社会主义者和斯密的观点对其影响更为显著。

---

① 《马克思恩格斯文集》第 5 卷，人民出版社 2009 年，第 579 页。
② 《马克思恩格斯全集》第 2 卷，人民出版社 1957 年，第 550~551 页。
③ 《马克思恩格斯文集》第 9 卷，人民出版社 2009 年，第 313 页。
④ 《马克思恩格斯全集》第 18 卷，人民出版社 1964 年，第 264 页。

1. 空想社会主义者的"城乡平等"论

早在 16 世纪，空想社会主义的先驱托马斯·莫尔在其代表作《乌托邦》中描述了英国圈地运动带来的"羊吃人"的悲惨后果：贵族和资产阶级通过一条栅栏将土地圈为己有，流浪的佃农被迫乞讨，又被当作不务正业的游民抓进监狱。他的这些论述被马克思作为分析资产阶级原始积累的证据进行了引证。

到 17～18 世纪，空想社会主义发展到鼎盛。马克思说："在政治经济学上的李嘉图时期，同时也出现了'资产阶级政治经济学的'反对派——共产主义（欧文）和社会主义（傅立叶、圣西门）。"①

圣西门主张土地所有者和土地经营者之间通过签订契约的形式，转让所有者的权益和义务，由实业家耕种、经营土地，扩大国家的土地资产。在这一过程中他强调要保障农民权益，这是其无产阶级倾向的一个重要表现；但同时他将工业资本家、银行家与工人、农民统称为实业家，掩盖了资产阶级与农民阶级的对立现实。傅立叶更加注重对现实的观察和体验。他先后在巴黎和里昂等地活动，见证了 1825 年第一次大规模经济危机的特征和表现，指出资本主义制度代替封建制度是历史的必然，但他也注意到了资本主义社会的分裂，一方面是资本家的专制统治和穷奢极欲，另一方面是农民、无产阶级日益加剧的贫困状况。为此，他提出建立"农业谢利叶"的设想，即在一定区域的土地上的、一定数量的家庭进行联合的工农业生产和习作，"工业生产将不像现在这样都集中在穷人麇集的城市中，而将遍布全球乡村和法郎吉中，……工业生产用作农业的辅助和变体，而不是作为一个乡或乡里任何一个居民的主要活动"。② 傅立叶将工业置于农业的辅助地位，显然与整个世界的现代化进程相违背。

欧文更进一步地认识到资本主义私有制"是各国的一切阶级之间的纷争的永久根源"，③ 从生产力发展角度提出了社会主义设想。他主张在生产领域

① 《马克思恩格斯全集》第 26 卷，人民出版社 1974 年，第 260 页。
② 傅立叶：《傅立叶选集》第 1 卷，商务印书馆 1982 年，第 259 页。
③ 欧文：《欧文选集》下卷，商务印书馆 1965 年，第 144 页。

建立合作工厂或合作社，通过建立以公有制为基础的工农合作公社和农业新村，使社员既进行工业劳动，又从事农业劳动，每个人应从事尽可能全面的技术活动，并能够以资本家的方式对农业、工商业进行统筹经营，从而消除城乡对立状态。马克思在《国际工人协会成立宣言》中对欧文开创的合作运动给予了高度评价，但也指出，欧文的这一城乡融合思想实际是资本主义生产方式从城市向农村的转移，并未超越资本主义生产方式本身。

2. 亚当·斯密的"自然顺序"论

亚当·斯密关于城乡关系的理论又被学界称为"自然顺序论"。他在《国富论》中论述道："按照事物的自然趋势，进步社会的资本，首先是大部分投在农业上，其次投在工业上，最后投在国外贸易上。这种顺序是极自然的；我相信，在所有拥有多少领土的社会，资本总是在某程度上按照这种顺序投用。总得先开垦了一些土地然后才能成立很多城市；总得在城市里先有了些粗糙的制造业，然后才会有人愿意投身于国外贸易。"① 斯密的这一理论不仅反映了人类社会中产业的出现和发展顺序，也揭示了城乡关系的初始状态：城市是根据农村和农业的发展成比例建立的，"设使人为制度不扰乱事物的自然倾向，那就无论在什么政治社会里，都市财富的增长与规模的扩大，都是乡村耕作及改良事业发展的结果，而且按照乡村耕作及改良事业发展的比例而增长扩大"②。

在斯密的"自然顺序"论中，乡村与城市化、工业化之间是一个良性作用关系，这一点他在《国富论》第三篇中进行了详细分析：罗马帝国崩溃后，"文明社会的重要商业，就是城镇居民与农村居民通商……农村以生活资料及制造原材料供给城镇，城镇则以一部分制造品供给农村居民"③。这种互利又表现在两个方面：一方面"都市是农村剩余产物的市场"，因为"按照事物的本性，生活资料必先于便利品和奢侈品，所以，生产前者的产业，

---

① 亚当·斯密：《国富论》，商务印书馆2015年，第363页。
② 亚当·斯密：《国富论》，商务印书馆2015年，第361页。
③ 亚当·斯密：《国富论》，商务印书馆2015年，第359页。

亦必先于生产后者的产业"①，农村居民扣除维持自己和家庭的生存资料后，就把剩余产物提供给都市居民。而考虑到运费与销售环节费用的节省，大多数城镇的生活资料是遵循了就近供应的原则。另一方面，城镇工商业的发展对农村具有改良与开发的贡献，除了为农村地区提供市场、鼓励产业改进外，都市居民的财富也常用来购买农村未开垦的土地，并进行改良。斯密认为这种土地改良是奴隶制地主或者小土地农民，以及节省、谨慎的城市商人不愿或没有能力进行的。同时，斯密强调了只有休谟曾经注意到的一种改良效果：工商业发展形成的社会秩序、政府服务以及个人自由使农民摆脱了以邻为壑和对上司的依附状态，这一点有利于农村居民个人价值的实现。

对于"自然顺序"产生的原因，斯密认为，"农村先于城镇的事态，在大多数国家，是由需要迫成的，但在所有国家，又由人类天性促其实现"②。但是斯密也观察到，在欧洲各国，这个自然顺序似乎完全相反："制造业是随着农业的发展而推广、改进的，而农业的推广与改进，又是国外贸易和直接由此而产生的制造业的最后和最大的结果"③，即贸易成为引发这种反自然顺序演变的变量。

作为系统阐述贸易与地理位置的第一人，斯密认识到，虽然城乡之间能形成互换互利的贸易系统，但"城镇居民的食品、材料和产业手段，归根到底，都出自农村。但近海岸、沿河边的城镇居民，却不一定只从临近农村得到这些物品。他们有大得多的范围。他们以自身工业的制造品作为交换，……每个农村对它所能提供的食料与雇佣机会也许有限，但综合起来说，它们所能提供的却极为可观"④，即乡村对城镇市场的依赖性要大于城镇对乡村的依赖性，这一方面是因为农村的市场相对分散，难以形成较大的吸附力，另一方面，由于生产力的发展、交通运输条件的改善，打破了地域限制，形成了价格和竞争机制，改变了城乡贸易关系。

斯密在他设定的"农业—工业—贸易"的"自然顺序"框架内，分析了

---

① 亚当·斯密：《国富论》，商务印书馆 2015 年，第 360 页。
② 亚当·斯密：《国富论》，商务印书馆 2015 年，第 361 页。
③ 亚当·斯密：《国富论》，商务印书馆 2015 年，第 385 页。
④ 亚当·斯密：《国富论》，商务印书馆 2015 年，第 381～382 页。

人为的"产业政策——文化及地理位置—贸易"的作用对城乡关系的"反自然顺序"扭曲,形成了一个集政策、文化、地理、贸易等多因素于一体的理论分析框架,具有超越时代的理论贡献。但正如马克思在《哲学的贫困》中指出的,局限于历史发展阶段,斯密强调了城乡分工的相互促进的有益一面,但他没能指出城乡分工有害的一面:随着资本主义生产方式的兴起,一切国家的生产和消费成为世界性的,"资产阶级使农村屈服于城市的统治……使农民的民族从属于资产阶级的民族,使东方从属于西方。资产阶级日甚一日地消灭生产资料、财产和人口的分散状态。它使人口密集起来,使生产资料集中起来,使财产聚集在少数人的手里。由此必然产生的结果是政治的集中"①。资产阶级形成了经济和政治上的统治。这种统治,类似于现代资产阶级社会生产力反抗现代生产关系一样,"社会所拥有的生产力已经不能再促进资产阶级文明和资产阶级所有制关系的发展……就使整个资产阶级社会陷入混乱,就使资产阶级所有制的存在受到威胁。资产阶级的关系已经太狭窄了,再容纳不了它本身所造成的财富了"②。马克思和恩格斯克服了斯密的这一不足,以历史唯物主义的视角,更进一步分析了生产资料所有制变化后城乡关系的演进规律。

二、马克思恩格斯城乡关系理论

马克思和恩格斯虽未就城乡关系问题撰写著作进行集中的论述,但其在《德意志意识形态》(1845~1846年)、《共产主义原理》(1847年)、《哲学的贫困》(1847年)、《共产党宣言》(1848年)、《资本论》(1843~1883年)等一系列著作中都曾从不同角度论述过这一问题,对城乡关系的演进、发展和影响进行了深刻的剖析。

马克思在《哲学的贫困》中写道:"德国为了实现城乡分离这第一次大

① 《马克思恩格斯文集》第2卷,人民出版社2009年,第36页。
② 《马克思恩格斯文集》第2卷,人民出版社2009年,第37页。

分工，整整用了三个世纪。城乡关系一改变，整个社会也跟着改变。"① 可见城乡关系演进对整个社会经济的重要影响。恩格斯在《家庭、私有制和国家的起源》中指出，文明时代的特征之一"是把城市和乡村的对立作为整个社会分工的基础固定下来"②。城乡对立状态成为资本主义社会发展的基础之一，而资本主义私有制又不断强化这一对立状态；城乡对立的一个直接后果就是把一部分人变为受局限的城市动物，把另一部分人变为受局限的乡村动物，并不断产生他们之间的对立关系——第一次大分工，即城市和乡村的分离，"它破坏了农村居民的精神发展的基础和城市居民的肉体发展的基础"③。这一论述体现了城乡对立对人的全面自由发展的限制，马克思和恩格斯在这一认识上进一步展开了在共产主义社会中如何消除这一城乡对立状态、实现城乡融合发展的理论阐述。

（一）城乡关系是由生产力水平决定、随所有制变化而演进的

在《德意志意识形态》中，马克思指出"一个民族内部的分工，首先引起工商业劳动同农业劳动的分离，从而也引起城乡的分离和城乡利益的对立"④。而"分工的各个不同发展阶段，同时也就是所有制的各种不同形式"⑤。随着所有制的演变，城乡关系必然是不断变化的。

在原始社会中，生产力水平低下，人们聚集为部落，以迁徙、游牧为生。部落这种天然的共同体，成为共同占有和利用土地的前提。随着农业和畜牧业提供的剩余粮食的增加，社会协作日益紧密，部落之间开始进行交易和协作，社会进入公社（国家）所有制时期。在这一时期，"公社组织的基础，既在于它的成员是由劳动的土地所有者即拥有小块土地的农民所组成的，也在于拥有小块土地的农民的独立性是由他们作为公社成员的相互关系来维持

---

① 《马克思恩格斯文集》第1卷，人民出版社2009年，第618页。
② 《马克思恩格斯文集》第4卷，人民出版社2009年，第196页。
③ 《马克思恩格斯文集》第9卷，人民出版社2009年，第308页。
④ 《马克思恩格斯文集》第1卷，人民出版社2009年，第520页。
⑤ 《马克思恩格斯文集》第1卷，人民出版社2009年，第521页。

的"①。即共同体的存在是由劳动的农民间的平等关系及他们的私有财产——土地——存在为基础的。所以马克思、恩格斯指出，在公社时期，城市是农民的居住地、社交中心、军事指挥中心，城市的存在是以土地所有制和农业为基础的，城市和乡村处于无差别的统一状态。

进入奴隶制时期，人类社会第一次产生阶级划分——奴隶主和奴隶。这一阶段，农业逐渐向畜牧业和园艺业发展，由于畜牧业仅需少量奴隶看管，园艺业则由于奴隶主的贫穷和城市的衰败而丧失产品市场、逐渐衰落，以奴隶劳动为基础的大庄园经济转变为小规模经营的土地制度，奴隶制转变为农奴制，拥有土地的奴隶变为农奴，奴隶主变为地主，没有土地的奴隶流入城市，转为无产者。为了统治农奴和无产者，地主阶级建立了统治机构——无论是共和制还是君主制，农奴和无产者始终处于地主的依附地位。此时城市的行政管理权和司法审判权也集中在地主的手中，乡村在政治上和经济上统治着城市。

到封建制度时期，欧洲一切国家封建生产的特点是把土地分封给尽可能多的臣属，封建主的权力由他的臣民的人数决定。为此，封建主不断驱赶原本占有土地的农民，占有他们的土地再分封给臣民；同时英国弗兰德毛纺织厂的成功，吸引封建主放弃原有耕种模式、改建牧场，并且随着农牧业生产技术的改进，对自耕农和牧民的需求量日益下降，大量侍从被遣散，产生了城市的无产阶级，封建主的权力不断被削弱，城市人口快速增加。随着城市商品货物生产和交易范围的扩大，货币成为普遍的交换手段，乡村地主没有足够的货币，不得不向城市高利贷者借贷，货币成为市民阶级的政治平衡器，城市在经济上开始统治乡村。

随着工业革命的爆发，"凡是在货币关系排挤了人身关系、货币贡赋排挤了实物贡赋的地方，封建关系就让位于资产阶级关系"②，资本主义制度兴起。资本主义私有制的出现把居民以分工和生产工具为基础划分为两大阶级：资产阶级和无产阶级；又将城市变成了人口、生产工具、资本的集中，而乡村成为隔绝和分散的。城乡关系在资本主义制度下变为尖锐的对立状态——

① 《马克思恩格斯文集》第8卷，人民出版社2009年，第127页。
② 《马克思恩格斯文集》第4卷，人民出版社2009年，第217页。

"资产阶级使农村屈服于城市的统治……使农民的民族从属于资产阶级的民族，使东方从属于西方。"① 这种对立"从把一部分人变为受局限的城市动物，把另一部分人变为受局限的乡村动物，并且每天都重新产生二者利益之间的对立"②。这是因为资本主义私有制下，农民的劳动力在雇佣劳动制度下异化为凌驾于他个人之上的力量，并通过劳动力的再生产维持了资产阶级的统治。随着野蛮向文明的过渡、部落制向国家的过渡，以及地域局限性向民族的过渡，城市和乡村进入对立状态。

19 世纪后，随着生产资源向城市的集中、资本主义工业化的推进，"乡村城市化"的现象也开始涌现。在《反杜林论》中，恩格斯描述了随着资本主义的大工业生产的扩张，为了追求更多的剩余价值，工业资本家进行的是无计划的生产，造成城市环境的极大破坏，"工厂城市把所有的水都变成臭气熏天的污水"③，也造成了生产成本的上升。随着铁路运输网的建立，工业生产可以摆脱地域的限制，工业资本家逐步将生产工厂迁往乡村，通过雇佣农村居民、占有乡村生产资料，在地域上模糊了城乡界限，但在阶级分化的层面上加剧了城乡对立的尖锐矛盾。

基于这些历史发展阶段中城乡关系演进的认识，马克思和恩格斯设想了在生产资料公有制的共产主义社会中城乡关系的演进规律。他们在《共产主义原理》《共产党宣言》《论住宅问题》等文章中，详细论述了现代资本主义生产关系是社会生产力发展的结果，但随着生产力水平的提高、生产方式的演进，资本主义私有制下的大工业生产方式将开始反抗这种城乡对立的生产关系。马克思和恩格斯指出"乡村农业人口的分散和大城市工业人口的集中，仅仅适应于工农业发展水平还不够高的阶段，这种状态是一切进一步发展的障碍"④。"城市和乡村的对立的消灭不仅是可能的，而且已经成为工业生产本身的直接需要，同样也已经成为农业生产和公共卫生事业的需要。"⑤对此，恩格斯在《共产主义原理》中论述道，为了消除这种城乡对立，应

---

① 《马克思恩格斯文集》第 2 卷，人民出版社 2009 年，第 36 页。
② 《马克思恩格斯文集》第 1 卷，人民出版社 2009 年，第 526 页。
③⑤ 《马克思恩格斯文集》第 9 卷，人民出版社 2009 年，第 313 页。
④ 《马克思恩格斯文集》第 1 卷，人民出版社 2009 年，第 689 页。

"由社会全体成员组成的共同联合体来共同地和有计划地利用生产力；把生产发展到能够满足所有人的需要的规模，彻底消灭阶级和阶级对立；通过消除旧的分工，通过产业教育、变换工种、所有人共同享受大家创造出来的福利，通过城乡的融合，使社会全体成员的才能得到全面发展"[1]。恩格斯在此首次提出了"城乡融合"的概念，也指出了消灭城乡的根本途径：发展生产力。

城乡关系随着生产力的发展水平及所有制的变化不断演进。城乡的对立是资本主义生产资料私有制下的必然结果，也只能在这一所有制下存在——"城乡之间的对立只有在私有制的范围内才能存在。"[2] 当资本主义生产关系再也难以满足生产力发展的需要时，人类社会将进入高度发达的共产主义社会，城乡对立将随着私有制的破灭而消失，最终实现城乡融合。

（二）城乡融合的前提条件与实现途径

马克思、恩格斯的城乡融合思想既是出于对资本主义私有制导致的城乡分离基础上的关于未来共产主义社会的美好构想，也是基于历史唯物主义视角、对人类社会发展的一般规律进行的总结和归纳。尽管受经济社会发展阶段的限制，这一美好愿景在短期内不能转化为现实，但马克思、恩格斯依然运用科学的方法论，进行了严密的逻辑推演，阐述了城乡融合的前提条件与实现途径。

1. 城乡融合的前提条件

马克思和恩格斯认为，资本主义私有制下的城乡对立是工农业发展水平不够高导致的，1846 年马克思在写给共产主义通讯委员会安年柯夫的信中批评蒲鲁东关于城乡永久分离的观点，并指出城乡分离只是"一定生产方式的产物"，必然会经历产生、发展和消亡。关于在何种条件下这种对立会消亡，马克思和恩格斯认为这"又取决于许多物质前提，而且任何人一看就知道，

---

① 《马克思恩格斯文集》第 1 卷，人民出版社 2009 年，第 526 页。
② 《马克思恩格斯文集》第 1 卷，人民出版社 2009 年，第 556 页。

这个条件单靠意志是不能实现的"。① 这一论述体现了马克思、恩格斯对社会发展规律的客观认识，也反映了其与空想社会主义乌托邦式想象的区别：消灭城乡对立是一个长期的过程，需要足够的物质资料的生产，而物质前提产生的根本在于提高社会生产力。

资本主义私有制虽然导致了尖锐的阶级矛盾和城乡对立，但同时，"资产阶级在它的不到一百年的阶级统治中所创造的生产力，比过去一切世代创造的全部生产力还要多，还要大"②。资本主义工业生产力的高度发展为物质前提的产生、实现城乡融合创造了条件：资本主义生产方式撕裂了农业和工场手工业的原始的纽带，但同时又为农业和工业在对立发展的形式的基础上创造了更高级的联合。即马克思、恩格斯认为城乡融合的前提条件是实现工农业的联合发展。

在 1848 年出版的《共产党宣言》中，马克思、恩格斯建议道："把农业和工业结合起来，促使城乡对立逐步消灭。"他们认为，城乡对立既是社会分工导致的，也是工业生产率的提高快于农业生产率的必然结果。在资本主义制度下，这种生产率上的不对等进一步加剧，劳动力、资本、土地等生产要素集中于工业部门，而工业化进一步加剧了城市化，农业成为附属产业。基于这样的认识，马克思和恩格斯认为，如果工农业之间可以实现有机结合，生产力在工业部门和农业部门得到均衡发展，消除社会分工，就能够消除城乡对立。

由于在资本主义工业化大生产背景下，农业生产力的发展速度要远低于工业，因此，提升农业生产效率成为工农业能否在高层次融合发展的关键。马克思在考察英国与法国农业生产的现实后发现，在农业生产中要满足生产力增长的各种需要，应当广泛使用"一切现代方法，如灌溉、排水、蒸汽犁、化学处理等等"③，而这些技术和手段的应用，"如果不实行大规模的耕作，就不能有效地加以利用"④。因此马克思认为，应在全国范围内推行大规

---

① 《马克思恩格斯文集》第 1 卷，人民出版社 2009 年，第 557 页。
② 《马克思恩格斯文集》第 2 卷，人民出版社 2009 年，第 36 页。
③ 《马克思恩格斯文集》第 3 卷，人民出版社 2009 年，第 231 页。
④ 《马克思恩格斯全集》第 27 卷，人民出版社 1972 年，第 480 页。

模的耕作，"只有在这种巨大规模下，才能应用一切现代工具、机器等，从而使小农明显地看到通过联合进行大规模经营的优越性"①。这种社会化的农业生产经营方式，有利于更高级的生产要素的创造，也利于农业生产力的发展。

当工农业生产力发展到相匹配的程度后，马克思和恩格斯认为，可以通过废除旧的分工，通过产业教育、变换工种使所有人共享生产力提高的福利，而生产方式的变革会引起生活方式的改变和整个社会文明程度的提高，进而产生对实现人的自由发展的需求；这种需求又会要求消除城乡分离造成的劳动活动本身的畸形发展，成为消除城乡对立的分工基础的基本条件。

因此，在马克思、恩格斯的城乡关系理论中，生产力的高度发展是走向城乡融合的理论前提，工农业的融合发展则是城乡融合的物质前提。

2. 城乡融合的实现途径

既然认识到城乡融合的历史必然性和实现的长期性，马克思和恩格斯鼓励无产阶级对资本主义所有权和生产关系实行强制性的干涉，加快城乡融合的实现。

在《反杜林论》中，恩格斯指出，水力、风力等受地域限制，但大工业中的蒸汽力是自由的，"只有蒸汽力的资本主义应用才使它主要集中于城市，并把工厂乡村转变为工厂城市"②。随着国际贸易和铁路运输的发展，恩格斯认为"资本主义的工业已经相对地摆脱了它本身所需原料的产地的地方局限性"③。在1888年修订的《共产党宣言》英文版中，恩格斯提出只有把人口更平均地分布于全国的办法才能逐步消灭城乡差别。他认为工农业的结合应打破城乡的地域界限，在农村中利用工业科技改造农业生产方式，允许多余的农村劳动力在农村中从事工业劳动，同时工人也能够在城市的新鲜空气中劳动，每个人得到全面自由的发展。恩格斯认为，当社会中生产者都能够获得全面发展、懂得工业生产的科学基础后，社会将创造新的生产力，且"这

---

① 《马克思恩格斯全集》第27卷，人民出版社1972年，第331页。
② 《马克思恩格斯文集》第9卷，人民出版社2009年，第312页。
③ 《马克思恩格斯文集》第9卷，人民出版社2009年，第313页。

种生产力会绰绰有余地抵偿从比较远的地方运输原料或燃料所花费的劳动"①。此时，工业部门在乡村的重新布局成本将大大降低。可见，劳动力的全面发展、自由流动成为工业部门与农业部门能够结合发展的关键因素，也成为城乡融合的重要实现途径。

劳动力作为社会生产的主体，决定了社会生产的发展程度。"要把工业和农业生产提高到上面说过的水平，单靠机械和化学的辅助手段是不够的，还必须相应地发展使用这些手段的人的能力"②，只有"在随着个人的全面发展，他们的生产力也增长起来，而集体财富的一切源泉都充分涌流之后，——只有在那个时候，才能完全超出资产阶级权利的狭隘眼界，社会才能在自己的旗帜上写上：各尽所能，按需分配!"③ 可见，劳动力的全面发展，才能形成对全部社会生产力的合理应用，激发出全部生产力的潜力，才能生产出能满足每个人需要的足够物质财富，使全体成员成为全部生产资料的所有者，才能消灭资本主义私有制，从而消灭城乡对立。

由于"大工业在农业领域所起的最革命的作用，是消灭旧社会的堡垒——'农民'，并代之以雇佣工人"④。所以在马克思、恩格斯的研究中，农民经过资本主义工业生产的改造后，逐渐变为与城市雇佣工人利益完全一致的农村无产阶级，因此城乡间劳动力的自由流动由于农民与城市工人具有一致的利益追求而成为可能。劳动力的自由流动不仅在于实现城乡劳动力收入的均等化，更在于打破工农业间的分工。马克思在《资本论》中强调"大工业还使下面这一点成为生死攸关的问题：用适应于不断变动的劳动需求而可以随意支配的人，来代替那些适应于资本的不断变动的剥削需要而处于后备状态的、可供支配的、大量的贫穷工人人口；用那种把不同社会职能当作互相交替的活动方式的全面发展的个人，来代替只是承担一种社会局部职能的局部个人"⑤。虽然劳动分工的深化是提高生产力的根本性手段和必然环节，但"分工发展的每个阶段，同时也就是所有制的各种不同形式"，打破

---

① 《马克思恩格斯文集》第9卷，人民出版社2009年，第314页。
② 《马克思恩格斯文集》第1卷，人民出版社2009年，第688页。
③ 《马克思恩格斯文集》第3卷，人民出版社2009年，第435页。
④ 《马克思恩格斯全集》第23卷，人民出版社1972年，第551页。
⑤ 《马克思恩格斯文集》第9卷，人民出版社2009年，第312页。

资本主义社会中的城乡分工界限，也是消灭资本主义私有制的必然途径。

正如马克思在《路易·波拿巴的雾月十八日》中指出的，农民自身的局限性决定了其反对社会进步的狭隘性，农民同质化、缺乏交往的特质导致其难以形成一个稳定的阶级代表来维护自己的利益，因此必然需要无产阶级以有利于农民的经济方式，帮助他们向与工人阶级享受同样权益的市民过渡，最终发展为全面发展的劳动力。

三、马克思恩格斯城乡关系理论对
新时代城乡融合发展的启示

改革开放 40 多年来，我国农业农村发生了翻天覆地的变化。但由于当前城乡二元经济结构没有发生根本转变，生产力在城乡间、工农间的发展具有不平衡不充分的特点，因此在新时代实现城乡融合发展，必须结合马克思、恩格斯的城乡关系理论，"坚持从国情出发，从我国城乡发展不平衡不协调和二元结构的现实出发，从我国的自然禀赋、历史文化传统、制度体制出发，既要遵循普遍规律、又不能墨守成规，既要借鉴国际先进经验，又不能照搬照抄"[1]。"推动新型工业化、信息化、城镇化、农业现代化同步发展，加快形成工农互促、城乡互补、全面融合、共同繁荣的新型工农城乡关系。"[2]

（一）建立城乡融合发展机制和政策体系

马克思和恩格斯认为，城乡关系是由生产力水平决定，随着生产资料所有制变化而变化的。当前，中国特色社会主义进入新时代，社会生产力迈上了新的台阶，要推进新型工农城乡关系的建立必须建立健全城乡融合发展体制机制和政策体系，加快推进农业农村现代化。

---

[1] 《习近平关于社会主义经济建设论述摘编》，中央文献出版社 2017 年，第 188 页。
[2] 《中共中央国务院关于实施乡村振兴战略的意见》，人民出版社 2018 年，第 7 页。

1. 健全城乡要素合理流动机制

在马克思恩格斯的分析中，生产要素由乡村向城市流动是人类社会发展的必然过程和一般规律。但如果任由城镇化和工业化的自然发展，势必会削弱乡村自我发展的能力，导致农村经济发展缓慢，进一步逼倒农村要素的外流，扩大城乡差距。[①] 2017 年，习近平总书记在中央经济工作会议上强调"要顺应城乡融合发展大趋势，坚持新型城镇化和乡村振兴两手抓，清除阻碍要素下乡各种障碍，吸引资本、技术、人才等要素更多向乡村流动，为乡村振兴注入新动能"[②]。这提出了破解城乡二元结构的关键，即要推进生产要素在城乡间的合理流动，在城市中由市场进行资源配置，在乡村中则由政府因地制宜、选择核心产业、因循产业发展需要引导要素的流入，尤其是要发挥财政资金下乡的示范作用和杠杆作用。2012 ~ 2018 年，全国一般公共预算支出中仅农林水支出科目就高达 10 万亿元，[③] 如何将这部分财政资金用于支持农村基础设施建设、农业产业的开发，建立涉农资金的统筹统合制度，吸引更多社会资本下乡，盘活劳动力、土地、技术等生产要素流动，成为新时代乡村振兴的重要抓手之一，这就要求建立包括农民、企业在内的多种形式的利益联结，让城乡居民共享经济发展红利。

2. 完善农村基本经营制度，深化农村土地制度改革

在马克思和恩格斯的城乡关系理论中，农业社会化经营和规模化生产有利于先进生产技术的利用和更高级生产要素的创造。党的十八大以来，中央重视促进农村土地流转和农村经济的集约化发展，将农村土地集体所有权、农户承包权和土地经营权的"三权分置"确认为继家庭联产承包责任制确立"两权分离"后农村改革的又一制度创新。但随之而来的问题是发挥"统"功能的集体经济组织管理不力、权责不清，作为"分"角色的家庭经营过于

---

① 蔡秀玲、陈贵珍：《乡村振兴与城镇化进程中城乡要素双向配置》，《社会科学研究》2018 年第 6 期，第 51 ~ 58 页。

② 中共中央党史和文献研究院：《习近平关于"三农"工作论述摘编》，中央文献出版社 2019 年，第 38 页。

③ 数据由作者根据历年《中国统计年鉴》整理而来。

分散，不利于现代农业的发展。[①] 因此，首先要培育新型农业经营主体，不仅要大力培育合作社、家庭农场、龙头企业等多种生产组织，更要注重培养新时代新型职业"农民主体"，在未来农业从业人口大幅减少的背景下，将土地逐步流转到新型经营主体手中，发挥规模经济的带动作用。[②] 其次深化农村土地制度改革，通过建立城乡统一的建设用地市场来推动城乡土地的权与价的统一，通过因地制宜、探索各地农民对承包地的退出机制，盘活土地要素流动，通过在严格实行土地用途管制的前提下，适度放活宅基地和农民房屋使用权，在农民大规模进城的前提下，允许闲置用地入市，增加集体经济组织收入。同时，对于集体经济组织利用集体资产进行担保、经营等行为，相关部门应尽快完善相应的指导办法。

（二）助力农业发展，实现产业融合

根据马克思、恩格斯城乡关系理论，实现城乡融合的物质前提是推动工农业在城乡间的均匀分布和融合发展。但与快速发展的工业化和城镇化相比，我国农业农村现代化进程缓慢，农业对 GDP 增长的拉动作用与工业、服务业的拉动作用差距较大。因此要实现工农业在更高层次的融合，首先要在保障国家粮食安全和重要农产品有效供给的同时，加快转变农业生产方式，深化农业供给侧结构性改革，提高农业综合效益和竞争力，使其迅速成长为与工业化进程相匹配的产业。

1. 以家庭农场和农民合作社为抓手发展农业适度规模经营

党的十九大报告提出在第二轮土地承包期到期后，再延长 30 年，因此，家庭经营在当前及未来相当长时期内仍将是我国农业生产的基本力量。推进承包地经营权流转的土地集中经营的形式固然重要，但通过发展农业生产性

---

① 张旭、隋筱童：《我国农村集体经济发展的理论逻辑、历史脉络与改革方向》，《当代经济研究》2018 年第 2 期，第 26 ~ 36 页。
② 隋筱童：《乡村振兴战略下"农民主体"内涵重构》，《山东社会科学》2019 年第 8 期，第 97 ~ 102 页。

服务业，在不流转土地经营权的情况下，向包括兼业小农户在内的多种经营主体提供机械作业、统防统治等服务链接型农业适度规模经营也同样关键。应坚持两种类型的适度规模经营的同时推进，促进二者的公平竞争和高效合作，实现各种经营主体与市场的对接，提高其对农民增收提能的辐射带动力。[①]

2. 以科技为支撑走向内涵式现代农业发展道路

《乡村振兴科技支撑行动实施方案》《创新驱动乡村振兴发展专项规划(2018—2022年)》等专项方案的出台充分说明党中央对创新在农业生产力发展中的作用的重视。而突出科技创新的支撑作用，首先要把握好农业发展的科技需求。抢占世界范围内农业科技创新的制高点是科技创新驱动发展战略亟须解决的突出问题，但不应作为农业领域应用科技的关注重点。推进科技创新的支撑作用更应关注区域层面、产业链层面共性、关键技术的推广应用[②]，培育科技骨干的带动能力和服务体系建设。其次应重视适用技术、低成本技术的推广，这与当前我国农业经营主体以小农户为主的客观现实相适应，才能在最短时间内扩大技术应用的乘数效应。

3. 以市场需求为导向调整完善农业生产结构和产品结构

近年来，我国粮食总产量、进口量、库存量虽然有所下降，但降低幅度较小，依然属于高位调整，[③] 地区间供给不平衡、结构不合理、种植效益低等问题仍未从根本上得以解决。

针对当前收入水平提高和消费结构升级趋势，服务性、安全性、功能性、体验性消费成为农业领域的新需求，农业生产应增强其面向市场需求、及时调整结构的能力，"走质量兴农之路，要突出农业绿色化、优质化、特色化、

---

① 姜长云：《推进农业供给侧结构性改革的重点》，《经济纵横》2018年第2期，第91~98页。

② 姜长云：《关于实施乡村振兴战略的若干重大战略问题探讨》，《经济纵横》2019年第1期，第10~18页。

③ 2003~2015年间，我国粮食总产量实现十二年增产，2016~2018年间，我国粮食总产量出现下降趋势；2018年粮食进口量近年来首次出现下降；2018年玉米去库存效果较为明显，而大豆、稻谷等市场交易则较为低迷。

品牌化"①；"要根据市场供求变化和区域比较优势，向市场紧缺产品调，向优质特色产品调，向种养加销全产业链调，拓展农业多功能和增值增效空间"②。

4. 以健全市场机制为目标改革完善农业支持保护政策

自 2013 年起，我国小麦、玉米等主要农作物的国内价格开始持续高于配额内进口到岸税后价，成为我国粮食进口量和库存量增加的主要原因；国家对粮食的保护价收购也使部分收益稳定性差的边际土地向农业产业转移，增加了粮食产量，不利于我国的农业结构优化③。因此农业供给侧结构性改革要理顺粮食价格机制，由市场对粮食生产和供给进行调节；粮食补贴政策应与粮价脱钩，并重点向种粮大户、家庭农场和农业合作社倾斜，鼓励适度规模经营，降低生产成本，提高抗风险能力。

（三）建立城乡一体化劳动力市场

马克思、恩格斯认为城乡融合的重要实现途径是推动城乡劳动力的全面发展和自由流动。40 多年的改革开放的经验也表明，凡是在农村传统农业部门之外发展现代经济部门，使农民获得非农就业机会的地方，经济都获得了显著发展，包括苏南、珠江、温州等地，成为我国城乡一体化程度较高的地区。建立和完善城乡统一的竞争性劳动力市场，实现劳动力的自由流动，成为当前城乡融合发展的迫切需要。

城乡统一的劳动力市场，是指在劳动力的市场交换过程中，对城乡劳动力实行无差别的、统一的、没有任何制度性壁垒和政策歧视的规则，充分发挥市场在资源配置中的决定性作用，使劳动力自由地转移向供给不足、收益更高的部门。④ 但长期以来，我国劳动力市场基本呈现以农民工为主体的流

---

① 习近平：《论坚持全面深化改革》，中央文献出版社 2018 年，第 401 页。
② 中共中央党史和文献研究院：《习近平关于"三农"工作论述摘编》，中央文献出版社 2019 年，第 91～92 页。
③ 孔祥智：《农业供给结构性改革的基本内涵与政策建议》，《改革》2016 年第 2 期，第 104～115 页。
④ 张文、徐小琴：《城乡劳动力市场一体化理论初探：内涵、特征与实现条件》，《求实》2010 年第 3 期，第 26～29 页。

动就业的劳动力和以城镇居民为主的相对稳定就业劳动力两部分。由于我国特殊的户籍制度，导致农村居民与城市居民在劳动报酬、公共服务获得等方面存在较大差异，形成了双重城镇化率：2018 年我国常住人口城镇化率达59.58%，但户籍人口城镇化率仅为43.47%。同时随着城市中现代经济部门资本有机构成的提高，低技能农民工在大、中城市的就业成本增加，难以获得稳定收入，也增加了大城市的交通运输、住房医疗等方面的压力，不利于经济社会的稳定健康发展。因此，建立城乡一体化劳动力市场要从多层面着手。

首先，将发展县域经济与城镇化战略相结合。相对于大中城市的土地成本、生活成本、交通成本、子女教育成本，以及农村劳动力的技能水平，中小城市具有发展劳动密集型产业的比较优势，成本更低的公共服务和低门槛就业机会有利于吸引农村剩余劳动力的转移。当前我国设有 3000 多个县级市和 3 万多个建制镇，这成为推行中小城市建设的重要依托。将发展县域经济与城镇化战略相结合，引导财政投资中心城镇的基础设施建设和公共事业；推行税收优惠，吸引中小企业流入，增加非农就业机会；引入更加多元化的金融机构，形成更加健全的融资通道，提升中小城镇的投资环境，推进农民工的就近市民化。

其次，推进户籍制度改革、建立合理的社会保障体系。破除城乡二元户籍制度中劳动力就业相关壁垒，消除城乡间劳动力自由流动的政策限制，建立平等的劳动法律法规体系，完善包括最低生活保障、社会保险、商业保险在内的居民权益保障，提高农村劳动力的社会就业保障水平。同时应建立规范的就业信息网络和平等开放的劳动力交易场所，跨区统计、披露市场供求关系，为城乡劳动力提供同等的信息咨询、就业登记、技能培训、社保缴费等服务，促进人力资源的合理配置。

最后，完善城乡分工体系、助力农村产业兴旺。随着城市生产经营成本的提高，产业在城乡间的重新分布是生产力发展的必然要求。在微观层面推进农业农村专业化、特色化的基础上，在宏观层面推行农村产业的多元化；根据资源禀赋和经济合理性，选择能够引领辐射乡村传统产业、能与农业发展有效融合、与农户利益有效链接的城市资本和要素下乡，如发展农产品深加工、乡村生态旅游、乡村商贸流通、乡村教育培训等特色产业，在城乡间形成分工协作、错位有序、优势互补的发展态势，提高农村就业吸引力，实现农村产业兴旺。

（作者隋筱童，原题目为《马克思恩格斯城乡关系理论研究及新时代启示》，发表于《兰州学刊》2020年第10期，第103～117页。）

第五章

现代化进程透视下的城乡关系演变

[摘要] 城乡关系转型变迁是我国近百年来实现复兴梦想、推进现代化进程的关键问题，而现代化也是理解百年来我国城乡关系在分离与融合间转型嬗变的基本逻辑的重要线索。1949 年前，发轫于半殖民地半封建社会背景下的早期现代化被外来入侵者打断，经过抗日战争、解放战争的胜利和新中国成立，为中华民族真正开启独立自主推进现代化进程奠定了制度基础。社会主义革命与建设时期试图通过实施工业化赶超和片面强调重工业发展打造现代化起飞基础，但通过城乡二元分割的制度体系自上而下地支持工业和城市发展，也干扰了城乡兼顾的城乡关系目标。到改革开放和社会主义现代化建设新时期，改革开放破除了旧城乡关系赖以存在的制度和体制条件，城乡关系在互促互动中逐步实现统筹兼顾。进入全面建设社会主义现代化国家新征程，农业农村的现代化及处理好工农关系、城乡关系被置于现代化进程中非常重要的位置。回顾百年的城乡关系转型嬗变，映射的正是现代化由点到面、从局部先发到城乡整体联动的推进脉络。基于现代化的认识逻辑，城乡关系从分离到融合的演变进程中不平衡、不充分问题的存在有其必然性，但是这些问题也必然伴随进入全面建设社会主义现代化国家新征程而得到解决。

[关键词] 现代化　城乡关系　城乡融合

百年嬗变史，百年复兴路。城乡关系转型变迁是我国近百年来实现复兴梦想、推进现代化进程的关键，而现代化也是理解百年来我国城乡关系在分离与融合间转型嬗变的基本逻辑的重要线索。诞生于半殖民地半封建社会下积贫积弱的大背景，中国共产党开辟了以农村包围城市的革命道路，带领中国人民"站起来"，最终实现了民族独立和民族解放，为中华民族真正赢得了独立自主推进现代化的崭新机会。新中国成立70多年，从社会主义革命与建设到改革开放和全面建设社会主义现代化的新时代，分离的城乡在相互联系中，适应民族复兴路上不同现代化发展阶段的特定目标，逐步实现了自上而下的城乡兼顾和自下而上的城乡互动，中国人民逐步"富起来"。进入新时代，城乡融合发展，脱贫攻坚取得全面胜利，乡村振兴全面推进，中华民族"强起来"的伟大梦想宣告启航。到2020年，7亿多农村贫困人口实现脱贫，近14亿人民生活达到小康水平。目前，现行贫困标准下全国所有的贫困县和贫困村都完成了摘帽，消除了绝对贫困，区域性整体贫困得到解决，农村贫困人口全部脱贫。[①] 而在百年之交的2021年，中央一号文件更是吹响了关于农村发展的新号角："全面推进乡村振兴，加快农业农村现代化。"站在"两个一百年"奋斗目标的历史交汇点，基于现代化进程的大背景、大目标总结我国城乡关系的发展演变，将给我们继续推进新阶段城乡融合发展、国家全面现代化提供新的启示。

一、"城乡分离"背景下马克思主义与中国国情的初步结合（1921～1949年）

诞生于半殖民地半封建社会的中国共产党，以毛泽东同志为核心创造性地将马克思主义与旧中国落后现实相结合，基于中国城乡关系中的力量对比，探寻到"农村包围城市，武装夺取政权"的革命道路，实现了民族独立、民族解放和新中国建立，为中国现代化进程的开启准备了至关重要的制度基础。这个阶段城乡关系的最大特点是城乡的分离和对立。在政策方向上，受俄国十月革命的影响，诞生之初的中国共产党将阶级基础局限于工人阶级，对于农民和城乡关系重视不够。在领导抗日战争和解放战争的实践中，中国共产

---

① 习近平：《在全国脱贫攻坚总结表彰大会上的讲话》，《人民日报》2021年2月26日。

党逐渐将工作重心向农村转移。伴随新民主主义革命取得胜利，中国共产党在其所领导的农村和城市地区及时沟通城乡关系，为城乡的互通交流积累了宝贵经验。

（一）近代中国"城乡分离"的基本国情

中国共产党诞生初期的旧中国处于半殖民地半封建社会，举目山河旧、放眼城乡离，在旧时代初步发轫的现代化进程几乎被殖民者和外敌入侵全面打断，整个国家处于一种闭塞落后的前现代的大农业国状态。首先，从经济模式看，在19世纪20年代的中国，作为经济社会基础的城乡关系的主要特征是农业比重大，工业以家庭手工业为主，农业与家庭手工业紧密结合，是一个典型的自给自足的简单循环经济模式。此时，近代工业仅占工农业总产值的14%。到1936年，工业产值仍仅占工农业总产值的38%，并且这38%的产值中工场手工业就占67%。[1] 1926年对成都平原50个农户进行的调查显示，农户支出结构中食物和租税占比约为78%，能用在市场上购买商品的部分仅占22%~23%。[2] 其次，城乡关系分离和对立格局的特殊性。近代城市与传统城市表现出不同类型的城乡矛盾。近代城市是在半殖民地半封建社会条件下产生的，地理位置多分布在少数通航便利的地区，功能上多为便利外国资本掠夺中国原料和倾销商品的集散中心。正如在1949年7月全国工会工作会议上周恩来同志指出的，"过去，城市工厂主要是依靠帝国主义的原料和运输来生产的，像上海的纱厂，主要是依靠美帝国主义的棉花纺成纱织成布，用外国的运输工具运到外国市场去推销，为帝国主义的利益服务"。[3] 虽然在近代城市也出现了具有一定资本主义性质的近代工商业萌芽，但城乡关系在"国民党统治区域里面（那里外国帝国主义和本国买办大资产阶级所统治的城市极野蛮地掠夺乡村），那是极其对抗的矛盾"。[4] 传统城市则依然保

---

① 许涤新等：《中国资本主义发展史》第3卷，人民出版社1993年，第739~744页。
② 隗瀛涛、田永秀：《近代四川城乡关系析论》，《中华文化论坛》2003年第2期，第30~36页。
③ 《周恩来选集》上卷，人民出版社1980年，第360页。
④ 《毛泽东选集》第1卷，人民出版社1991年，第336页。

持封建政治中心地位，在经济上对农村的推动作用不大。由于连年战乱，在新民主主义革命时期，城乡之间生产、交换、消费等环节的正常交流被割断，城乡关系日益分离和脱节。但有别于西方国家，当时的中国农村可以不依赖城市而独立生存，而城市却对农村的粮食、原料和市场等非常依赖。

（二）对于消除城乡对抗性矛盾的道路探索

中国近代城市工业迟滞发展，城乡关系对抗性加剧。对于如何实现"民族再造"和"民族自救"、缓和对抗性的城乡矛盾，当时的改良派和革命派探索了两条不同的路径。以费孝通为代表，针对当时城镇破产、乡村生活倒退的状态，提出要恢复城乡关系、城乡必须携手合作、乡村和城市同等重要，但变革的动力必须来自城市。以梁漱溟等为代表，则主张从乡村入手，将政治、经济等社会重心放在乡村。基于这些观点，民国政府发起了具有改良性质的"民族再造""民族自救"运动。然而，改良运动既未能真正抵御帝国主义者的经济侵略，也未能缓和对抗性的城乡矛盾。中国共产党以马克思主义为指导，主张通过革命从根本上改变旧中国半殖民地半封建社会的性质。马克思主义创始人马克思和恩格斯认为，城市和乡村的分离与融合，构成一个国家、一个社会最基本的结构基础。一方面，从分工与专业化的角度看，作为人类第一次社会大分工的产物，城乡分离带有一定的必然性，"一切发达的、以商品交换为中介的分工的基础，都是城乡的分离。可以说，社会的全部经济史，都概括为这种对立的运动"[1]。另一方面，从社会和谐的角度看，"消灭城乡之间的对立，是社会统一的首要条件之一"[2]，而"城乡关系的面貌一改变，整个社会的面貌也跟着改变"[3]。对于 19 世纪主要资本主义国家工业革命爆发后，资本主义私有制伴随生产资料向城市日益集中而形成和激化的城乡对立，马克思和恩格斯运用辩证唯物论和历史唯物论的方法分析并指出，无产阶级专政是消除城乡差别和城乡对立的重要条件。在无产阶

---

[1] 马克思：《资本论》第 1 卷，人民出版社 2004 年，第 408 页。
[2] 《马克思恩格斯全集》第 3 卷，人民出版社 1960 年，第 57 页。
[3] 《马克思恩格斯全集》第 4 卷，人民出版社 1958 年，第 159 页。

级专政中，城市是无产阶级进行革命斗争的主要空间，因为城市是"世界的心脏和头脑"①，"资产阶级已经使乡村屈服于城市的统治"②，在工农无产阶级革命的合作方式中，应将农村的生产者"置于他们所在地区中心城市的精神指导之下，使农村生产者在城市有工人作为他们利益的天然代表者"③。

（三）马克思主义与中国国情相结合的胜利为中华民族赢得了独立自主的现代化机会

以马克思主义为指导的中国共产党主张通过革命从根本上改变半殖民地半封建的旧社会。但毛泽东同志没有选择以城市为中心夺取全国革命胜利的道路，也没有照搬"中心城市暴动"理论。他十分重视农民，在《新民主主义论》中他指出，中国有 80% 的人口是农民，中国革命的基本问题是农民问题，中国革命的主要力量是农民的力量。④ 在新民主主义革命时期，中国共产党着力于保障农民的经济利益，通过调整土地政策满足农民对土地的需求，通过发展生产保障供给、改善农民生活。虽然此时的生产工具没有变化，但土地政策的调整和互助合作的生产组织方式的变化，在很大程度上调动了农民的生产积极性。在中国共产党领导下农村发生巨变之时，中国城乡的生产交流被大规模战争阻断。伴随解放战争前夕城市的陆续接管，如何消除城乡发展障碍、重塑城乡间的相互合作关系被提上日程。在最早解放的东北地区，张闻天同志就指出，新城乡不同于城乡对立、城市剥削农村的旧城乡，城市要为乡村服务，乡村也要为城市服务，城市和乡村要互助合作。⑤ 为了恢复城乡间的商品联系和生产联系，政策的重点转向重塑城乡间的经济生产合作。周恩来同志进一步提出，"城市对粮食和工业原料的需要刺激乡村的农业生产，城市以消费品和生产资料的供应保证和促进乡村的农业生产"⑥。1948

---

① 《马克思恩格斯全集》第 5 卷，人民出版社 1958 年，第 550 页。
② 《马克思恩格斯全集》第 4 卷，人民出版社 1958 年，第 470 页。
③ 《马克思恩格斯文集》第 3 卷，人民出版社 2009 年，第 157 页。
④ 《毛泽东选集》第 2 卷，人民出版社 1991 年，第 692 页。
⑤ 《张闻天文集》第 4 卷，中共党史出版社 2012 年，第 7 页。
⑥ 《周恩来选集》下卷，人民出版社 1984 年，第 8 页。

年，主要城市已经掌握在人民手中，毛泽东同志提出适时改变"农村包围城市"的政策。在解放战争最终取得全面胜利之前，新政权开始酝酿新的城市政策。在1949年2月党的七届二中全会上，毛泽东同志明确指出，"从一九二七年到现在，我们的工作重点是在乡村，在乡村聚集力量，用乡村包围城市，然后取得城市。采取这样一种工作方式的时期现在已经完结"，从现在起"党的工作重心由乡村移到了城市"，而新城乡关系是"城乡必须兼顾"。① 自此，我国进入由城市到乡村并由城市领导乡村的新时期。

二、社会主义革命与建设时期的快速工业化和"城乡兼顾"（1949~1978年）

抗日战争的胜利为中华民族赢得了独立自主的现代化机会。面对新中国成立之初积贫积弱的落后现实，毛泽东同志指出，要实现完全的独立，还必须实现工业化，② 并提出要避免苏联那种优先发展重工业、推行集体农庄式的农业生产和快速工业化模式的影响，走符合中国国情的工业化道路。在这一阶段，由于政策方向上的工业化赶超和社会主义过渡中出现的急躁冒进倾向，城乡关系的特点从"城乡兼顾"转向"农业支持工业，农村支持城市"。"农业支持工业，农村支持城市"所服务的工业化赶超和片面强调重工业发展，一方面形塑了城乡二元分割的发展格局，另一方面也为中国建立了比较完整的民族工业体系，为中华民族复兴和"四个现代化"打下了坚实的物质基础。

（一）现代化起步阶段确立了"城乡兼顾"的基本规划

新中国成立后，关于现代化的目标设想逐步明确并写入党章。1954年召开的第一届全国人民代表大会提出要实现农业、工业、交通运输业和国防"四个现代化"的任务。此时的现代化战略强调工农并重互助，这体现在

---

① 《毛泽东选集》第4卷，人民出版社1991年，第1426~1427页。
② 《中国共产党历史（1949—1978）》第2卷，中共党史出版社2011年，第196页。

1955 年 7 月《关于农业合作化问题》的报告中，毛泽东同志明确指出，"在完成反封建的土地改革以后，我们党在农业问题上的根本路线是：第一步实现农业集体化，第二步在农业集体化的基础上实现农业的机械化和电气化"，①并提出通过工业支援农业，实现农业的机械化、化学化、电气化，从而解决我国人多地少、单位面积产量低的主要矛盾。1956 年，毛泽东同志在党的八大预备会议上提出团结一切可以团结的力量，建设伟大的社会主义国家，赶上世界上最强大的资本主义国家，并在党的八大将"四个现代化"作为国家战略写入党章。工业现代化作为"四个现代化"之一，与农业现代化相互支撑。尽管城乡工作的重点此时已转到"城市领导农村"，但在新的工农城乡关系中兼顾发展依然受到重视。毛泽东同志指出，"城乡必须兼顾，必须使城市工作和乡村工作，使工人和农民，使工业和农业，紧密地联系起来。决不可以丢掉乡村，仅顾城市，如果这样想，那是完全错误的"，②"在发展农业的基础上发展工业，在工业的领导下提高农业生产的水平"③。也就是说，要以农业为基础、以工业为主导，把优先发展重工业和迅速发展农业结合起来的新城乡关系发展规划基本成型。

（二）工业化赶超和片面强调重工业发展对"城乡兼顾"的干扰

对于如何推进中国的现代化，如何推进大规模的社会主义建设，在新中国成立之初党的经验并不足。毛泽东同志在 1959 年底到 1960 年 2 月读苏联《政治经济学教科书》时指出，"从资本主义过渡到共产主义有可能分成两个阶段，一个是由资本主义到社会主义，这可以叫做不发达的社会主义；二是由社会主义到共产主义，即由比较不发达的社会主义到比较发达的社会主义即共产主义，后一阶段可能比前一阶段需要更长的时间"，④进而认为在这个不发达的社会主义阶段，根本任务是实现社会主义工业化，完成对发达资本

---

① 《建国以来重要文献选编》第 15 册，中央文献出版社 1997 年，第 602 页。
② 《毛泽东选集》第 4 卷，人民出版社 1991 年，第 1427 页。
③ 《周恩来选集》下卷，人民出版社 1984 年，第 10 页。
④ 《毛泽东传（1949—1976）》下册，中央文献出版社 2003 年，第 1045 ~ 1046 页。

主义国家在生产力发展水平上的赶超。"一五"计划成功实施后，1958 年全国范围内掀起的"大跃进"和人民公社化运动，以及"二五"至"五五"计划片面强调重工业发展，片面追求高指标、高速度，显示出经济建设中出现了急躁冒进的倾向。急躁冒进给城乡经济的协调可持续发展带来困难，城乡兼顾的既定规划受到干扰。为了纠正错误、调整政策，1961 年党的八届九中全会决定对国民经济实行"调整、巩固、充实、提高"的八字方针，之后国民经济开始转入调整的新轨道并取得了巨大成就。1964 年，三届全国人大一次会议提出"四个现代化"的历史任务，并确立了实现现代化的"两步走"战略构想，即从第三个五年计划开始，第一步经过三个五年计划时期，建立一个独立的比较完整的工业体系和国民经济体系；第二步，全面实现农业、工业、国防和科学技术的现代化，使中国经济走在世界前列。

（三）农村和农业对于城市和工业现代化的支持

为了更好地服务于赶超和重工业优先发展战略，"城乡兼顾"开始向"农业支持工业，农村支持城市"转变。在"农业支持工业"的政策导向下，农业的功能被限定在为城市居民提供廉价的粮食，以及更快地增加资金积累，为工业发展提供资金，更多更好地支持重工业发展。从工农业投资的角度看，"一五"至"五五"时期，全国工业基本建设投资的比重远远高于农业。"一五"时期重工业与农业的投资比为 5.1∶1；1963~1965 年的调整时期，重工业与农业的投资比虽一度下降到 2.6∶1，但此后很快得到恢复；1976~1978年，这一比例仍保持在 4.6∶1 的水平。[①] 在农业支持工业的同时，还根据各个人民公社的不同条件，逐步把适当数量的劳动力从农业转移到工业，有计划地发展肥料、农药、农具和农业机械、建筑材料、农产品加工和综合利用、制糖、纺织、造纸及采矿、冶金、电力等轻重工业生产。在农村工业化道路下，人民公社还承担着农村工业化的历史使命。"人民公社的工业生产，必须同农业生产密切结合，首先为发展农业和实现农业机械化、电器化服务，

---

① 张海鹏：《中国城乡关系演变 70 年：从分割到融合》，《中国农村经济》2019 年第 3 期，第 2~18 页。

同时为满足社员日常生活服务，又要为国家的大工业和社会主义的市场服务。"① 在"农业支持工业"的工业化战略下，1978 年相比 1952 年，全国工业总产值增加 15 倍，而农业总产值仅增加 1.3 倍。②

　　作为紧密联系和相互强化的制度体系，人民公社制度、统购统销制度、户籍制度、城镇居民社会福利保障制度都服务于工业化赶超和重工业优先发展战略，并从多路径体现和保障"农业支持工业，农村支持城市"。人民公社制度将大量农村剩余劳动力滞留农村，统购统销制度保障了城市的粮食供应，二元分割的户籍制度单向地限制人口从农村流向城市。同时，由于重工业优先和城市轻工业滞后发展，使得城市就业岗位的自然增长滞后于人口的自然增长，城市劳动力就业岗位供给不足，催生了历史上规模最大的城市人口向农村转移的"上山下乡"运动。在"农业支持工业，农村支持城市"战略下，其派生的人口问题再次在农村得以化解。附着于城乡户籍的城乡有别的福利制度，同样是为了服务于重工业优先发展战略而限消费保工业积累的举措。此外，还通过鼓励储蓄推动资金由农村流向城市。1953～1979 年，农村信用社在农村地区累计吸收存款达 1941 亿元，而对农村的贷款仅为 530 亿元，高达 73% 的资金由农村流向城市。③"农业支持工业，农村支持城市"推动了城市和工业实现了快速的现代化。

三、新时期改革开放和社会主义现代化建设的
"城乡互动"（1978～2012 年）

　　改革开放破除了原有城乡关系赖以存在的制度和体制条件，推动了对以工业化赶超和重工业化优先战略为特点的城市现代化模式的纠偏，城市单维度的现代化逐步被突破。而伴随这一突破，该阶段的城乡关系特点呈现为城

---

　　① 《农业集体化重要文件汇编（1958—1981）》下卷，中共中央党校出版社 1981 年，第 111～117 页。

　　② 许涤新：《当代中国的人口》，中国社会科学出版社 1988 年，第 294～295 页。

　　③ 王雪磊、郭兴平、张亮：《建国以来农村金融的发展历程及其评述》，《农村金融研究》2012 年第 7 期，第 66～70 页。

乡间生产要素活跃流动，创造社会财富的源泉充分涌流，中华民族完成了从"站起来"向"富起来"的历史性转变，为"城乡互动"奠定了思想基础和政策条件。

（一）改革开放首先释放了农业和农村的生产力

为了对以工业化赶超和重工业化优先战略为特点的单维度城市现代化模式进行纠偏，改革首先从农村切入，从改变农村基本经营制度、建立家庭联产承包责任制入手，通过确立农户在农业生产中的主体地位，释放农业生产的积极性。农业产出在 1978～1984 年间实现快速增长，解决了农产品短缺问题。粮食产量增长继而于 1984 年引发"卖粮难"现象，暴露出流通渠道不畅问题。为了应对和解决"卖粮难"问题，政府通过运用市场手段放开粮食市场、提高农产品收购价来调动农民农业生产积极性，并通过改革农产品购销体制形成调节粮食生产的体制机制。伴随农民主体性的确立和农业生产效率的提高，农业和农村出现了越来越多的过剩劳动力。到 20 世纪 80 年代中期，我国农村剩余劳动力的比重占 30%～40%。[1] 为鼓励农村剩余劳动力向非农产业转移，国家主要通过"离土不离乡、进厂不进城"的方式，使农村剩余劳动力在农村内部转向非农产业，并在政策上致力于进一步搞活农村商品经济和多种经营。1982 年党的十二大明确了个体经济的地位和作用，并将个体经济作为公有制经济的必要和有益补充。1983～1985 年的三个中央一号文件则不断放宽了多种经营的领域。1978～1994 年，农业内部有效利用劳动力的机会增加了约 50%。[2] 同时，乡镇企业异军突起，1983～1988 年共吸纳农村劳动力 6300 万人。[3] 伴随农村非农产业逐步放开，农村的自我积累能力

---

① Taylor, J. R.. "Rural Employment Trends and the Legacy of Surplus Labor, 1978 – 1989", in Kueh, Y. Y., R. F. Ash eds., *Economic Trends in Chinese Agriculture: The Impact of Post-Mao Reforms.* New York: Oxford University Press, 1993, pp. 273 – 310.

② 周其仁：《机会与能力——中国农村劳动力的就业和流动》，《管理世界》1997 年第 5 期，第 81～101 页。

③ 中国农民工问题研究总报告起草组：《中国农民工问题研究总报告》，《改革》2006 年第 5 期，第 5～30 页。

大大提高。

(二) 改革重心转向城市后要素乡城流动加速

从农村开启的改革开放由点到面地突破了束缚农村现代化的体制机制障碍，然而伴随短缺经济的结束，乡镇企业和乡村工业吸收农民就业的作用逐渐弱化，改革的重心逐步重新向城市转移。发达地区和城市经济的迅速发展对农村剩余劳动力的需求形成爆炸性增长，将大量农村剩余劳动力牵引进入城市的现代化进程。1992 年，党的十四大正式确立了建立社会主义市场经济体制的改革目标，明确市场机制和市场调节是资源配置的核心机制和手段，更在制度层面为劳动力在乡城间的大规模流动扫除了障碍。非公经济的发展及户籍制度、就业制度、社会保障和福利制度的改革，进一步优化了农村劳动力向城市流动的制度环境，降低了农民到城市的就业成本和居住成本。[1]这个阶段无论是农村劳动力还是农业劳动力，在劳动力总数中所占比重都明显下降，绝对数量也显著减少，农民工在城镇劳动力市场中的比重则不断攀升。1983 年，外出农民工占城镇从业人员的比重只有 1.7%；到了 2012 年，这一比例已攀升至44% 以上。[2]"离土又离乡"的农村剩余劳动力转移方式将城乡更紧密地联系起来。然而，这个阶段的现代化变迁并没有突破其局限性，虽然在多维度的制度转轨中城乡二元格局被市场化改革逐步打破，农民发展的权利和机会都有所提升，但以城市为中心的现代化并没有将农村纳入进去，农村的发展缓慢，尤其是农村公共服务和公益事业的发展严重滞后。人民公社解体后，农村公共服务继续沿用了由村民委员会组织的做法，这就导致农村居民的公共服务投入须通过基层政府预算外的各类收费、集资、摊派及罚款等方式筹集，一方面造成农村公共服务供给数量减少，另一方面也加重了农民负担。

---

① 蔡昉：《中国劳动力市场发育与就业变化》，《经济研究》2007 年第 7 期，第 4～14 页、第22 页。

② 张海鹏：《中国城乡关系演变 70 年：从分割到融合》，《中国农村经济》2019 年第 3 期，第 2～18 页。

（三）城乡加速互动中城乡统筹逐步形成

改革开放后我国经济持续快速增长，综合国力不断增强。但同时，由于现代化进程在城乡之间的非均衡推进，也出现了城乡差距日益增大、城乡矛盾日益凸显等问题，推动党的城乡关系政策进入城市支持农村、城乡统筹发展的新阶段。为了缩小城乡差距、改善城乡关系，从 2000 年开始逐步从减负和增收两个方向推行了一系列重要政策：为减轻农民负担和规范农村收费行为而推出农村税费改革，取消了实行数千年的农业税；对农业生产者进行直接补贴、放开粮食市场和实行最低收购价制度等促进了农民增收。党基于城乡发展的现实，着手对"农业支持工业，农村支持城市"的原有城乡关系做出重大调整。2002 年，党的十六大报告明确将"统筹城乡经济社会发展"作为解决城乡二元结构问题的基本方针。2003 年，党的十六届三中全会提出"五个统筹"的要求，并将"统筹城乡发展"列为五个统筹之首。2007 年，党的十七大报告在"统筹城乡发展"的基础上，进一步提出"必须建立'以工促农、以城带乡'的长效机制，形成城乡一体化的新格局"。城乡统筹和城乡一体化呼应了国家现代化从城市局部先发向城乡整体联动转变的要求。该阶段改变了财政投入的重点，并主要采用"建设社会主义新农村"的具体形式，直接支持农村发展基础设施和公共服务，以此调节城乡公共服务格局和城乡关系。打破此前中央财政投入"三农"的资金始终没有超过 1000 亿元的瓶颈，2003 年提高到 2144 亿元，是 1998 年的 2.2 倍；2003～2012 年，中央财政投入"三农"的资金保持 21.5% 的年均增长率。①中央财政对"三农"的投入直接指向农村基础设施和公共服务，并带动一系列农村公共服务供给政策的出台。这些旨在缩小城乡公共服务差距的政策虽然贯彻的是城乡统筹思想，但未能超越城乡二元的结构框架。具体而言，城乡居民在基本公共服务的服务标准、资金筹集方式等方面均受到户籍身份影响，且两者依然存在显著差别。

---

① 张海鹏：《中国城乡关系演变 70 年：从分割到融合》，《中国农村经济》2019 年第 3 期，第 2～18 页。

四、新时代全面建设社会主义现代化国家进程中的"城乡融合"（2012～2021 年）

党的十六大提出的统筹城乡经济社会发展的任务在党的十八大召开时已基本完成。2012 年党的十八大之后，城乡关系从"以工促农、以城带乡、工农互惠、城乡一体"向"工农互促、城乡互补、全面融合、共同繁荣"转变。这个阶段的政策方向从城乡统筹、城乡一体化逐步调整为城乡融合发展，并将农业农村的现代化及处理好工农关系、城乡关系置于现代化进程中非常重要的位置。

（一）城乡日益一体化

为了进一步破解城乡二元结构，使广大农民平等参与现代化进程、共同分享现代化成果，2014 年户籍制度开启了新一轮改革。《国务院关于进一步推进户籍制度改革的意见》明确提出要统一城乡户口登记制度，全面实施居住证制度。至此，农业户口和非农业户口不再区分，统一登记为居民户口，全面实施居民证制度，从而消除了城乡居民自由迁移的制度障碍。户籍人口城镇化率从 2012 年的 35.3% 迅速增长到 2016 年的 41.2%[①]，义务教育、就业服务、基本养老、基本医疗卫生、住房保障等城镇基本公共服务稳步向全部常住人口覆盖，农村流动人口在城市享受公共服务的范围和程度也都显著提高。在此基础上，又进一步提出了"全面建成覆盖城乡居民的社会保障体系""整合城乡居民基本养老保险和基本医疗保险制度"及"大力促进教育公平，合理配置教育资源"等旨在推进城乡一体化的政策措施。

---

① 张海鹏：《中国城乡关系演变 70 年：从分割到融合》，《中国农村经济》2019 年第 3 期，第 2～18 页。

（二）提出城乡融合发展理念

伴随城乡一体化政策措施的推进，城乡二元格局进一步被消融。2017 年党的十九大首次提出"城乡融合发展"和"建立健全城乡融合发展的体制机制和政策体系"。党的新型工农城乡关系指导思想从"以农促工"调整为"工农互促"，从"以城带乡"调整为"城乡互补"，从"工农互惠、城乡一体"调整为"全面融合、共同繁荣"。2019 年 4 月 15 日，中共中央、国务院发布了《关于建立健全城乡融合发展体制机制和政策体系的意见》，明确了我国未来城乡融合发展的"三步走"战略：第一步，到 2022 年城乡融合发展体制机制初步建立；第二步，到 2035 年城乡融合发展体制机制更加完善；第三步，到 21 世纪中叶城乡融合发展体制机制成熟定型。城乡融合发展的提出反映了新时代基于社会主要矛盾的变化，党在推进城乡统筹、城乡一体化的实践中对新型城乡关系向均衡融合方向的重塑。在党的十九大提出的"工农互促、城乡互补、全面融合、共同繁荣"的新型工农城乡关系下，乡村与城市被视为一个融合共生有机体中优势互补、平等交换的两个部分，充分挖掘乡村在价值链中独具的自然生态和历史文化价值，尊重乡村所特有的文明特质，为现代化进入高质量阶段奠定了城乡融合发展的社会基础。从这个角度看，城乡融合发展是尊重工农城乡个体特质下的融合，对于城乡关系的现代化要求更高。

（三）在城乡融合发展中推进农业农村现代化和乡村振兴

在城乡融合阶段，农业农村摆在了优先位置，突出强调在城乡融合发展中实现农业农村现代化和乡村振兴。2019 年《中共中央 国务院关于坚持农业农村优先发展做好"三农"工作的若干意见》明确要求，对农村"在干部配置上优先考虑，在要素配置上优先满足，在资金投入上优先保障，在公共服务上优先安排"[①]。把农业农村作为一般公共预算优先保障领域，中央预算内投资向农

---

① 习近平：《把乡村振兴战略作为新时代"三农"工作总抓手》，《求是》2019 年第 11 期。

业农村倾斜，"三农"投入比重下降趋势得到扭转。资本下乡、各种形式的返乡创业、技术知识培训下乡等为乡村振兴和农业农村现代化疏通了要素输入渠道。城市资本进入农村的限制不断放松，城市工商资本进入农业、社会资本投资农村的规模显著增加。为了鼓励更多返乡农民工创业，实施了包括创业培训在内的多方面政策支持。返乡创业的农民工规模不断扩大，据国家统计局《农民工监测调查报告》2010～2017年数据显示，农民工数量总体呈逐年增加趋势，但增速已由2010年的5.4%下降到2017年的1.7%。其中，本地农民工增速相对较快，自2011年起增速已快于外出农民工增速。与之相印证，农业农村部统计数据显示，目前我国各类返乡下乡创新创业人员已达780万人，其中农民工540万人，占各类返乡下乡创新创业总人数的70%。① 农业农村的现代化迫切需要改变以农业看农业、就乡村论乡村的传统思路，需要引入城市运营中的一些现代化理念，改变分散经营的落后生产方式。2021年中央一号文件要求突出抓好家庭农场和农民合作社两类经营主体，鼓励发展多种形式适度规模经营；因地制宜探索不同的专业合作社模式，深化农村集体产权制度改革，发展壮大新型集体经济。② 作为一种"统分结合的双层经营体制"，在改革开放早期实践中农村家庭联产承包责任制对于"统"的方面更多强调的是坚持土地公有制、农户与集体的承包关系，部分大型机具和水利设施由公共提供，对于农业合作社等统一经营方面的实践进展缓慢。③ 当前，发展壮大新型农村集体经济是对农村家庭联产承包责任制实践的补充和完善，也是小农户与现代农业有机衔接的一条有效途径，更是实现农村与城镇内生融合式发展的新道路。

五、城乡关系百年探索的启示

伴随建党以来现代化进程中城乡发展的百年巨变，城乡关系从分离逐步

---

① 林龙飞、陈传波：《外出创业经历有助于提升返乡创业绩效吗》，《现代经济探讨》2019第9期，第101～107页。

② 《中共中央国务院关于全面推进乡村振兴加快农业农村现代化的意见》，《人民日报》2021年2月22日。

③ 张旭、隋筱童：《我国农村集体经济发展的理论逻辑、历史脉络与改革方向》，《当代经济研究》2018年第2期，第26～36页。

走向融合发展，完成了百年转型变迁。如今，站在"两个一百年"奋斗目标的历史交汇点，全面建设社会主义现代化国家即将开启新征程，抚今追昔给了我们继续探索新发展阶段城乡融合发展的很多启示。

（一）现代化是理解建党百年来我国城乡关系演变逻辑的一大重要线索

抗日战争和解放战争的胜利为中华民族真正赢得了独立自主的现代化机会。然而，由于中国现代化发生于半殖民地半封建社会积贫积弱的大农业国背景之下，其间的工业化和城市化远未完成，因此只能后置于新中国成立之初，并被显化为社会主义革命和建设时期的工业化赶超和重工业优先发展战略。改革开放和社会主义现代化建设新时期，现代化渐进推进和经验逐步积累，对于现代化的认识也伴随改革开放不断完善和深化。基于对现代化认识逻辑的逐步性和发展性，可以认为，在现代化由点到面、从局部先发到整体联动的逐步推进中，城乡关系从分离到融合演变进程中不平衡、不充分问题的存在有其必然性，但是这些问题也必然伴随进入全面建设社会主义现代化国家新征程而得到解决。

（二）在国家现代化的曲折进程中城乡关系的发展必然也相应表现出阶段性

从现代化的历史进程和认识发展角度，归纳建党以来我国城乡关系百年探索的特点可以发现，城市作为现代化的标志和引领，从一开始便有着不同的资源禀赋，并在现代化进程上领先于农村，进而使城乡的现代化进程表现为城市的优先性。农村是革命、建设和改革开放时期的先行先试者，历史地看，在新民主主义革命、抗日战争、解放战争中，中国共产党开辟"农村包围城市，武装夺取政权"道路，取得了民族解放的胜利；在社会主义革命时期，农村土地改革、农业合作化、人民公社等"农业支持工业，农村支持城市"的方式，为城市工业化和重工业化建设提供了重要积累；具有划时代意义的改革开放也是从农村开始的，家庭联产承包责任制的推行、乡镇企业的兴起、农民工的"输出潮"等，均为后期城市的改革准备了物质条件并积累了经验。然而，由于继发性改革滞后，农业农村的现代化总体严重滞后并落后于城市。以 2019 年中央一号文件提出在干部配置上优先考虑、在要素配置上优先满足、在资金投入上优先保障、在公共服务上优先安排为标志，城乡发展从城市优先实现了向农村优先的转变，农村的现代化进程将加速，城市局部先发的现代化将逐步向城乡整体的现代化转变，而这一变迁必然伴随城乡关系从分割向融合的转变。早期的现代化进程在结果上打破了城乡的平衡并催生了城乡二元结构。基于城乡二元结构背景，在现代化变迁中传统农业、农村、农民都发生了多重分化：现代新型农业、资本密集型农业与传统的劳动密集型农业并存；部分农村有了新的发展契机而不断振兴，部分处于城乡接合部的核心县或镇成为城乡之间产业转移的枢纽，同时并存的还有部分农村空心化；在工作方式、居住方式及与农村之间的依存感方面都存在很大不同的"农一代"和"农二代"并存。① 日益分化的农业、农村、农民一方面成为现代化向前迈进的重要制约因素，另一方面也成为现代化向融合方向发展的内在动力，进而必然要求城乡融合发展体制机制和政策体系的构建尤其要注意系统性、整体性和协同性。

（三）以人民利益作为制定政策、方针和路线的最高衡量标准

在思想观念和具体政策行动上，都时刻牢固坚持以人民为中心的发展观，瞄准城乡居民发展权益中的巨大不平衡性，真正实现农民的主体地位，使广大农民和城镇居民一道公平、均衡地共享现代化的发展成果。从城乡关系重塑的百年探索中可以发现，党在思想观念上始终坚持以人民为中心的发展思想，但在具体政策行动上，由于资源条件所限，现代化进程中城乡政策客观上确实发生了较大的非均衡偏向，导致城乡的现代化进程出现了较大差异，城乡居民的发展权益也出现了较大不平衡性。当前，在开启全面建设社会主

① 刘守英、王一鸽：《从乡土中国到城乡中国——中国转型的乡村变迁视角》，《管理世界》2018 年第 10 期，第 128~146 页、第 232 页。

义现代化国家新征程的起步之年，需要对这一问题加深理解。历史地看，真正从具体政策上坚持落实以人民为中心的发展观，城乡关系才会和谐共进。实际上，早在革命战争时期中国共产党就提出要"十分珍惜广大农民对我们党的信赖和依靠的感情，想问题、定政策、办事情都要把调动农民的积极性作为根本的出发点和归宿，切不可忽视农民的合法权益，伤害农民对党的深厚感情。要使亿万农民从党和政府的政策中、工作中、行动中，真正感受到我们是为他们谋利益的"。① 改革开放之初，为解决当时最为紧迫的温饱问题，推行家庭联产承包责任制改革，极大地释放了农民生产的积极性和主动性，农业生产力大幅提高；针对改革中出现的区域和城乡发展的不均衡问题，陆续出台一系列社会民生保障政策。党的十九大之后，又进一步提出城乡融合发展理念，突出强调在城乡融合发展中实现农业农村现代化和乡村振兴。尤其当前进入新的百年奋斗时期，施政所向，民之所望，从全面推进现代化的角度补足城乡在现代化进程中的非均衡发展短板，这种实现城乡融合的均衡现代化发展成为最响亮的现代化推进号角。

（作者陈雪娟、胡怀国，原题目为《中国现代化进程透视下的城乡关系演变》，发表于《经济纵横》2021 年第 5 期，第 9～17 页。）

---

① 《新时期农业和农村工作重要文献选编》，中央文献出版社 1992 年，第 799～800 页。

第六章
我国城乡基本公共服务的阶段性跨越

[摘要] 在现代化进程透视下，城乡基本公共服务伴随着社会生产力发展、经济制度和社会制度的变革经历了一个从无到有、由点到面、从零散到系统的演变，面对不同时期的主要困难和主要历史任务，实现了阶段性的逐步跨越。新中国成立之后首先解决了基本公共服务从无到有的构建；改革开放后逐步确立了社会主义市场经济体制，不充分的问题逐步改善，但与此同时政府逐步意识到城乡不平衡的问题更为突出，并开始逐步解决；进入新时代，社会主要矛盾发生变化，从单位集体福利中剥离出来的基本公共服务，最终成为实现发展成果共享的载体和独立政策体系。在现代化的不同阶段所形成的城乡基本公共服务格局，既有其总体发展的必然性，也有不同时代背景的独特烙印。当前的新发展格局下，我国城乡公共服务已推进到城乡融合发展的新阶段，这种融合发展格局的深入推进，必将反过来促进现代化向更高级阶段跨越。

[关键词] 基本公共服务　城乡融合　现代化进程

"发展社会主义不仅是一个长期历史过程，而且是需要划分为不同历史阶段的过程。"[1] 新中国成立 70 余年，尤其是改革开放 40 多年来，我国的现代化目标分阶段分步骤地坚实向前迈进，不仅史无前例地稳妥解决了十几亿

---

[1]　习近平：《把握新发展阶段，贯彻新发展理念，构建新发展格局》，《求是》2021 年第 9 期，第 1 页。

人口的温饱这一最基本的民生问题，而且在社会主义现代化建设的逐步推进之下，2020 年如期实现了全面建成小康社会的阶段性奋斗目标。伴随生产力的发展和新时代的到来，人民日益增长的美好生活需要和不平衡不充分的发展之间的矛盾，已成为我国社会的主要矛盾。[①] 为此，瞄准人民美好生活需要的日益释放、提升和满足，我国又迈出了全面建设社会主义现代化国家的新征程。美好生活需要的释放和满足是一个现代社会繁荣兴盛的重要标志。[②] "幼有所育、学有所教、劳有所得、病有所医、老有所养、住有所居、弱有所扶"，不断提升这些共同的美好需要方面的充分性，是社会进步的基础性标志和社会发展的根本动因。

而在各种不平衡不充分的发展当中，规模最大也最为突出的是城乡发展的不平衡，特别是城乡基本公共服务的不平衡。城乡间教育、医疗卫生、交通通信等基本公共服务方面的不平衡，事关城乡居民最基本的"可行能力"水平及其制度性公平，普遍体现了并深刻影响着社会发展的现代化进程，因此，其影响尤为深远。为此，将城乡基本公共服务置于整个现代化进程的透视下，深入认识其发展的总体趋势和阶段性跨越特征，以及未来趋势等，就显得非常基础且重要。本章将结合现代化进程的阶段性特征，研究城乡基本公共服务实现阶段性跨越的理论、历史和逻辑线索。

一、现代化转型中的公共服务供给：
国际经验及理论回应

与中世纪"传统"相区别，18 世纪中叶发轫于英国的工业革命率先开启了西方国家的现代化进程。现代性在思想观念上代表着其所处的时代，它挣脱了传统下人与人之间自然的地域性关联，并形成一种新的"人为的"理性

---

① 习近平：《决胜全面建成小康社会 夺取新时代中国特色社会主义伟大胜利——在中国共产党第十九次全国代表大会上的报告》，人民出版社 2017 年，第 21 页。
② 胡家勇：《论人的需要及其实现》，《中州学刊》2019 年第 10 期，第 25～31 页。

化的运行机制和运行规则。① 以经验、习俗、惯例和宗教等传统观念维系的自然社会关系，开始转向以自由、平等、公开、理性和契约等为基本精神的现代社会关系，建立在公共理性和社会契约精神之上的现代性国家和政府逐步形成。与古希腊城邦、古罗马帝国和中世纪封建庄园制度相区别，霍布斯认为，现代国家的本质是"一大群人相互订立信约、每人都对它的行为授权，以便使它能按其认为有利于大家的和平与共同防卫的方式运用全体的力量和手段的一个人格"。② 由于人的天性是自我保全的，对于不能共享或分割的东西的独占欲望和对于争夺、战争、死亡的恐惧，理性便促成了社会公众间互惠合作意愿和行为的形成，并依据相互认同的契约，结成了"一个完整的联合体，人们组织起来从而共享权利以及公共利益"。③

公共服务天然就与现代政府相联系，"因其与社会团结的实现与促进不可分割，而必须由政府来加以规范和控制的活动，就是一项公共服务"。④ 1776 年，亚当·斯密在《国富论》中对于新型国家提出了与重商主义时代大不相同的要求。他认为，新型国家的职能首先是保护国家安全免受侵略，"现代战争中火药武器的浩大开支，对能负担这种费用的国家提供了巨大的好处，使富裕文明的国家高居于贫穷和野蛮国家之上。在古代，富裕文明国家很难抵御贫穷野蛮国家的侵略。在现代，贫穷和野蛮国家则难于抵抗文明富裕国家的宰割"。⑤ 其次是"尽可能地保护每个社会成员免受其他成员的欺负或压迫。换言之，就是要设立一个严正的司法行政机构"。再次是"建立和维持某些公共机构和公共工程。这类机构和工程对于一个大社会来说有极大的好处。但是，如果个人或少数人举办此类设施，就其性质来说，可能得不偿失，所以不能指望任何个人或少数人经办此事"。⑥

19 世纪上半叶前的早期自由市场经济条件下，作为"守夜人"的政府基本上很少能提供现代意义上的公共服务。伴随工业革命而来的大规模工业化

① 衣俊卿：《现代性的维度及其当代命运》，《中国社会科学》2004 年第 4 期，第 13～24 页。
② 托马斯·霍布斯：《利维坦》，商务印书馆 1985 年，第 131～132 页。
③ 胡果·格劳秀斯：《战争与和平法》，上海人民出版社 2013 年，第 14 页。
④ 莱昂·狄骥：《公法的变迁 法律与国家》，辽海出版社 1999 年，第 53 页。
⑤ 亚当·斯密：《国民财富的性质和原因的研究》下卷，商务印书馆 1974 年，第 271 页。
⑥ 亚当·斯密：《国民财富的性质和原因的研究》下卷，商务印书馆 1974 年，第 251～254 页。

和城市化推动了社会分工的深化，同时也造成了能源供应、公共交通、垃圾处理、教育医疗卫生等公共服务严重不足等公共问题。19 世纪后半叶，现代意义上的公共服务开始萌芽，并日益成为现代政府的一项重要职能。20 世纪 20 年代末 30 年代初的"大萧条"，自由市场经济失灵，对于政府职能的一般态度也发生了变化，西方主要国家掀起了扩张性政府支出政策的浪潮，政府干预主义和福利国家政策开始盛行。凯恩斯认为，自由放任的市场经济面对经济危机无能为力，只有通过政府积极干预，公共服务才能得到保障，否则容易被困在低水平的均衡中。[1] 他提出的有效需求理论为政府干预提供了一个强有力的支持。加尔布雷思吸收了凯恩斯的基础观点，他认为"偏爱（私人）生产和物质投资是缺乏远见的，它使我们的注意力偏离了如何动员资源这一紧迫问题，尤其是偏离了投资于人这一更重要的需要和机会"[2]，"在需求不足的情况下，税收应该削减而公共支出（应该）增加"。[3] 这个阶段，公共支出增长情况见表 6 - 1。1870 年至第一次世界大战期间，公共支出占 GDP 的平均份额缓慢提高。第一次世界大战期间，由于军事和战争支出提高，这个阶段的公共支出增长较快。到二战之前的 1937 年，奉行自由放任政策的小政府开始消失。

表 6 - 1　　　　1870 年以来政府总支出的增长（占 GDP 的百分比）　　　单位: %

国家	19 世纪	20 世纪				21 世纪		
	1870 年前后	二战前	二战后					
		1937 年	1960 年	1980 年	1990 年	2000 年	2010 年	2019 年
英国	9.4	30.0	32.2	43.0	39.9	34.7	43.9	36.8
美国	7.3	19.7	27.0	31.4	32.8	17.9	16.5	22.7
德国	10.0	34.1	32.4	47.9	45.1	31.3	16.1	28.5
日本	8.8	25.4	17.5	32.0	31.3	20.4	18.1	

资料来源：19 世纪和 20 世纪的数据源于坦齐、舒克内希特：《20 世纪的公共支出》，商务印书馆 2005 年，第 11 页；21 世纪的数据源于世界银行 WDI 数据库，https://databank.worldbank.org/source/world - development - indicators。

---

①　Skidelsky, Alexander R J. *John Maynard Keynes 1883 - 1946: Economist, Philosopher, Statesman.* MacMillan Ltd. , 2003, P. 530.

②　Galbraith, John K. , *The Affluent Society*, Boston Houghton Mifflin, 1958, P. 332.

③　Galbraith, John K. , *The Affluent Society*, Boston Houghton Mifflin, 1958, P. 18.

　　二战后，西方国家在恢复经济的同时，积极构建基本公共服务体系，推动基本公共服务逐步向全体社会成员覆盖。与之相对应，霍布森认为国家应该实行完全的义务教育、土地全民所有、控制垄断等，通过实施强有力的干预增进社会福利。[①] 到20世纪60年代，较为健全的公共服务体系已经在西方国家基本建立。表1表明，此阶段的平均公共支出占GDP的比例总体缓慢增长。1960~1980年间，在没有战争和大衰退的情况下，平均公共支出迅速增长至43%左右。没有一个工业化国家把公共支出保持在GDP的30%以下。[②]

　　20世纪70年代的滞胀，使得政府干预的有效性日益受到质疑。许多经济学家指出，政府的扩张已经远远超出了它的合理职能，高福利的政策取向和传统的政府管理模式受到广泛质疑。80年代，过度膨胀的政府支出和昂贵的福利国家受到以撒切尔和里根为代表的反"大政府"的政治抨击并启动了许多改革。政府部门在直接生产和供给公共服务的同时，可以存在其他形式的供给制度安排，并试图在公共服务供给上引入市场力量和社会力量成为共识。公共支出在80年代之后总体呈现缓慢下降的趋势（见表6-1）。进入21世纪，又出现了新情况，特别是2008年国际金融危机以来，西方国家遭遇了普遍的衰退、滞胀以及高失业率。这一方面给西方福利国家带来了紧缩压力，另一方面也产生了新的福利需求，进而造成紧缩公共开支呼声高涨和公共开支难以下降并存的局面。

　　在西方现代性国家的兴起和扩张中，包括中国等在内的民族国家被裹挟进入现代性所内在的支配-从属关系当中。马克思基于英国实践对西方现代性国家的这种拓张性展开了批判。马克思认为，在西方现代性国家所占据的全部领域中建立起一种基本的支配从属关系，"它使农村从属于城市一样，它使未开化和半开化的国家从属于文明的国家，使农民的民族从属于资产阶级的民族，使东方从属于西方"，[③] "资产阶级，由于一切生产工具的迅速改进，由于交通的极其便利，把一切民族甚至最野蛮的民族都卷到文明中来了。

---

　　① Hobson, John A., *The Crisis of Liberalism: New Issues of Democracy*, P. S. King & Son, 1909, pp. 173-175.

　　② 坦齐、舒克内希特：《20世纪的公共支出：全球视野》，商务印书馆2005年，第21~24页。

　　③ 《马克思恩格斯文集》第2卷，人民出版社2009年，第36页。

它的商品的低廉价格，是它用来摧毁一切万里长城、征服野蛮人最顽强的仇外心理的重炮。它迫使一切民族——如果它们不想灭亡的话——采用资产阶级的生产方式；它迫使它们在自己那里推行所谓的文明，即变成资产者。一句话，它按照自己的面貌为自己创造出一个世界"①。进入现代性的现代化便成为一切民族国家的历史性命运。② 反观自工业化以来西方现代性国家的构建、扩张和公共服务发展的阶段变迁，公共服务作为现代国家政府的一项重要职能，从来都是反映一个社会的经济制度和社会制度的。马克思从社会需要的角度，提出社会共同需要是伴随社会分工和私有制的出现而日益从个人需要中分化出来的，其所对应的公共服务和产品"总是用来满足一般的社会需要"，③"用来应付不幸事故、自然灾害等的后备基金或保险基金"，"用来满足共同需要的部分"以及"为丧失劳动能力的人等等设立的基金"。④"社会需要"涉及共同利益，与国家这个社会代表供给有着天然的内在联系。⑤在两次世界大战期间，需求不足引起了社会对资本的敌意。凯恩斯主义者关注需求的政府干预，在资本和劳动之间寻找到了妥协，然而，正如马克思指出的，一个社会的公共服务水平及其分配，一方面要看其生产力发展水平，另一方面社会需要的满足程度"本质上是由不同阶级的互相关系和它们各自的经济地位决定的"。⑥

马克思对西方现代性的反思和批判，为中国探寻一个全方位超越资本主义的现代性社会指明了革命和建设的方向。中国共产党领导下的新民主主义革命和社会主义革命，为中华民族取得了独立自主的现代化机会。中国从一个传统的大农业国，经过大规模的工业化和城市化的现代化嬗变，公共服务从无到有、由点到面、从零散到系统，呈现了与西方国家区别又联系的一条现代化路径。

---

① 《马克思恩格斯选集》第 1 卷，人民出版社 2012 年，第 404 页。
② 吴晓明：《世界历史与中国道路的百年探索》，《中国社会科学》2021 年第 6 期，第 30～48 页。
③ 《马克思恩格斯文集》第 7 卷，人民出版社 2009 年，第 993～994 页。
④ 《马克思恩格斯文集》第 3 卷，人民出版社 2009 年，第 432～433 页。
⑤ 《马克思恩格斯文集》第 2 卷，人民出版社 2009 年，第 679 页。
⑥ 《马克思恩格斯文集》第 7 卷，人民出版社 2009 年，第 202 页。

二、从传统社会向现代社会转型中的公共服务

1840 年起，传统中国首次遭遇了千年未有之大变局①。西方列强通过鸦片战争等暴力形式打开了中国国门，封闭的传统中国开始被动地卷入了全球化浪潮，在积贫积弱的旧式大农业国状态下，逐渐陷入半殖民地半封建社会状态，也由此开始了与正处于以工业化和城市化为中心的现代化进程的全面接触。战乱频仍和外部冲击之下，不仅山河破碎，自给自足的自然经济也加速解体，民生凋敝。在扭曲、被动的现代化裹挟中，中国乡村社会治理崩解，绅士阶层开始逐步分化和解体。传统乡村社会共治下的公共服务供给模式逐渐失能，造成乡村社会整合和公共事务的乏力和弱化。知识精英力图从乡村现代化层面探讨乡土中国的出路，从文化改良运动的角度提出中国现代化方案，但不可避免地都以失败告终。经历了新民主主义革命洗礼下建立起来的新中国，在中国共产党的带领下全国人民在战后废墟上开始重建家园，并重点解决了公共服务不充分的问题，虽然赶超战略也引发了一些问题。

随着外国资本主义的入侵以及中国通商口岸工商贸易的兴起、发展，城市出现分化，部分特殊地理位置和政治经济位置的城市的现代化水平提高。政府职能也逐渐发生了变化，政府对经济的参与和控制加强，公共服务职能逐渐显现，现代性的公共卫生、教育开始萌芽。与此同时，"西学东渐"对于民众的公共意识也起到了重要的启蒙作用。西方教育制度、教育理论、公共卫生得以引介。不过，具有现代化气息的城市、机器化大生产和新式工商业等都主要集中在上海、天津、广州等少数沿海城市。"中国的都市，在经济上受帝国主义者的统治，在政治上受帝国主义者的操纵，在文化上受帝国主义者的麻醉。帝国主义者以剥削中国劳苦民众利益的尾数，繁荣了中国的

---

① "数千年未有之大变局"是李鸿章于同治十三年（1874）所上的奏折中提出的，他浩叹于西方文明的冲击，指出："历代备边多在西北，其强弱之势，客主之形皆适相埒，且犹有中外界限。今则东南海疆万余里，各国通商传教，往来自如，麇集京师及各省腹地，阳托和好之名，阴怀吞噬之计。一国生事，诸国构煽，实为数千年未有之变局。船轮电报之速，瞬息千里；军器机事之精，工力百倍；炮弹所到，无坚不摧，水陆关隘，不足限制，又为数千年未有之强敌。"

都市；又藉着这些都市的势力，加紧剥削全中国劳苦民众的利益"①。

面对西方国家以工业化和城市化为目标的现代化的冲击，民国时期的知识精英力图从乡村现代化层面探讨乡土中国的出路，从文化改良运动的角度提出中国现代化方案。晏阳初等认为中国落后的原因，在于教育。"在英国每百人中有3人是文盲，在法国只有4人，在美国只有6人，在日本也只有4人，而中国每百人中有80人"，② 因此必须通过教育来改善民生，从而实现国富民强。梁漱溟认为"救济乡村便是乡村建设的第一层意义；至于创造新文化，那便是乡村建设的真意义所在"③。之所以提出创造新文化，是因为"文化失调"是中国当前的主要问题，因此须以"文化改造"来重构社会，通过重建新"礼俗"和新文化，来推动现代社会的转型。然而，由于抗战的全面爆发，同时也由于半殖民地半封建的社会性质，这种文化改良性质的乡村建设运动不可避免地以失败告终。

1949年，中国共产党以全新的革命与建设有机结合的方式，首次开辟了中国共产党领导下中华民族独立自主的现代化道路。从新中国成立之后的第一个五年计划时期到改革开放之前，中国处于高度计划经济体制时期，实行统收统支、统一领导、分级管理的财政体制，尽管财力薄弱、税基分散，但在此情况下新中国依然开启了大规模公共基础设施的建设。"一五"期间，新建铁路33条，1957年全国铁路通车里程达29862公里，比1952年增加22%；公路通车里程达25.5万公里，比1952年增加1倍；1957年高等院校达229所，比1952年增加26.5%，五年共招生56.3万人，毕业26.9万人。中等学校共招生111.9万人，毕业84.2万人。小学共招生5898万人，毕业1852万人。④ 毛泽东实施了一系列旨在缩小城乡在教育、文化、医疗等生活上差距的举措，反映了当时城乡兼顾发展的政策大方向。针对农村教育卫生事业发展落后的情况，毛泽东把发展教育卫生事业的偏向放在农村，提出城市在这方面要大力支援乡村。在教育同生产结合、知识为社会实践服务的理

① 黄宪章：《中国都市的过去与今后》，《新中华》1934年第1期，第135页。
② 晏阳初：《平民教育概论》，《晏阳初全集》第1卷，1927年，第87页。
③ 梁漱溟：《乡村建设大意》，《梁漱溟全集》第1卷，山东人民出版社1989年，第611页。
④ 何沁：《中华人民共和国史》第二版，高等教育出版社1999年，第99~100页。

念下，倡导开展知识下乡、干部下乡、夜校、扫盲班等活动。在发展农村卫生事业方面，新中国成立之后，结合民主革命时期边区创办"保健医社"和"医药合作社"的经验，针对广大乡村缺医少药的状况，于20世纪50年代中期开始大力倡办和支持农村合作医疗事业的发展。1965年6月毛泽东指示要把医疗卫生工作的重点放到农村去，推动了农村大办合作医疗高潮的出现。

当然，鉴于当时主导性的发展战略目标是赶超和重工业优先发展战略，因此，此时公共服务相关制度围绕着更好地服务于这些大战略进行了调整，表现出高度的计划性和城乡二元分割性。二元分割的户籍制度的正式确立，单向地限制人口从农村流向城市。在这种高度计划性和二元分割性的制度体系安排下，农村公共服务首次被纳入政府计划范围，采用"集体提留"或扣减"农民工分"来自筹资金，统一调配集体资源并承担农村公共服务的各种费用。城镇居民的各类公共服务由政府相关机构部门或国营企业直接提供，由国家财政给予保障。附着于城乡户籍的城乡有别的福利制度，在保障了城乡基本公共服务需求的条件下，集中了各种优势资源，更好地服务于重工业优先发展战略，但也导致了公共服务供给的滞后和二元分割，甚至多元分割的碎片化问题。

三、改革开放进程中的城乡公共服务供给

在"解放思想、实事求是"的思想指导下，党的十一届三中全会做出了把党和国家工作的重点转移到社会主义现代化建设上来和实施改革开放的划时代历史性决定，确立了以经济建设为中心的社会主义初级阶段基本路线。1992年党的十四大正式确立我国经济体制的改革目标是建立社会主义市场经济体制。社会主义市场经济体制的建立，为破除旧城乡公共服务供给所赖以存在的高度计划性的制度和体制准备了条件。财政体制结束了高度集中的"统收统支"，实行财政包干、"分灶吃饭"，地方政府的主体性和积极性被激发出来，我国基本公共服务不充分的问题逐步改善。伴随地方政府财权和事权的拓展，地方政府在基本公共服务供给上有了更大的作用空间。但与此同

时，由于农村集体经济的消解，乡村公共服务失去了一大基本的供给主体来源，而国家的资源有着更明显的城镇趋向，因此，城乡基本公共服务发展的不平衡问题更为突出。以 2002 年党的十六大报告提出"统筹城乡经济社会发展"为标志，党和政府逐步认识并开始解决基本公共服务发展的不平衡问题。

在农村，家庭联产承包责任制的建立、人民公社的解体、城乡二元户籍制度的逐渐松动，从多方面重构了传统农村公共服务供给的制度环境。首先，农村集体逐渐衰落，农民主体地位强化。家庭联产承包责任制在保持所有权归集体所有的同时，将经营权由集体分包给了农户自主经营，从而极大地调动了农民的生产积极性。但与此同时，家庭联产承包责任制下，农民已经不再是附属于人民公社下的单纯劳动者，而且同时还是承包经营的经济主体。在强化农民的主体地位的同时，家庭联产承包责任制也弱化了村集体在公共服务供给中的管理主体地位。其次，农村公共服务供给的组织方式发生了一些变化。虽然农村集体逐渐衰落，但村集体依然存在，并依然是公共服务供给的筹资和管理主体。在财政包干、"分灶吃饭"的制度安排下，不能再从集体收入中直接扣除公共服务支出，相关费用只能改做"三提五统"的征收方式从农户手中收取。这种税外收费的方式，一方面加剧了农民负担，另一方面也造成农村公共服务供给数量减少。最后，伴随阻碍乡城正常流动的二元户籍制度的逐步松动，农村劳动力向城市流动的制度环境优化，农民到城市的就业成本和居住成本降低。制度约束的放松为农村劳动力转移提供了条件，同时碎片化的基本公共服务供给模式也越来越不适应日益频繁的城乡要素交流的需要。

在城镇，国有企业的全面改革从多方面重塑了城市基本公共服务的供给模式。在计划经济条件下，国营企业与政府部门有着千丝万缕的联系。各种企事业单位是城市的一个个细胞，企业的各项财务收支也随之成为国家财政活动的一个组成部分。[①] 企业能够办医院、子弟学校、食堂等，能够包办职工的养老、子女配偶就业等社会服务。与国企改革相配套，高度计划的单位

---

① 蔡昉、高文书：《中国劳动与社会保障体制完善与发展道路》，经济管理出版社 2013 年，第 187 页。

化管理模式在诸多领域已经失去了存在的可能性,社会化供给逐步被引入。企业自办的幼儿园、托儿所、中小学以及职工技校等教育机构逐步从企业剥离出来。城市地方政府或社区越来越多地开始承接从企业中逐步剥离的公共服务。至此,附着在企业上的各种福利逐渐消失,地方政府转而将企业统筹纳入预算用于地方公共服务的供给。以此为标志,城市以企业为单位的公共服务碎片化供给逐渐终结。

伴随社会主义市场经济目标的确立,城市的聚集性资源优势凸显,城乡差距开始拉大。此时,市场经济所需的社会最基本的结构单位的功能重构完毕,而传统运行机制的弊端日益显现,但新的适合社会主义市场经济体制的公共治理体系和政策框架尚未建立。由于农村公共治理体系和政策框架在相当长的时间内存在真空,这个阶段农村空心化、基础设施和公共服务匮乏、厕所垃圾处理等人居环境恶劣等问题日益突出。此时,虽然由乡城要素的流动限制有所松动,城市与乡村作为一个分割的"空间隔离"状态有所改善,但城市和乡村依然还是两套独立的治理体系。户籍制度虽一再松动,但基于户籍区别的城镇人口和农村人口的"身份"及其所附着的公共服务及社会福利依然存在显著区别。

为了缩小城乡差距和改善城乡关系,从 2000 年开始,政府一方面逐步推出农村税费改革来减轻农民负担并规范农村收费行为,取消了实行数千年的农业税;另一方面通过对农业生产直接补贴、放开粮食市场和实行最低收购价制度等促进了农民增收。2002 年,党的十六大报告明确提出将"统筹城乡经济社会发展"作为解决城乡二元结构问题的基本方针。2007 年,党的十七大报告在"统筹城乡发展"的基础上,进一步提出必须建立"以工促农、以城带乡"的长效机制,形成城乡一体化的新格局。在城乡统筹和城乡一体化战略指导下,直接投向农村基础设施和公共服务的中央财政增多,农村公共服务供给的系列政策陆续出台。这些政策通过扩大基本公共服务向乡村的覆盖面,来缩小城乡基本公共服务的差距,虽然依然没有从根本上改变城乡二元的公共服务供给框架,但从无到有、从少到多地在乡村引入了现代性的基本公共服务。

四、新时代以来面向全面建设社会主义现代化国家的城乡公共服务

随着中国特色社会主义进入新时代和我国社会主要矛盾的转化，不平衡不充分的发展成为满足人民日益增长的美好生活需要的主要制约因素。在这个阶段，基本公共服务的均等化、城乡均衡发展等目标和任务明确纳入了全面建设社会主义现代化国家的战略目标体系，公共服务和民生事业本身的发展已经日益成为整个国家治理体系中发展成果共享的一个重要组成部分，保障和改善民生、增进民生福祉已经成为发展的根本目的。

基本公共服务城乡全覆盖的目标在这个阶段已经实现。继 2013 年党的十八届三中全会提出"让广大农民平等参与现代化进程、共同分享现代化成果"[①] 之后，2014 年《关于进一步推进户籍制度改革的意见》颁布，其推动的新一轮户籍制度改革明确提出要统一城乡户口登记制度，全面实施居住证制度，义务教育、就业服务、基本养老、基本医疗卫生、住房保障等城镇基本公共服务逐步脱离开城镇户籍的捆绑，向全部常住人口覆盖，农村流动人口在城市享受公共服务的范围和程度也都显著提高。2014 年将"新农保"和"城居保"两项制度合并实施，在全国范围内建立了统一的城乡居民基本养老保险制度；2015 年在整合农村义务教育经费保障机制和城市义务教育奖补政策的基础上，建立了城乡统一、重在农村的义务教育经费保障机制；2016 年整合城镇居民医保和新农合制度，逐步在全国范围内建立起统一的城乡居民医保制度。基本公共服务基本实现了城乡全覆盖，但城乡服务存在可及性、品质等不同，不同区域间基本公共服务的差距仍然较大。农村基本公共服务发展不平衡不充分已经成为新时代社会主要矛盾的重要方面，城乡基础公共服务均等化、标准化、普惠化和便利化等现代社会的基本特征日益受到关注。

2017 年，党的十九大提出"建立健全城乡融合发展体制机制和政策体

---

① 《中国共产党第十八次全国代表大会文件汇编》，学习出版社 2012 年，第 21～22 页。

系，加快推进农业农村现代化"，并在此后发布的《关于建立健全城乡融合发展体制机制和政策体系的意见》中进一步明确中国未来城乡融合发展的三步走战略，解决基本公共服务不平衡、不充分问题成为进一步发展的核心任务。党的十九届五中全会明确提出，全面建成小康社会后，将开启全面建设社会主义现代化国家新征程，提出要建成文化强国、教育强国、人才强国、体育强国、健康中国，基本公共服务要实现均等化等多个公共服务相关领域的目标和任务。全面建设社会主义现代化国家新征程的开启，标志着新的发展阶段的到来。站在"两个一百年"奋斗目标的历史交汇点，面临世界百年未有之大变局，"十四五"期间，新融合、新技术和新疫情等新情况为城乡基本公共服务发展带来了新的机遇和挑战。

城乡融合发展要求将城乡基本公共服务视为一个有机整体，由于城乡融合更突出乡村自身的发展振兴，以及在城乡融合发展中促进城乡要素平等交换和公共资源均衡配置，城乡基本公共服务融合发展更突出乡村基本公共服务的均等性、可及性、普惠性和便利性的提升，城乡要素在基本公共服务供给中的交融与合作，以及资源的均衡配置。城乡的基本公共服务融合是在尊重乡村文明和乡村生产生活方式的基础上的融合，注重保留乡村文明的特质和乡村生产生活方式所蕴含的自然生态和历史文化价值，通过城乡基本公共服务的融合，居民无论在哪里都能享受到同等的基本公共服务，生产要素才能更为通畅地在城乡间自由流动，才能实现城乡的真正融合。[1] 与城乡统筹阶段通过直接向农村投入基础设施和公共服务来调节城乡公共服务格局和调整城乡关系不同，城乡融合更注重发挥市场机制的决定性作用，通过完善农村基础设施和公共服务，来调动市场主体要素的城乡双向流动来配置资源；更注重发挥政府作用，政府通过在农村基础设施和公共服务上加强投入，在创新公共服务供给方式、补齐乡村发展的短板，促进城乡公共服务均等化等方面给予政策上的支持和行为上的激励。

疫情给公共服务带来了总量和结构两个方面的改变。毋庸置疑，新冠肺炎疫情给公共卫生和基础医疗服务带来了巨大的挑战和冲击。更为重要的是，

---

① 张克俊、杜婵：《从城乡统筹、城乡一体化到城乡融合发展：继承与升华》，《农村经济》2019年第11期，第19~26页。

新疫情更凸显了当前解决不平衡、不充分发展问题的重要性和迫切性。疫情下对于服务型政府的需求加大，保民生、保就业、保基层运行、保脱贫成果等工作的重要性增强。然而，由于疫情造成的经济下行压力，支出增加和税收减少并存加大了政府的财力约束。在基本公共服务的基本民生投入"只增不减、尽力而为、量力而行"的情况下，城乡均等化政策需要兼顾经济发展趋势和各级财政的承受能力，同时提质增效的集约式增长的重要性就更显重要。新技术为城乡基本公共服务的融合提供更多的便利和可能性。交通技术、物联网的现代化，将城乡距离史无前例地缩短，城乡间要素的流通效率飞速提升。信息流更是突破了时空局限，在数字化技术的支持下经由信息高速公路高速传播。信息化、数字化和人工智能等新技术的普及应用，让越来越多的现代化的公共服务开始被纳入基本公共服务范围，譬如各种远程教学、医疗卫生中远程诊疗服务的使用等。同时，也为打破公共服务供给中各个传统职能部门之间的条块分割和信息壁垒，从而实现城乡融合治理提供了可能。

五、结　　论

180多年前，传统中国遭遇千年未有之大变局，在被列强暴力打开国门而逐渐深陷半殖民地半封建社会的同时，也在积贫积弱的旧式大农业国状态下，开始被动卷入了以工业化、城镇化为核心的全球化浪潮，在被裹挟中逐渐开启了现代化的艰难探索历程。整个国家的城乡基本公共服务的供给理念和发展模式等，开始发生深刻的变化，从无到有、由点及面地经历着艰辛的建设和跨越之路。尤其是自中国共产党成立的一百年来，中华民族在反帝反封建、救国拯民、强国富民的革命化和现代化建设道路上，走得更为稳妥更为坚定。新中国成立，中华民族站起来并把握了现代化的自主权，并在战后的废墟上开始新中国的大规模公共基础设施和公共服务建设。在新中国成立70多年间，城乡基本公共服务伴随着社会生产力发展、经济制度和社会制度的变革，从无到有、由点到面、从零散到系统逐步构建和完善，取得了举世瞩目的伟大成就。尤其是改革开放40多年来，城乡公共服务改革从最初作为配套到逐步成为全面改革的一个重要部分，公共服务本身的公平性要求和内在发展规律要求日益凸显。

当然，任何一个国家的现代化都不是一蹴而就的，公共服务作为涉及宽广、影响深远的社会现代化工程的基础性部分，其建构和完善更是只能分阶段、分步骤推进，每一个阶段有每一个阶段的主要困难和历史任务。尤其对于现代化起步晚、现代化原初动力还是因为被裹挟而来自外部的中国，其真正独立自主的现代化进程至今只有 70 多年时间，因此不充分、不平衡的问题更为严重。新中国成立之后，伴随现代化理念和现代化制度架构的不断深化，在公共服务领域，首先逐步解决了公共基础设施和基本公共服务从无到有的普遍化基础构建问题；改革开放后随着社会主义市场经济体制的确立和发展成果的积累，基本公共服务不充分的问题逐步改善，而城乡不平衡的问题则日益突出，政府意识到这一问题并不断探索逐步解决之道；进入新时代，社会的主要矛盾再次发生明显变化，提升基本公共服务的充分性和平衡性，成为有效支撑主要矛盾化解的基本着力点，因此，基本公共服务也从附着于单位集体到从单位集体中剥离，最终成为实现发展成果共享的载体和独立政策体系，至此基本公共服务回归本位，实现城乡基本公共服务供给的均衡和城乡基本公共服务的融合式一体化发展，已成为中华民族继续推进现代化建设、实现伟大复兴的一个重要组成部分和重大支撑。如今，站在两个一百年的历史交汇点，作为新的阶段，中国城乡公共服务融合发展格局已在稳步推进，这必将反过来促进我国的现代化事业向更高级阶段跨越。

（作者陈雪娟、胡怀国，原题目为《我国城乡基本公共服务的阶段性跨越——现代化进程中的透视》，发表于《河北经贸大学学报》2022 年第 3 期，第 26~33 页。）

制度篇
基本经济制度与土地制度

第七章
社会主义基本经济制度的理论逻辑

[摘要] "公有制为主体、多种所有制经济共同发展，按劳分配为主体、多种分配方式并存，社会主义市场经济体制等社会主义基本经济制度"，是党的十九届四中全会对社会主义基本经济制度的新概括。它不仅是新时代推动我国经济领域各种具体制度和体制机制更加成熟更加完善的基本依据，而且是我国在社会主义实践探索中不断推进理论创新和实践创新所取得的重大制度性创新成果，是马克思主义基本原理同我国具体实际相结合的产物。马克思主义旨在通过经济发展推动人的发展，其决定性因素是生产力和生产关系、经济基础和上层建筑之间的矛盾运动，我们不能孤立地看待包括生产资料所有制在内的某种制度的单独作用，而必须把包括社会主义基本经济制度在内的中国特色社会主义制度视为一个多层次、多领域的制度体系。

[关键词] 基本经济制度 启蒙运动 改革开放 主要矛盾

"一切社会变迁和政治变革的终极原因，不应当到人们的头脑中，到人们对永恒的真理和正义的日益增进的认识中去寻找，而应当到生产方式和交换方式的变更中去寻找；不应当到有关时代的哲学中去寻找，而应当到有关时代的经济中去寻找"①。马克思主义认为，人类社会的物质生活制约着全部的社会生活、精神生活和政治生活，生产力和生产关系、经济基础和上层建筑的矛盾运动支配着整个社会的发展进程。基本经济制度是经济制度中具有

---

① 恩格斯：《反杜林论》，《马克思恩格斯文集》第9卷，人民出版社2009年，第284页。

根本性、全局性和长期性的制度安排，它不仅反映了一定生产力水平并与之相适应，而且受到上层建筑的认可和保护，在生产力和生产关系、经济基础和上层建筑的矛盾运动中处于关键环节、发挥着重要作用。"公有制为主体、多种所有制经济共同发展，按劳分配为主体、多种分配方式并存，社会主义市场经济体制等社会主义基本经济制度"①，是党的十九届四中全会对社会主义基本经济制度的新概括，它不仅是新时代推动我国经济领域各种具体制度和体制机制更加成熟更加完善的基本依据，而且是我国在社会主义实践探索中不断推进理论创新和实践创新所取得的重大制度创新成果，具有深刻的历史逻辑、理论逻辑和实践逻辑。本章试图借助于思想史视角下的追根溯源，结合人类社会由传统社会转型为现代社会的历史维度、马克思主义创新发展的理论维度，简要梳理社会主义基本经济制度及其相关命题的理论逻辑与实践逻辑，以进一步深化我们对社会主义基本经济制度的理解。

一、现代经济发展的源起及其制度前提：从启蒙运动到古典经济学

现代经济发展源起于从传统社会向现代社会的转型。在传统农业社会阶段，整个社会通常围绕着数量相对有限、位置相对固定的土地资源，形成某种具有等级化和人格化特征的制度性框架，以维持某种相对稳定的政治法律秩序和社会经济结构。在这种相对稳定的等级化社会结构中，经济利益并不是人们追求的唯一目标，甚至不是主要目标，土地、劳动等生产要素不仅缺乏流动性，而且不同市场主体缺乏相对平等的市场地位，人们难以完全凭借自身努力改变自身境遇，从而也就无法产生现代意义上的经济增长和结构变迁，无法产生适应于现代社会秩序的经济制度。18 世纪中叶以来发轫于英国的工业革命则深深地改变了这一切：它不仅极大地提高了劳动生产率、促进了经济发展，而且深刻地改变了整个社会的组织方式和运行模式，开启了人

---

① 《中共中央关于坚持和完善中国特色社会主义制度、推进国家治理体系和治理能力现代化若干重大问题的决定》，人民出版社 2019 年，第 18 页。

类社会从传统社会向现代社会转型的新时代。这是一种完全不同于传统社会的社会组织方式和经济运行模式：整个社会围绕资本这种具有高度流动性的核心生产要素，形成了一种高度扩张的生产体系、高度开放的生活体系，市场交换和社会交往具有了普遍性、匿名性和相对稳定性。现代社会的新型组织方式和运行模式，必然要求某种新型的政治法律秩序、遵循迥然不同于传统社会的经济发展逻辑：其一，人们的命运和境遇，必须更多地取决于个体选择和自身努力，而不是难以凭自身努力改变的、先天或相对固化的身份特征、血缘关系或社会等级地位等；其二，为了使得人们能够凭借自身努力改善自身境遇，必须重塑整个社会的政治法律秩序和社会经济关系，以确保每个人拥有相对平等的政治法律权利、社会经济地位以及参与经济活动和市场交易的能力；其三，以此为基础，拥有相对平等的权利和市场机会的人们，得以通过普遍参与劳动分工和市场交换，在改善自身境遇的同时极大地提高整个社会的经济效率和社会活力，进而促进资源优化配置、实现现代经济发展。

也就是说，伴随着传统社会向现代社会的转型，整个社会的政治法律、社会经济秩序必须得以重构，以确保市场主体的平等、要素流动的顺畅、分工交换的深化以及人们对生产性活动和非人格化交易的普遍参与。1453 年君士坦丁堡的陷落引发了欧洲社会的一系列连锁反应，特别是 18 世纪西欧各国的启蒙运动，极大地重塑了西欧社会的微观基础、政治法律秩序和社会经济关系，为西欧从传统社会向现代社会的转型奠定了重要的思想基础和制度前提。正如胡怀国强调的，"如果说，精神世界与世俗世界的冲突是宗教改革和文艺复兴的核心，那么启蒙运动则是在此基础之上，集中为世俗世界本身缔造现实的社会秩序。对我们而言，前者近乎遥远的背景音乐，而后者则是对我们有着强烈震撼的现代摇滚。可以说，现代社会正是在启蒙运动的启发下不断发展而来的，例如，英国的经济学革命、法国的政治革命、德国的哲学革命以及美国的独立和新秩序范式的确立。毫不夸张地说，此后一切社会领域的重大事件，皆深深留下了启蒙运动的烙印"[①]。18 世纪是启蒙运动的世纪，也是经济学革命、政治革命和哲学革命的世纪，先后发生于英法德等西

---

① 胡怀国：《斯密思想体系及其经济理论》，北京大学博士研究生学位论文，1999 年 6 月，第 13 页。

欧主要国家的启蒙运动及其激发的现代秩序重构，全面开启了有关国家从传统社会向现代社会转型的进程。不同国家的启蒙运动，面临着共同的时代课题、遵循着近似的时代精神并拥有大量共同的词汇，但同时也由于历史文化传统、国内外环境和发展机遇的不同而存在显著差别，特别是更多地与工业革命有关的苏格兰启蒙运动、更多地与政治革命有关的法国启蒙运动以及更多地与哲学革命有关的德国启蒙运动，它们分别通过英国古典经济学、法国空想社会主义和德国古典哲学对马克思并通过马克思对社会主义经济制度产生了一定的影响。限于篇幅，不妨结合启蒙运动与现代化转型的基本逻辑，着重从上述启蒙运动的内在特质和主要差异的角度，针对社会主义基本经济制度涉及的核心命题赘述一二。

大体而言，从相对稳定的等级化制度框架和相对低频的人格化交易的传统社会，转型为拥有相对平等权利的人们得以通过普遍分工和自愿交换改善自身境遇的现代社会，经济方面的基本要求是有效突破传统社会利益固化的藩篱、破除阻碍要素流动的制度性障碍，大幅降低市场交易和要素流动的成本，以实现包括土地、劳动和资本在内的诸生产要素的合理流动和优化配置。也就是说，现代经济发展，必然要求打破传统社会相对封闭、具有人身依赖和身份等级特征的信念理念、规则规范与制度安排，重构同现代社会相适应的新型政治法律秩序和社会经济关系，这正是各国启蒙运动面对的主要时代课题。尽管如此，近代西欧主要国家的启蒙运动仍然存在着不容忽视的重大差别，而正是这些差别对各自国家的路径选择和制度演进产生了深远的影响。就经济制度相关论题而言，苏格兰启蒙运动相对更强调基于权利义务关系的整体框架，相对更重视市场经济的制度前提及其内在运行机制，更多地围绕市场经济、而不是财产权利和所有制关系构建理论体系，并由此结出了古典经济学的理论硕果、构建起了人类社会第一个现代意义上的理论经济学体系；法国启蒙运动则更为强调财产权利等"自然权利"和所有制关系，不仅高度重视所有权问题并且赋予了绝对化含义，如《拿破仑法典》明确指出"所有权是对于物有绝对无限制地使用、收益及处分的权利"①，其后更是通过法国

---

① 拿破仑：《拿破仑法典》，商务印书馆 2015 年，第 80 页。

大革命、《拿破仑法典》和拿破仑战争对欧洲大陆的现代秩序重构产生了深远的影响；德国的启蒙运动在时间上相对较晚，对苏格兰启蒙运动和法国启蒙运动有较为充分的观察，在更多借鉴法国启蒙运动思想并重视所有权的同时，相对更强调"人"及其社会性表现，强调人的主体性和人的自由意志的重要性，如康德（1784）认为"启蒙运动就是人类脱离自己所加之于自己的不成熟状态。……要有勇气运用你自己的理智！这就是启蒙运动的口号"①，黑格尔更是以绝对精神的自我发展为脉络、构建起了庞大的哲学体系。

　　"理论在一个国家实现的程度，总是取决于理论满足这个国家的需要的程度"②，西欧各国启蒙运动的不同特质与各自的具体国情有关。苏格兰启蒙运动的时代背景是1707年苏格兰正式与英格兰合并、北美等殖民地对苏格兰全面开放，整个苏格兰呈现出一片积极向上的生机；苏格兰启蒙运动的代表性学者，主要是1727年率先完成大学改革的苏格兰中部低地的教授们，他们更倾向于提供一种相对乐观从容、客观冷静并具有较强学术性的系统性思考和整体性框架，更多地从权利义务角度探讨包括市场经济关系在内的适应于现代社会的整体秩序，所有制和分配问题仅仅是其中一个环节并从属于其他目标、甚至很少为苏格兰启蒙运动学者所提及。法国启蒙运动学者则相对缺乏这种宽松从容的环境，他们更倾向于奔走呼号，通过振聋发聩的一系列现代理念对传统秩序形成猛烈冲击并诱发出相对激烈的社会活动和政治运动，"自然权利"的捍卫、所有制关系的调整不仅是吸引人心的口号、更是人们高度关注的行动。近代德国在经济上更为落后，甚至缺乏像法国那样产生现实运动的条件：它不仅没有参与并分享到"地理大发现"的成果，而且长期深陷传统秩序的纠葛与漩涡。但正如恩格斯所指出的，"经济上落后的国家在哲学上仍然能够演奏第一小提琴"③，政治经济相对落后的德国启蒙运动反而基于人的精神、理念和自由意志，在理想王国里构建起了诸多庞大的抽象体系，尤其是高度重视人的自由意志、人的主体性及其社会性实现（国家），

---

　　①　康德：《答复这个问题："什么是启蒙运动"》，《历史理性批判文集》，商务印书馆1990年，第22页。

　　②　《马克思恩格斯文集》第1卷，人民出版社2009年，第12页。

　　③　《马克思恩格斯文集》第10卷，人民出版社2009年，第599页。

而所有制关系、市场经济和分配形式等具体层面的现实重大问题反而处于从属地位。

  具体而言，苏格兰启蒙运动更重视整体性框架，所有制关系不仅处于从属地位，而且是一种相对的概念，如被誉为苏格兰启蒙运动之父的哈奇森在其代表作品《道德哲学体系》（1755）中指出："为了促进普遍的勤劳和忍耐，也为了让人们同意从事劳动或者让人们能够胜任劳动，建立某种制度是必要的，这种制度也必须趋向于公共利益"①；同时，"由于所有权的形成是为了鼓励和奖赏勤奋，所以所有权永远不会延伸到以致会阻止或妨碍人类的勤劳的范围"②，即所有权从属于亦局限于奖赏个体勤劳和促进公共利益，它是一种有限度的相对的东西。哈奇森的学生和苏格兰启蒙运动的重要代表人物亚当·斯密，更是在《国富论》（1776）中直接从分工交换入手、紧紧围绕市场机制和市场经济的发育完善，构建了人类社会上第一个现代意义上的理论经济学体系，开辟了理论经济学的古典时代。与之不同，所有权和所有制关系在法国启蒙运动中占据了核心地位，如法国启蒙运动学者卢梭不仅把私有制视为人类社会不平等的起源，而且把所有权视为某种绝对权利和整个制度设计的核心，如在其代表性作品《社会契约论》（1762）中强调指出："人类由于社会契约而丧失的，乃是他的天然的自由以及对于他所企图的和所能得到的一切东西的那种无限权利；而他所获得的，乃是社会的自由以及对于他所享有的一切东西的所有权"③。德国启蒙运动深受法国启蒙运动的影响，且由于德国的特殊国情而相对更强调"人"及其社会性实现（国家），故在赋予所有权较为重要的理论地位的同时，更多地把它与"人"联系在一起，进而成为德国古典哲学的一个重要特征，如黑格尔的《法哲学原理》（1821）以"所有权"作为全书的第一章，并在开篇指出："人为了作为理念而存在，必须给它的自由以外部的领域。……所有权所以合乎理性不在于满足需要，而在于扬弃人格的纯粹主观性。人唯有在所有权中才是作为理性而存在"④。

----

① 哈奇森：《道德哲学体系》，浙江大学出版社 2010 年，第 298～299 页。
② 哈奇森：《道德哲学体系》，浙江大学出版社 2010 年，第 304 页。
③ 卢梭：《社会契约论》，商务印书馆 1996 年，第 30 页。
④ 黑格尔：《法哲学原理》，商务印书馆 2019 年，第 57 页。

正如列宁（1914）指出的，"马克思是 19 世纪人类三个最先进国家中的三种主要思潮——德国古典哲学、英国古典政治经济学以及同法国所有革命学说相联系的法国社会主义——的继承者和天才的完成者"①；德国古典哲学、英国古典经济学和法国空想社会主义分别是德国启蒙运动、苏格兰启蒙运动和法国启蒙运动的重要理论成果，必然带有各自启蒙运动的内在特质并在马克思试图构建的庞大体系中留有明显遗痕，其后更是通过马克思创立的马克思主义对包括社会主义经济制度在内的社会主义现实运动产生了重要影响。鉴于理论经济学更多地从苏格兰启蒙运动中汲取营养，我们有必要在兼顾各国启蒙运动不同特质的同时，重点梳理马克思对古典经济学的创新发展及其对社会主义经济制度的理论启发。

二、现代经济发展的动力机制及其理论
回应：从古典经济学到马克思

古典经济学在很大程度上是苏格兰启蒙运动的理论成果和英国工业革命的理论回应。正是在英国工业革命之初，作为苏格兰启蒙运动重要代表人物的亚当·斯密，试图构建一种适应于新型社会秩序的道德哲学体系，旨在探讨每一个"生来首先和主要关心自己"② 的人，如何过一种适应于现代秩序的社会性生活。在 1759 年初版的《道德情操论》中，斯密构建了一个具有苏格兰启蒙运动内在特质的道德哲学体系，并由此确立了其作为苏格兰启蒙运动重要代表人物的学术地位；以此为基础，斯密试图进一步探讨适应于现代社会的政治法律秩序和社会经济秩序，或如斯密在《道德情操论》第六版（1790）"告读者"中进一步强调的："在本书第一版的最后一段中，我曾说过，我将在另一本论著中努力说明法律和政治的一般原理，以及它们在不同的社会时代和时期所经历过的不同革命；其中不仅涉及正义，而且涉及警察，国家岁入，军备，以及其他任何成为法律对象的东西。在《国民财富的性质

---

① 列宁：《卡尔·马克思》，《列宁专题文集·论马克思主义》，人民出版社 2009 年，第 7 页。
② 亚当·斯密：《道德情操论》，商务印书馆 1997 年，第 101~102 页。

和原因的研究》中，我已部分地履行了这一诺言，至少在警察，国家岁入和军备问题上。我长期以来所计划的关于法学理论的部分，迄今由于现在还在阻止我修订本书的同样工作而无法完成。我承认，虽然我年事已高，很难指望如愿以偿地完成这个大事业，但我并没有完全放弃这个计划"①。尽管斯密并没有完全完成他的研究计划，但借助于《道德情操论》（1759）和《国富论》（1776），我们还是能够大致了解苏格兰启蒙运动与古典经济学之间的内在联系。

斯密的道德哲学体系有着浓郁的苏格兰启蒙运动的内在特质。与着力借助于个人理性构建自然秩序和自然权利，进而系统阐述"自由、民主、平等"绝对理念，尤其是绝对化的财产权利和所有制关系的法国启蒙运动不同，苏格兰启蒙运动更多地基于"权利－义务"关系构建某种整体性框架，其间不仅保留有浓郁的英式经验主义传统，而且处处体现了心理经验主义的苏格兰特质，斯密更是在"理性能力"的学术传统之外，在《道德情操论》中提出并系统阐述了"设身处地想象的能力"（或称"同情心"）并以此构建起完整的道德哲学框架，以确保"生来首先和主要关心自己"的人得以过一种适应于现代秩序的社会性生活。在《国富论》中，斯密重新定义了国民财富的概念并系统探讨了国民财富增进的原因，系统阐述了现代市场经济的基本原则、内在机理及其制度前提等，其核心观点可归结为"有效市场"和"有为政府"：一方面，"每一个人，在他不违反正义的法律时，都应听其完全自由，让他采用自己的方法，追求自己的利益，以其劳动及资本和任何其他人或其他阶级相竞争"②；另一方面，人们在进行有关经济活动时，需要一定的政治前提和制度基础，以维持国家独立和主权完整、捍卫公平正义、提供公共服务和市场矫正措施等，或如斯密所言："第一，保护社会，使不受其他独立社会的侵犯。第二，尽可能保护社会上各个人，使不受社会上任何其他人的侵害或压迫，这就是说，要设立严正的司法机关。第三，建设并维持某些公共事业及某些公共设施"③。适应现代社会的政治法律秩序、市场经

---

① 亚当·斯密：《道德情操论》，商务印书馆1997年，第1~2页。
② 亚当·斯密：《国民财富的性质和原因的研究》下卷，商务印书馆1996年，第252页。
③ 亚当·斯密：《国民财富的性质和原因的研究》下卷，商务印书馆1996年，第252~253页。

济下的有效市场和有为政府，共同保证了普遍分工、自愿交易下的微观效率、宏观增长和普遍富裕，或如斯密所言："在一个政治修明的社会里，造成普及到最下层人民的那种普遍富裕情况的，是各行各业的产量由于分工而大增"①。

也就是说，斯密在《国富论》（1776）中构建的政治经济学体系，是紧紧围绕市场经济和市场机制进行的，所有制关系和分配问题处于从属地位，由此也奠定了古典经济学乃至新古典经济学的传统，这与法国启蒙运动学者紧紧围绕财产权利等"自然权利"和所有制关系构建理论体系的学术传统存在很大差别。在法国古典经济学代表人物萨伊（1767—1832）那里，我们似乎可以看到这种差别与纠结：一方面，作为欧洲大陆学者，他不得不专门就所有权问题发表意见，故在其代表作品《政治经济学概论》（1803）中专设"财产所有权"一章（第一篇第 14 章）；另一方面，作为古典经济学家，他不得不遵循古典经济学传统，明确指出："关于财产所有权的由来，规定财产所有权转移的法律的由来以及阐明保障财产所有权最稳妥方法的政治学的由来，这属于思辨哲学的探讨范围。就政治经济学说，它只把财产所有权看作鼓励财富的积累的最有力因素，并满足于财产所有权的实际稳定性，既不探讨财产所有权的由来，也不研究财产所有权的保障方法"②。利用市场机制推动经济发展、围绕市场经济构建理论经济学体系，是苏格兰启蒙运动奠定思想基础、斯密予以系统阐述并被整个古典经济学乃至新古典经济学始终坚持的学术共识，也是现代社会新型秩序的核心内容。

马克思创立的政治经济学体系是对古典经济学的批判继承和创新性发展，同时也是其创立的庞大的马克思主义理论体系的重要组成部分。与古典经济学相比，马克思政治经济学不仅有着更开阔的视野和更宏大的框架，而且作为对德国古典哲学、英国古典经济学和法国空想社会主义的继承和超越，留有苏格兰启蒙运动、法国启蒙运动和德国启蒙运动的内在特质和时代印痕，如德国启蒙运动对"人"及其社会性实现（国家）的强调、法国启蒙运动对财产权利和所有制关系的重视、苏格兰启蒙运动对权利义务关系和市场经济的整体理解等。根据马克思本人的回忆，他是从哲学研究转向政治经济学研

---

① 亚当·斯密：《国民财富的性质和原因的研究》上卷，商务印书馆 1996 年，第 11 页。
② 萨伊：《政治经济学概论》，商务印书馆 1995 年，第 136 页。

究的："我写的第一部著作是对黑格尔法哲学的批判性的分析，……我的研究得出这样一个结果：法的关系正像国家的形式一样，既不能从它们本身来理解，也不能从所谓人类精神的一般发展来理解，相反，它们根源于物质的生活关系，这种物质的生活关系的总和，黑格尔按照18世纪的英国人和法国人的先例，概括为'市民社会'，而对市民社会的解剖应该到政治经济学中去寻找"①，这就使得马克思创立的政治经济学体系同时留有英法德启蒙运动及其理论成果的若干印痕。正如前文所述，德国古典哲学作为德国启蒙运动的重要理论成果，高度重视"人"及其社会性实现（国家），或如康德所言，"在全部被造物之中，人所愿欲的和他能够支配的一切东西都只能被用作手段；唯有人，以及与他一起，每一个理性的创造物，才是目的本身"②，不论是康德的"绝对命令"、费希特的"绝对自我"，还是黑格尔的"绝对精神"、费尔巴哈的"人是人的最高本质"，都是紧紧围绕"人"展开的。马克思同样高度重视人，马克思主义的核心是如何经由现实的运动、实现人类解放和人的全面发展；在这一过程中，苏格兰启蒙运动关于权利义务和市场经济、法国启蒙运动关于财产权利和所有制关系、德国启蒙运动关于人的主体性的阐述，均为马克思提供了重要启发并或多或少地在马克思主义理论体系中有所反映。

这是一个艰辛的学术探索过程：1842~1843年间，马克思"作为《莱茵报》的编辑，第一次遇到要对所谓物质利益发表意见的难事"③；1843年4月，《莱茵报》被查封后，马克思回到家乡附近的克罗茨纳赫，阅读了大量关于政治、国家、市民社会、经济、所有制等方面的著述，留下了《克罗茨纳赫笔记》、完成了《黑格尔法哲学批判》，对以黑格尔法哲学为代表的德国古典哲学进行了系统的研究和较为全面的批判；1843年10月移居巴黎后，马克思开始把研究重点转向政治经济学，留下了《巴黎笔记》以及在此基础上形成的《1844年经济学哲学手稿》。该手稿首次在一个整体框架内系统阐述了马克思的政治经济学说，较为清晰地表明了马克思政治经济学与古典经

① 《马克思恩格斯文集》第2卷，人民出版社2009年，第591页。
② 康德：《实践理性批判》，商务印书馆1999年，第95页。
③ 《马克思恩格斯文集》第2卷，人民出版社2009年，第588页。

济学的关系、在整体构架中的基础性地位并较为充分地反映了英法德启蒙运动的不同特质在马克思的思想体系中的印痕。就经济学部分而言，《1844年经济学哲学手稿》更多的是对亚当·斯密《国富论》的继承和发展，在很大程度上是在斯密结束的地方展开了进一步的分析并留有德法启蒙运动的若干理论特质。

不妨对马克思的《1844年经济学哲学手稿》和斯密的《国富论》略作比较。斯密的《国富论》是紧紧围绕市场经济进行的，并高度重视劳动分工、资本积累、市场交换及其对经济发展和普遍富裕的重要作用，认为"在一个政治修明的社会里，造成普及到最下层人民的那种普遍富裕情况的，是各行各业的产量由于分工而大增"[1]。同时，斯密也注意到了劳动要素的特殊性：其一，分工在增进劳动生产力的同时，能够对劳动者本人产生影响，"人们壮年时在不同职业上表现出来的极不相同的才能，在多数场合，与其说是分工的原因，倒不如说是分工的结果"[2]。其二，尽管分工与专业化有助于提高劳动效率，但它同时会损及人们的社会性存在方式，"分工进步，依劳动为生者的大部分的职业，也就是大多数人民的职业，就局限于少数极单纯的操作，……自然要失掉努力的习惯，而变成最愚钝最无知的人。……在一切改良、文明的社会，政府如不费点力量加以防止，劳动贫民，即大多数人民，就必然会陷入这种状态"[3]。在《1844年经济学哲学手稿》中，马克思大大拓展了斯密关于分工交换的分析，特别指出"分工提高劳动的生产力，增加社会的财富，促使社会精美完善，同时却使工人陷于贫困直到变为机器"[4]。也就是说，马克思接受了斯密关于分工能够提高劳动生产力、促进资本积累的看法，但大大拓展和深化了斯密关于分工对劳动者自身所产生的消极影响的分析，认为分工在促进经济发展和资本积累的同时，也增加了劳动相对于资本的弱势以及劳动对资本的依赖性，造成了劳动异化、劳动外化以及作为其社会性实现的私有财产的积累，并由此得出了通过共产主义扬弃

---

① 亚当·斯密：《国民财富的性质和原因的研究》上卷，商务印书馆1996年，第11页。
② 亚当·斯密：《国民财富的性质和原因的研究》上卷，商务印书馆1996年，第15页。
③ 亚当·斯密：《国民财富的性质和原因的研究》下卷，商务印书馆1996年，第338～339页。
④ 《马克思恩格斯文集》第1卷，人民出版社2009年，第123页。

人类自我异化的政策主张："共产主义是对私有财产即人的自我异化的积极的扬弃，因而是通过人并且为了人而对人的本质的真正占有；因此，它是人向自身、也就是向社会的合乎人性的人的复归，这种复归是完全的复归，是自觉实现并在以往发展的全部财富的范围内实现的复归。"①

马克思正式移居英国后，展开了对政治经济学的更集中、更专门的深入研究，特别是以英国为背景、对资本主义生产方式进行了较为系统的政治经济学分析，先后留下了《伦敦笔记》《1857—1858 年经济学手稿》《1861—1863 年经济学手稿》等一系列经济学笔记和手稿，最终创作出了马克思主义政治经济学发展史上的不朽经典《资本论》。尤其是《1861—1863 年经济学手稿》，不仅是《资本论》三卷本的最主要依据，更是《剩余价值理论》（或称《资本论》第四卷）的直接来源，从中可以清晰地看到马克思从事政治经济学研究的艰辛探索和心路历程，特别是他如何从李嘉图体系的两大矛盾入手，如何通过商品二重性、劳动二重性、劳动价值论和剩余价值理论等核心概念和理论，一步一步地构建起完整的马克思政治经济学大厦。如果说，马克思的《1844 年经济学哲学手稿》更多的是从斯密的分工理论入手，重点结合市场经济条件下劳动相对于资本的弱势以及劳动的异化和外化，探讨如何通过共产主义消除劳动异化、实现"人对人的本质的真正占有"；那么，《1861—1863 年经济学手稿》则更多的是从李嘉图的价值理论入手，以市场经济和雇佣劳动关系高度发达的英国为样本，深入剖析了资本主义生产过程以及生产资料的资本主义私人占有与社会化大生产之间存在的不可克服的矛盾，揭示了资本主义运行规律并得出了社会主义必然取代资本主义的历史趋势。在这个过程中，处处体现出马克思对苏格兰启蒙运动、德法启蒙运动及其主要理论成果的继承和超越，使得马克思最终构建起了包括市场经济、所有制和分配方式在内且与马克思主义整个体系具有内在一致性的政治经济学理论框架。

概略言之，马克思政治经济学是马克思主义整个理论体系的重要组成部分。有关论点可简要概括为：（1）人的自由而全面发展，是马克思主义最根

---

① 《马克思恩格斯文集》第 1 卷，人民出版社 2009 年，第 185 页。

本的追求；（2）人的自由而全面发展，有赖于现实的物质基础（经济发展）和现实的社会运动；（3）经济发展的动力是生产力和生产关系、经济基础和上层建筑之间的矛盾运动，此为人类社会的一般发展规律；（4）生产资料的资本主义私人占有与社会化大生产之间存在着不可克服的矛盾，此为人类社会发展规律在资本主义生产方式下的特殊表现，亦为资本主义社会的基本矛盾；（5）正是这一基本矛盾，导致资本主义必然为共产主义（未来社会）取代的历史趋势；（6）共产主义（未来社会）是真正实现人的自由而全面发展的社会，它以生产力高度发达的资本主义创造的物质财富为基础，是对当时最为发达的资本主义生产方式的全面超越。对于共产主义（未来社会），经典作家曾在不同场合作出过若干设想，并特别提醒："共产主义对我们来说不是应当确立的状况，不是现实应当与之相适应的理想。我们所称为共产主义的是那种消灭现存状况的现实的运动。这个运动的条件是由现有的前提产生的"①；至于共产主义（未来社会）究竟是什么样子，则有赖于社会主义的现实运动，必然经历一个艰辛的理论创新和实践探索过程，社会主义经济制度则是这一探索过程的制度性成果。

三、社会主义经济制度：从马克思的最初设想到传统模式下的初步探索

马克思创立的马克思主义学说是一个包括哲学历史、法律政治、社会经济等诸学科在内的庞大理论体系并具有鲜明的政策指向和实践特征：一方面，马克思主义学说是对英国古典经济学、法国空想社会主义和德国古典哲学的创新发展，是对"19世纪人类三个最先进国家中的三种主要思潮"的继承和天才的完成，自然留有苏格兰启蒙运动、法国启蒙运动和德国启蒙运动的若干特质；另一方面，"全部社会生活在本质上是实践的"②，马克思主义同样具有高度的实践性，旨在经由现实的社会主义运动，实现人的自由而全面的

① 《马克思恩格斯文集》第1卷，人民出版社2009年，第539页。
② 《马克思恩格斯文集》第1卷，人民出版社2009年，第501页。

发展。社会主义革命和建设是一种以马克思主义为指引的现实运动，社会主义经济制度则是这一过程中形成的制度化成果，它必然随着社会主义现实运动的展开而有一个不断发展完善的过程，同时也必然要遵循马克思主义的基本原则并反映出其内在的理论特质。同时，正如恩格斯指出的，马克思主义"是一种历史的产物，它在不同的时代具有完全不同的形式，同时具有完全不同的内容"①，这意味着社会主义经济制度作为一种社会主义国家的现实的制度安排，必然在遵循马克思主义基本原理和一般规定性的同时，在时间和空间两个维度上有着相对独特的具体表现形式或特殊规定性：一方面，社会主义经济制度必然是马克思主义基本原理同各国具体国情相结合的产物；另一方面，社会主义经济制度不可能一蹴而就，而必然有一个不断发展完善的过程，或如邓小平指出的，"马克思能预料到在一个落后的俄国会实现十月革命吗？列宁能预料到中国会用农村包围城市夺取胜利吗？革命是这样，建设也是这样。在革命成功后，各国必须根据自己的条件建设社会主义。固定的模式是没有的，也不可能有"②。社会主义经济制度同样是马克思主义基本原理同各国具体实际相结合的产物，同样经历了一种实践探索和理论创新过程，其间既有成功的经验、更不乏惨痛的教训；"公有制为主体、多种所有制经济共同发展，按劳分配为主体、多种分配方式并存，社会主义市场经济体制等社会主义基本经济制度"就是我国在社会主义实践探索中吸取正反两方面经验所取得的重大理论创新和制度创新成果。

按照马克思主义基本原理：其一，生产力决定生产关系、经济基础决定上层建筑，生产关系一定要适合生产力状况、上层建筑一定要适合经济基础状况，生产力是最终起决定性作用的因素；其二，生产力和生产关系、经济基础与上层建筑相互作用、相互制约，它们之间的矛盾运动支配着整个社会的发展进程；其三，经济发展的目的是人，是为了更好地满足人的需要，最终实现人自由而全面的发展。正是按照这一基本原理，经典作家以生产力高度发达的英国为背景，深入剖析了资本主义生产方式，得出了共产主义必然代替资本主义的研究结论。也就是说，共产主义取代资本主义的客观必然性

① 《马克思恩格斯文集》第 9 卷，人民出版社 2009 年，第 436 页。
② 《邓小平文选》第 3 卷，人民出版社 1993 年，第 292 页。

来自资本主义生产关系阻碍了社会生产力的进一步发展，共产主义革命的目的在于更好地发展生产力、真正地实现人的发展，并且预期"共产主义革命将不是仅仅一个国家的革命，而是将在一切文明国家里，至少在英国、美国、法国、德国同时发生的革命，在这些国家的每一个国家中，共产主义革命发展得较快或较慢，要看这个国家是否有较发达的工业，较多的财富和比较大量的生产力"①。按照经典作家的理论设想，共产主义以生产力高度发达的资本主义社会为基础，且由于进一步解放了生产力，必定拥有比资本主义更高的生产力水平以及与之相适应的更高级的生产关系；与此同时，由于主要资本主义国家同时实现了共产主义革命，共产主义社会并不存在来自资本主义的外部压力。与马克思、恩格斯的最初设想不同，社会主义并不是在主要发达资本主义国家同时取得胜利的，而是最早发生在生产力相对落后的俄国，且不仅在社会主义革命胜利伊始就遭遇到了主要资本主义国家的围堵，而且在社会主义建设时期长期面临着"两大阵营"相互对抗的冷战格局，这就使得苏联在建立和完善社会主义经济制度的过程中面临诸多新问题、新挑战，必须结合马克思主义基本原理与苏联具体国情进行一系列理论创新和制度创新。苏联在社会主义建设过程中形成并对整个社会主义阵营产生广泛影响的社会主义传统模式（或称"苏联模式""斯大林模式"）就是这种理论探索和实践探索的结果，其间既有对马克思主义基本原理的创新发展，又有着诸多教条式的理解和惨痛的教训，并充分反映在传统模式下的经济制度之中。

社会主义的现实运动，总是普遍性与特殊性、必然性和偶然性的统一，不仅有着远比理论设想更多的复杂性，而且总是与特定的历史条件有关。恩格斯曾经指出，"经济运动会为自己开辟道路，但是它也必定要经受它自己所确立的并且具有相对独立性的政治运动的反作用"②，"青年们有时过分看重经济方面，这有一部分是马克思和我应当负责的。我们在反驳我们的论敌时，常常不得不强调被他们否认的主要原则，并且不是始终都有时间、地点和机会来给其他参与相互作用的因素以应有的重视。但是，只要问题一关系

---

① 《马克思恩格斯文集》第 1 卷，人民出版社 2009 年，第 687 页。
② 《马克思恩格斯文集》第 10 卷，人民出版社 2009 年，第 597 页。

到描述某个历史时期，即关系到实际的应用，那情况就不同了"①，马克思、恩格斯在一系列经典著述中重在探讨人类社会发展规律、资本主义运行特殊规律及其历史趋势，尤其是在生产力与生产关系、经济基础和上层建筑的矛盾运动中高度重视前者的决定性作用，但在现实的社会主义运动中，一定历史条件下的偶然性会为必然性开辟道路，生产关系和上层建筑的反作用有可能在特定条件下决定运动的性质和方向。在生产力和生产关系、经济基础和上层建筑的矛盾运动中，如果说马克思、恩格斯重点通过阐述有关决定性作用和反作用的基本原理，揭示了人类社会发展的一般规律和资本主义运行的特殊规律及其历史趋势；那么，现实的社会主义运动则必须结合马克思主义基本原理和各国具体国情，在具体的社会主义实践中通过理论创新和制度创新，探索有关决定性作用和反作用在不同历史条件下的表现形式和作用程度。正是在这个意义上，列宁在领导俄国社会主义革命时，结合俄国国情对马克思主义进行了重大的理论创新和实践创新，不仅进一步发展了马克思主义政党理论、国家理论，而且依据资本主义经济政治发展的不平衡规律，得出了"社会主义可能首先在少数甚至在单独一个资本主义国家内获得胜利"② 的结论，进而提出了在资本主义发展的薄弱环节通过社会主义革命取得政权，利用政权的力量推进经济发展、利用生产关系和上层建筑的反作用力提升生产力水平的社会主义实现路径，并成功地建立了人类历史上第一个社会主义国家，实现了科学社会主义从理论到实践的历史性飞跃。

苏联在建立和建设社会主义的过程中，逐渐形成了社会主义的传统模式，在经济制度方面突出表现为生产资料所有制的单一公有制、高度集中的计划经济体制和高度集权的行政管理体制的"三位一体"，这在某种程度上反映了苏联在社会主义的实践探索中，对马克思主义基本原理以及经典作家关于未来社会的理论设想，既有立足于特殊国情和特定历史条件下的创新性发展，又有着不少教条式理解。按照马克思、恩格斯的最初设想，共产主义（未来社会）以生产力高度发达的资本主义创造的物质财富为基础，是实现了质的飞跃的资本主义的"升级版"，且由于主要国家同时实现了共产主义，故未

---

① 《马克思恩格斯文集》第 10 卷，人民出版社 2009 年，第 593 页。
② 《列宁专题文集·论社会主义》，人民出版社 2009 年，第 4 页。

来社会并不存在来自资本主义社会的强大外在压力；然而，苏联是在生产力相对落后的特殊国情下进行社会主义革命和建设的，且自始至终面临着生产力更为发达的资本主义国家的外部压力甚至演变为两大阵营的对抗，在很大程度上属于资本主义的"竞争版"或"替代版"。国内国际的特殊条件以及对马克思主义基本原理的教条式理解，使得苏联在社会主义革命和建设时期形成的传统模式与相应的经济制度，存在严重的不足：第一，面对资本主义世界的外部压力，苏联在社会主义革命和建设时期，经常有意或无意地把资本主义与社会主义进行对比，并把人类社会发展规律中某些一般性的、二者可以共同拥有的东西，因其存在于资本主义社会而视之为社会主义的对立面，如列宁（1906）曾指出，"只要还存在着市场经济，只要还保持着货币权力和资本力量，世界上任何法律都无法消灭不平等和剥削。只有建立起大规模的社会化的计划经济，一切土地、工厂、工具都转归工人阶级所有，才可能消灭一切剥削"[①]，这就把计划经济体制不适宜地提升到了决定社会性质的程度。此后，随着社会主义传统模式的形成、社会主义与资本主义两大阵营的对抗，人们甚至普遍把市场经济等同于资本主义、把计划经济等同于社会主义。第二，对马克思主义基本原理存在教条式理解，一方面，认为"社会主义和共产主义是同一个共产主义社会经济形态的两个阶段。社会主义是共产主义形态的低级阶段，共产主义则是这个形态的更成熟的高级阶段"[②]，这就为社会主义实践探索中混淆社会主义和共产主义的区别、高估社会主义阶段的生产力水平以及与之相适应的生产关系埋下了伏笔，使得传统模式下的经济制度和经济政策几乎自始至终存在着某种左的冒进倾向；另一方面，长期否认社会主义社会存在生产力和生产关系的基本矛盾，认为"苏联的社会主义国民经济是生产关系完全适合生产力性质的例子，这里的生产资料的公有制同生产过程的社会性完全适合，因此在苏联没有经济危机，也没有生产力破坏的情形"[③]，这就从理论上排除了通过制度变革推动经济发展的可能，导致传统模式下的经济制度和体制机制存在明显的僵化特征。第三，社会主义

[①] 《列宁全集》第 13 卷，人民出版社 1987 年，第 124 页。

[②] 苏联科学院经济研究所：《政治经济学教科书》，人民出版社 1955 年，第 403 页。

[③] 《斯大林选集》下卷，人民出版社 1979 年，第 445 页。

传统模式在经济制度方面的最严重缺陷，是片面地、孤立地、僵化地看待生产资料所有制形式。按照马克思主义基本原理，生产力决定生产关系，生产关系一定要适应生产力水平，二者之间的矛盾运动推动了人类社会发展。生产资料所有制无疑是生产关系中最重要、最具决定性作用的组成部分，但它毕竟属于生产关系范畴；尽管它对生产力具有反作用力，但不能完全脱离生产力水平孤立地发挥作用。苏联在社会主义建设时期形成的经济制度，不仅把生产资料所有制作为社会主义性质的决定性因素甚至唯一因素，而且试图通过单纯的所有制变革实现向共产主义的过渡，显然是对马克思主义基本原理的教条式理解。

我国的社会主义革命和建设，较多地借鉴了苏联的经验，但几乎始终对苏联模式中的教条主义有所察觉，并在马克思主义基本原理同我国具体实际的结合中，大大推进了马克思主义的创新发展：其一，认为马克思关于生产力和生产关系、经济基础和上层建筑之间的矛盾运动规律，同样适用于社会主义社会："在社会主义社会中，基本的矛盾仍然是生产关系和生产力之间的矛盾，上层建筑和经济基础之间的矛盾"[1]，并主要表现为生产关系的适应但又不完善，即"社会主义生产关系已经建立起来，它是和生产力的发展相适应的；但是，它又还很不完善，这些不完善的方面和生产力的发展又是相矛盾的"[2]，这就为我国社会主义建设时期的适应性调整和改革开放以后的制度变迁提供了理论空间；（2）结合我国国情，提出了社会主要矛盾及其运动规律、社会矛盾的主要方面和次要方面的相互转化等一系列理论创新，指出"在复杂的事物的发展过程中，有许多的矛盾存在，其中必有一种是主要的矛盾，由于它的存在和发展规定或影响着其他矛盾的存在和发展"[3]，同时，"一切矛盾着的东西，互相联系着，不但在一定条件之下共处于一个统一体中，而且在一定条件之下互相转化"[4]，这就为我国依据社会主要矛盾的转化推进制度变革提供了理论依据。尽管如此，由于在现实的社会主义建设事业

---

① 《毛泽东文集》第 7 卷，人民出版社 1999 年，第 214 页。
② 《毛泽东文集》第 7 卷，人民出版社 1999 年，第 215 页。
③ 《毛泽东选集》第 1 卷，人民出版社 1991 年，第 320 页。
④ 《毛泽东选集》第 1 卷，人民出版社 1991 年，第 330 页。

中，不同部门、不同地区、不同阶段的生产力水平存在巨大差异，包括经济制度在内的各种生产关系亦表现在方方面面，故生产关系对生产力、上层建筑对经济基础的适应程度以及反作用的大小，只能在社会主义实践探索中逐渐摸索。大致而言，我国在生产资料所有制和计划经济体制方面，并没有苏联时期那么僵化，不同时期曾有多次调整，经济发展表现出了一定韧性和弹性，但我们对社会主义建设规律的认识乃至经济制度的整体框架仍然主要借鉴了苏联经验，故仍然在某种程度上高估了生产关系对生产力、上层建筑对经济基础的反作用，一度把按劳分配作为资产阶级法权思想进行批判，甚至一度强调文化等思想上层建筑的决定性作用，一度带来了较为惨痛的经验教训。改革开放以来，我们通过解放思想、实事求是，结合正反两方面的经验教训，坚持马克思主义基本原理同我国具体实际相结合，更为准确地认识到了我国生产力实际发展水平，创造性地提出了社会主义初级阶段理论，开辟了中国特色社会主义道路，推进了中国特色社会主义制度的不断发展完善，特别是社会主义基本经济制度经历了一个从形成到不断发展完善的过程。

四、改革开放与社会主义基本经济制度的形成、发展和完善

"改革开放是我们党的历史上一次伟大觉醒，正是这个伟大觉醒孕育了新时期从理论到实践的伟大创造"①。1978 年 12 月召开的党的十一届三中全会作出了实行改革开放的历史性决策，成功开辟了中国特色社会主义道路，不仅创造了经济快速发展和社会长期稳定的双重奇迹，而且极大地推进了马克思主义的创新发展、推动了中国特色社会主义制度的发展完善。按照马克思主义基本原理，"物质生产力是全部社会生活的物质前提，同生产力发展一定阶段相适应的生产关系的总和构成社会经济基础。生产力是推动社会进

① 习近平：《论坚持全面深化改革》，中央文献出版社 2018 年，第 1 页。

步的最活跃、最革命的要素，生产力发展是衡量社会发展的带有根本性的标准"①。改革开放以来的首要问题，是如何准确把握我国生产力发展水平和经济发展阶段："正确认识我国社会现在所处的历史阶段，是建设有中国特色的社会主义的首要问题，是我们制定和执行正确的路线和政策的根本依据"②；改革开放的核心内容，是按照生产关系一定要适应生产力水平的马克思主义基本原理，结合我国社会生产力发展水平和经济发展阶段，对包括经济制度在内的社会主义生产关系做出适应性调整，"根据我国生产力发展的要求，在每一个阶段上创造出与之相适应和便于继续前进的生产关系的具体形式"③。

正是基于马克思主义基本原理和我国具体实际，改革开放以来我们取得了一系列理论创新成果，大大推进了马克思主义的创新发展，例如：第一，对我国生产力实际发展水平有了更为准确的认识，创造性地提出了社会主义初级阶段理论，认为我国正处于并长期处于社会主义初级阶段，进而为我国经济发展和制度变迁提供了总的理论依据；第二，结合社会主义初级阶段的生产力和生产关系的矛盾运动，对社会主义的性质和任务有了更为准确的把握，明确提出了"社会主义的本质，是解放生产力，发展生产力，消灭剥削，消除两极分化，最终达到共同富裕"④；第三，依据生产力和生产关系、经济基础和上层建筑的矛盾运动，创造性地提出了"改革也是解放生产力"的理论论断，认为"社会主义基本制度确立以后，还要从根本上改变束缚生产力发展的经济体制，建立起充满生机和活力的社会主义经济体制，促进生产力的发展，这是改革，所以改革也是解放生产力"⑤。改革是社会主义的自我完善，是为了适应生产力实际发展水平而对生产关系的适应性调整，是推动经济发展的重要动力机制。这是对马克思主义基本原理的重大发展，不仅为中国特色社会主义制度的发展完善提供了重要的理论依据，而且大大深化

---

① 习近平：《坚持历史唯物主义 不断开辟当代中国马克思主义发展新境界》，《求是》2020 年第 2 期，第 7~8 页。
② 中共中央文献研究室：《改革开放三十年重要文献选编》，中央文献出版社 2008 年，第 474 页。
③ 中共中央文献研究室：《改革开放三十年重要文献选编》，中央文献出版社 2008 年，第 213 页。
④ 《邓小平文选》第 3 卷，人民出版社 1993 年，第 373 页。
⑤ 《邓小平文选》第 3 卷，人民出版社 1993 年，第 370 页。

了我们对社会主义经济制度的认识：其一，在各种生产关系及其构成的经济基础中，经济制度起着决定性的基础性作用，它既包括具有根本性、全局性、长期性和稳定性的基本经济制度，又包括不同层次、不同领域的具体经济制度以及在经济发展进程中不断发展完善的各类经济体制机制；其二，在生产力和生产关系、经济基础和上层建筑的矛盾运动中，在改革开放、经济发展和制度变迁的动态调整中，社会主义经济制度中若干经过实践检验并关乎全局和根本的具体制度和体制机制，会逐渐上升为更具长期性、稳定性的基本制度，进而推动中国特色社会主义制度更加完善更加定型。这是一个长期的、动态的适应性调整过程，是生产力决定性作用和生产关系反作用在中国特色社会主义实践探索中的具体表现和基本实现。

具体而言，始于 1978 年 5 月的"实践是检验真理的唯一标准"大讨论，为改革开放作了思想上和理论上的准备；同年 12 月党的十一届三中全会作出了把党的工作重心转移到经济建设上来、实行改革开放的历史性决策，正式开启了我国改革开放的历史帷幕；1982 年党的十二大明确提出了"建设有中国特色的社会主义"的重大命题，标志着改革开放和中国特色社会主义建设事业的全面展开。1987 年党的十三大结合以往正反两方面的经验，正式提出并系统阐述了社会主义初级阶段理论、明确概括了党在社会主义初级阶段的基本路线，并强调指出"我们必须从这个实际出发，而不能超越这个阶段。在近代中国的具体历史条件下，不承认中国人民可以不经过资本主义充分发展阶段而走上社会主义道路，是革命发展问题上的机械论，是右倾错误的重要认识根源；以为不经过生产力的巨大发展就可以越过社会主义初级阶段，是革命发展问题上的空想论，是'左'倾错误的重要认识根源"[1]；党的十四大提出了建立和完善社会主义市场经济体制的改革目标。以此为基础，党的十五大系统阐述了建设中国特色社会主义经济的基本内容，即"坚持和完善社会主义公有制为主体、多种所有制经济共同发展的基本经济制度；坚持和完善社会主义市场经济体制，使市场在国家宏观调控下对资源配置起基础性作用；坚持和完善按劳分配为主体的多种分配方式"等等[2]，首次把"公有

---

① 中共中央文献研究室：《改革开放三十年重要文献选编》，中央文献出版社 2008 年，第 474 页。
② 中共中央文献研究室：《改革开放三十年重要文献选编》，中央文献出版社 2008 年，第 899 页。

制为主体、多种所有制经济共同发展"由一种具体经济制度上升为"一项基本经济制度"。也就是说,党的十五大正式提出的基本经济制度,是改革开放以来我们坚持马克思主义基本原理同我国具体实际相结合的产物,是依据我国社会生产力水平对生产关系的适应性调整,同时也是在"社会主义初级阶段""社会主义市场经济"等一系列重大理论创新和实践创新基础上所取得的制度创新成果。

党的十八大以来,"经过长期努力,中国特色社会主义进入了新时代,这是我国发展新的历史方位"①,同时也是发展和完善社会主义基本经济制度的新的历史方位,其基本依据是在社会主义实践探索中所实现的经济快速发展奇迹和社会长期稳定奇迹,极大地提高了我国社会生产力水平并引起了我国社会主要矛盾发生了转化,即由"人民日益增长的物质文化需要同落后的社会生产之间的矛盾"转化为"人民日益增长的美好生活需要和不平衡不充分的发展之间的矛盾"。我国社会主要矛盾的转化,对新时代发展和完善中国特色社会主义制度提出了新的要求,同时也为包括基本经济制度在内的中国特色社会主义制度的发展完善开辟了新的空间。具体而言,新时代仍然属于社会主义初级阶段,但社会主要矛盾发生了转变,我国面临的突出问题,已经主要不是社会生产力相对落后的总量性问题,而是经济发展的不平衡不充分的结构性问题,已经不是相对简单的物质文化需要问题,而是随着社会经济发展不断动态演进的多层次、多样性、个性化的美好生活需要问题,这意味着新时代的主要任务是"要在继续推动发展的基础上,着力解决好发展不平衡不充分问题,大力提升发展质量和效益,更好满足人民在经济、政治、文化、社会、生态等方面日益增长的需要,更好推动人的全面发展、社会全面进步"②,亦意味着新时代的改革必定是更为全面的改革。正如习近平强调指出的:"改革开放是一个系统工程,必须坚持全面改革,在各项改革协同配合中推进。改革开放是一场深刻而全面的社会变革,既包括经济体制又包

---

① 习近平:《决胜全面建成小康社会 夺取新时代中国特色社会主义伟大胜利》,人民出版社2017年,第10页。

② 习近平:《决胜全面建成小康社会 夺取新时代中国特色社会主义伟大胜利》,人民出版社2017年,第11~12页。

括政治体制、文化体制、社会体制、生态体制，既涉及生产力又涉及生产关系，既涉及经济基础又涉及上层建筑，每一项改革都会对其他改革产生重要影响，每一项改革又都需要其他改革协同配合"①，新时代最大的特征是通过全面深化改革进一步完善和发展中国特色社会主义制度、推进国家治理现代化。

正是基于这一新的历史方位，党的十八大以来我们更加重视改革的系统性、整体性和协同性，更加强调制度建设的重要性和主动性。党的十八届三中全会作出了《中共中央关于全面深化改革若干重大问题的决定》，明确提出了"全面深化改革的总目标是完善和发展中国特色社会主义制度，推进国家治理体系和治理能力现代化"②，并要求到2020年"形成系统完备、科学规范、运行有效的制度体系，使各方面制度更加成熟更加定型"③；党的十九届四中全会作出了《中共中央关于坚持和完善中国特色社会主义制度 推进国家治理体系和治理能力现代化若干重大问题的决定》，对社会主义基本经济制度作出了新概括，明确提出"公有制为主体、多种所有制经济共同发展，按劳分配为主体、多种分配方式并存，社会主义市场经济体制等社会主义基本经济制度，既体现了社会主义制度优越性，又同我国社会主义初级阶段社会生产力发展水平相适应，是党和人民的伟大创造"④。

五、结　语

"一个国家选择什么样的国家制度和国家治理体系，是由这个国家的历史文化、社会性质、经济发展水平决定的。中国特色社会主义制度和国家治理体系不是从天上掉下来的，而是在中国的社会土壤中生长起来的，是经过

---

① 习近平：《深化改革开放是坚持和发展中国特色社会主义的必由之路》（2012年12月31日），《论坚持全面深化改革》，中央文献出版社2018年，第7~8页。

② 《中共中央关于全面深化改革若干重大问题的决定》（2013年11月12日），人民出版社2013年，第3页。

③ 《中共中央关于全面深化改革若干重大问题的决定》（2013年11月12日），人民出版社2013年，第7页。

④ 《中共中央关于坚持和完善中国特色社会主义制度、推进国家治理体系和治理能力现代化若干重大问题的决定》，人民出版社2019年，第18页。

革命、建设、改革长期实践形成的，是马克思主义基本原理同中国具体实际相结合的产物，是理论创新、实践创新、制度创新相统一的成果，凝结着党和人民的智慧，具有深刻的历史逻辑、理论逻辑、实践逻辑"①。社会主义基本经济制度是马克思主义基本原理同我国具体实际相结合的产物，是我国在中国特色社会主义实践探索中、在汲取社会主义早期探索时期正反两方面经验的基础上实现的重大理论创新和制度创新。马克思主义旨在通过经济发展实现人的发展，其决定性因素是生产力和生产关系、经济基础和上层建筑之间的矛盾运动；社会主义经济制度既涉及生产力又涉及生产关系、既涉及经济基础又涉及上层建筑，它既不是孤立的、又不是僵化的，我们不能孤立地看待所有制形式等个别因素的单独作用，而必须把它视为一种既适应于一定生产力水平又受上层建筑保护、既包括各层次各领域具体经济制度又包括全局性根本性基本制度的有机统一体。

正如习近平强调指出的，"今天，时代变化和我国发展的广度和深度远远超出了马克思主义经典作家当时的想象"②。马克思对资本主义生产方式的考察主要以自由竞争时期的英国为背景，并拟订了一个庞大的研究计划："我考察资产阶级经济制度是按照以下的顺序：资本、土地所有制、雇佣劳动；国家、对外贸易、世界市场"③；中国特色社会主义与自由竞争的资本主义存在质的不同，以人民为中心的发展理念、确保人民当家作主的人民代表大会制度、代表全体人民共同利益的党的全面领导制度、基本政治制度、基本经济制度等共同保证了我国发展的社会主义性质，而不仅仅是社会主义传统模式下认为的生产资料所有制的单独作用。我们要坚持马克思主义的立场、观点和方法，坚持马克思主义基本原理同我国具体实际相结合，而不是教条式地固守马克思针对自由竞争时代资本主义生产方式的具体论断以及关于未来社会的初步设想，尤其是不能够孤立地看待包括生产资料所有制在内的某种制度的单独的作用，而必须把包括社会主义基本经济制度在内的中国特色

---

① 习近平：《坚持和完善中国特色社会主义制度 推进国家治理体系和治理能力现代化》，《求是》2020年第1期，第5页。
② 习近平：《在庆祝中国共产党成立95周年大会上的讲话》，人民出版社2016年，第9页。
③ 《马克思恩格斯文集》第2卷，人民出版社2009年，第588页。

社会主义制度视为一个涉及多层次、多领域的制度体系。其中，经过实践检验并关乎全局和根本的"公有制为主体、多种所有制经济共同发展，按劳分配为主体、多种分配方式并存，社会主义市场经济体制等"社会主义基本经济制度具有长期性和稳定性，而各方面各领域的具体制度和体制机制则必须结合我国发展每一阶段的新情况、新特点不断发展完善，并在这一过程中"推动中国特色社会主义制度更加成熟更加定型，为党和国家事业发展、为人民幸福安康、为社会和谐稳定、为国家长治久安提供一整套更完备、更稳定、更管用的制度体系"①。

（作者胡怀国，原题目为《理解社会主义基本经济制度：一种思想史的视角》，发表于《改革与战略》2020 年第 8 期，第 1~15 页。）

---

① 习近平：《不断提高运用中国特色社会主义制度有效治理国家的能力》，《习近平谈治国理政》，外文出版社 2014 年，第 105 页。

第八章
我国土地制度变革的理论逻辑

[摘要] 2021 年是中国共产党成立 100 周年，也是我国开启全面建设社会主义现代化国家新征程、向第二个百年奋斗目标进军的开局之年。从 1921 年中国共产党成立时的落后农业国国情，到 2021 年成功地站在全面建设社会主义现代化国家的新的历史起点上，我们走出了一条适合我国国情的现代化道路，本章试图立足我国革命、建设和改革的百年探索历程，探讨我国现代化进程中土地制度百年变革的理论逻辑。

[关键词] 土地制度 新时代 社会主义现代化

2021 年是中国共产党成立 100 周年，也是我国开启全面建设社会主义现代化国家新征程、向第二个百年奋斗目标进军的开局之年。从 1921 年中国共产党成立时的落后农业国国情，到改革开放以来迅速成长为世界第二大经济体和第一大工业国，乃至 2021 年成功地站在全面建设社会主义现代化国家的新的历史起点上，我们党团结带领全国各族人民不懈奋斗，走出了一条适合我国国情的现代化道路。在这个过程中，一条重要的经验是坚持把马克思主义基本原理同我国具体实际相结合，不断推进实践创新、理论创新和制度创新，而土地制度则是其中不可或缺的一个重要方面。本章试图立足我国革命、建设和改革的百年探索历程，探讨我国现代化进程中土地制度百年变革的理论逻辑。当然，鉴于土地要素的特殊性、土地问题的复杂性、制度变革的曲折性并限于论文篇幅，本章主要以农村土地制度为例，重在揭示有关制度变革的理论逻辑，而不拟详述其具体细节。

一、现代化进程中的土地制度变革：
理论基础与国际经验

人类社会曾长期处于传统农业社会，现代化进程往往意味着从传统农业社会向现代工业社会的转型及其引发的生产生活方式变迁和现代经济部门的成长。概略言之，传统农业社会的核心特征是，整个社会围绕数量相对有限、位置相对固定的土地资源，形成某种相对稳定的社会结构和政治秩序，其结果是：一方面，整个社会表现出某种等级化特征和人身依附性，人们往往难以完全凭借自身努力改变自身境遇；另一方面，人们的生产更多的是为了满足自身消费，人与人之间的交往频次相对较低，整个社会表现出某种自足性、封闭性，或按照马克思的说法，"他们的生活条件相同，但是彼此间并没有发生多种多样的关系。他们的生产方式不是使他们互相交往，而是使他们互相隔离"①。与之不同，现代社会是一种高度开放的社会形态，每个人在相对独立平等的基础上普遍地参与一种高频次的市场交易和社会交往，人们可以更多地凭借自己的努力来改善自身境遇，从而有助于激发人们的积极性，进而提高经济效率、增强社会活力。从传统社会转型为现代社会，往往意味着生产要素向现代经济部门的流动和一系列相应的制度变迁，特别是作为传统社会核心要素的土地制度。然而，土地是一种非常特殊的生产要素，它在人们的生产、生活乃至基本生存中发挥着多重功能，并且是一种随着人们的生产生活方式变迁而不断动态演变的多重功能。对于土地要素的这种特殊性及其经济学含义，马歇尔（1890）曾总结道："使用地球上的一定面积，是人所能做的任何事情之初步条件；这种使用使他有了他自己活动的场所，享受自然给与这个场所的热和光、空气和雨水，并决定了他与其他东西和其他人的距离，而在很大程度上决定了他与其他东西和其他人的关系。我们将会知道，土地的这一特性，虽还没有受到十分重视，但它却是所有经济学的作家

---

① 《马克思恩格斯文集》第2卷，人民出版社2009年，第566页。

对于土地与其他东西不得不加以区别的最后原因。这个特性是经济学中许多最有兴趣和最为困难的问题之基础。"①

土地要素的这种特殊性，某种程度上决定了从传统社会向现代社会转型的土地制度变迁的多样性，而这种多样性又在一定程度上决定了不同国家的现代化路径。在人类社会的发展历史上，18 世纪中叶发轫于英国的工业革命，不仅率先开启了人类社会从传统社会向现代社会转型的进程，而且经历了较为漫长的渐进式的制度变迁（尤其是土地关系和土地制度的渐进演变），使得人们能够对现代化转型和工业化进程中的土地要素及其制度变迁作出较为充分的观察和更为从容的思考，特别是伴随着英国工业革命进程而不断发展的英国古典经济学，对土地要素与土地制度有着相对最为全面的观察和最为深入的思考。例如，早在古典经济学奠基之作《国富论》（1776）中，斯密就留意到了土地作为一种生产要素与劳动和资本等生产要素存在的根本不同："作为使用土地的代价的地租，当然是一种垄断价格。它完全不和地主改良土地所支出的费用或地主所能收取的数额成比例，而和租地人所能缴纳的数额成比例。……工资和利润的高低，是价格高低的原因，而地租的高低，却是价格高低的结果。"② 而在古典经济学接近尾声之际的《政治经济学原理》（1848）中，约翰·穆勒进一步观察到，"一个人靠自己的劳动获得的动产不论多少，都不妨碍别人用同样的办法来获得类似的东西；土地则不然，任何人拥有土地，就能使别人不再能享用它"③。也就是说，与劳动、资本等生产要素相比，土地的位置、质量和数量相对固定，土地的功能和价值在很大程度上取决于人们利用土地的方式，而作为土地要素收益的地租并不完全与人们的努力程度成比例，而是更多地取决于整个社会的经济发展和生产生活方式的变迁。

土地要素不同于劳动和资本的这些特征，赋予了适应于现代社会秩序的土地制度的复杂性。一方面，现代社会要求促进要素流动、提高配置效率，并使得要素收益更多地与人们的努力程度成比例，这意味着每个人应拥有相

① 马歇尔：《经济学原理》上卷，商务印书馆 1997 年，第 163～164 页。
② 亚当·斯密：《国民财富的性质和原因的研究》上卷，商务印书馆 1996 年，第 138 页。
③ 约翰·穆勒：《政治经济学原理》上卷，商务印书馆 1991 年，第 262 页。

对平等的土地权利并更为明晰地界定有关权利的边界;另一方面,土地要素的特殊性及其收益不完全与人们努力程度成比例的内在属性,使得土地财产权利的界定又不同于其他要素,而必须更多地服从于人们对土地的利用方式,而后者又必定会随着经济社会发展和时代变迁而不断变化。如约翰·穆勒在《政治经济学原理》(1848)中曾指出,"以经济观点为土地所有权辩护的理由,看来只在土地所有者就是土地改良者时,才是站得住的。一般说来,在任何国家内,只要土地所有者不再是土地改良者,政治经济学对所确立的土地所有制就无从辩护了。没有一种合理的私有制学说曾经认为土地所有者应该仅仅是坐食者"①。正是土地要素的这种特殊性,古典经济学家对土地要素的不同组成部分进行了审慎的甄别,如李嘉图在《政治经济学及赋税原理》(1817)中把地租限定为同劳动和资本无关的"土地的原有和不可摧毁的生产力"部分(显著区别于现实中的地租),并在此基础上发展出了系统的地租理论。值得顺便一提的是,马克思及其创立的政治经济学体系,在很大程度上是对英国古典经济学的批判继承和创新发展:它们都以英国工业革命为背景,均旨在阐明一种适应于现代社会秩序的制度性框架和内在机理,不同之处在于古典经济学重点探讨的是经济发展本身并关注到了土地要素的特殊性,而马克思及其创立的政治经济学则在此基础上进一步探讨了如何通过经济发展实现人的发展,并特别关注到了劳动要素的特殊性,进而围绕这种特殊性构建起了马克思主义政治经济学体系。

正如穆勒指出的,"所有制的根本原则是保证一切人能拥有靠他们的劳动生产的和靠他们的节欲积蓄的物品。这个原则不能适用于并非劳动产品的东西,如土地出产的原料。如果土地的生产力完全得自自然,而不是得自劳动,或如果有办法将从各种来源取得的生产力区别开,则听凭个人独占自然的赐予,不但是不必要的,而且是极不公正的"②。传统农业社会的土地制度不仅是不公正的,而且无法满足现代社会在生产生活的开放性、市场交易的普遍性和高频性等方面的要求。事实上,任何国家在从传统社会转型为现代社会的过程中,几乎都会发生土地财产权利关系的重构和制度性变迁,进而

---

① 约翰·穆勒:《政治经济学原理》上卷,商务印书馆1991年,第258页。
② 约翰·穆勒:《政治经济学原理》上卷,商务印书馆1991年,第256页。

形成有利于优化资源配置、更好利用土地资源的制度性框架。不过，由于土地要素的特殊性，特别是土地的价值更多地取决于人们对土地的利用方式、土地的不同功能在经济社会发展的不同阶段具有不同的重要性、土地的收益更多地取决于整个经济社会发展而不仅仅是个人努力等，这就使得包括土地财产权利在内的土地制度天生具有某种复杂性并必定随着经济社会发展与土地利用方式的变迁而拥有越来越丰富的内容。正是由于土地制度在现代化进程中的重要性和复杂性，穆勒（1848）指出，"改进土地使用权和所有权的法律，要比任何其他方面的改进对劳动生产力的影响都更直接。取消限定继承权、降低财产转让费以及其他一些措施会促进土地的自由买卖，使土地从不事稼穑的人那里转移到生产能人手中。用自愿的长期租佃制和人们可以容忍的租佃制度来代替糟糕透顶的爱尔兰小农制度，特别是，使耕作者对土地享有长久利益，所有这些都是同纺纱机或蒸汽机等发明一样真实的生产改良，有些甚至是同样伟大的生产改良"①。当然，不同国家在自然条件、国际环境、历史传统和发展阶段等方面的差异，往往意味着土地制度变革和现代化路径存在很大的差别，但至少就世界上主要经济体而言，通过土地制度变革促进要素流动、通过工业化启动现代经济部门的成长，却大致是一条共同的基本经验。

二、新民主主义革命时期的土地改革（1921～1949年）

正如党的十九大报告指出的，"中华民族有五千多年的文明历史，创造了灿烂的中华文明，为人类作出了卓越贡献，成为世界上伟大的民族。鸦片战争后，中国陷入内忧外患的黑暗境地，中国人民经历了战乱频仍、山河破碎、民不聊生的深重苦难。为了民族复兴，无数仁人志士不屈不挠、前仆后继，进行了可歌可泣的斗争，进行了各式各样的尝试，但终究未能改变旧中国的社会性质和中国人民的悲惨命运"② 1840年以来，我国传统社会秩序在

---

① 约翰·穆勒：《政治经济学原理》上卷，商务印书馆1991年，第212页。
② 习近平：《决胜全面建成小康社会 夺取新时代中国特色社会主义伟大胜利》，人民出版社2017年，第13页。

西方社会的冲击和压力之下日益难以为继，某种程度上被动地启动了包括工业化在内的从传统社会向现代社会的转型。至少就工业化而言，如果从 19 世纪 60 年代的洋务运动算起，这种转型在时间上并不算特别晚：除了率先完成工业革命的英国，包括德、法、美、俄、日等在内的大部分国家也大致是在 19 世纪 60 ~ 70 年代才正式开启大规模的工业化进程的。然而，由于晚清政府没有也不可能进行大规模的土地制度变革，整个工业化进程缺乏坚实的政治前提和微观基础、无法形成有效的要素流动机制和人们的普遍参与，故不仅不可能真正实现从传统社会向现代社会的转型，而且近百年工业化进程的成果异常惨淡：即便到新中国成立前夕，"中国还有大约百分之九十左右的分散的个体的农业经济和手工业经济，这是落后的，这是和古代没有多大区别的，我们还有百分之九十左右的经济生活停留在古代"①。

　　与世界上其他主要经济体相比，近代以来的我国国情具有特殊的复杂性：其一，我国拥有数千年的小农经济传统，传统的生产生活方式根深蒂固，存在很大的惯性和改革阻力，仅仅依靠少数大城市的现代经济部门的成长不足以带动整个国家的现代化转型；其二，我国是一个幅员辽阔、人口众多、人均资源相对贫乏的东方大国，不仅不同地区之间存在着巨大的差异和发展的不平衡性，而且很难直接借鉴西方国家在现代化转型中形成的有关理论（它们本质上属于"小国模型"）；其三，鸦片战争以来，我国被动地打开国门，现代经济部门的发育面临着强大的国外竞争压力；其四，没有任何国家能够在山河破碎的情况下开启工业化进程、实现现代化转型，近代以来我国内忧外患、战乱频仍，我国发展缺乏基本的政治前提和稳定的社会基础。正是由于我国国情的复杂性，近代以来，尽管社会各界日益认识到工业化和土地制度变革的重要性，但始终无法找到真正有效的实现路径。不仅如此，就理论经济学而言，19 世纪 70 年代边际革命以后，土地问题基本淡出了西方经济学的视野；马克思主义政治经济学相对关注土地问题，但马克思在创立政治经济学时主要以英国等工业化国家为研究背景，其主要关注点同我国面临的时代课题存在很大差别。如何在落后农业国的基础上开启现代化进程、实现

---

① 《毛泽东选集》第 4 卷，人民出版社 1991 年，第 1430 页。

中华民族的伟大复兴，有赖于我们结合马克思主义基本原理与我国具体实际，在艰难的实践探索中不断推进理论创新和制度创新。事实上，正是在马克思主义基本原理同中国革命具体实际相结合的过程中，我们党创立了新民主主义理论并完成了新民主主义革命，实现了民族独立、人民解放和国家统一，为当代中国一切发展进步奠定了根本的政治前提，而彻底的土地改革则是新民主主义革命的一项重要内容，同时也是新民主主义革命取得成功的重要原因。

具体而言，马克思主要通过对以英国为代表的资本主义生产方式的深入分析，创立了马克思主义政治经济学说，揭示人类社会发展的一般规律、资本主义运行的特殊规律以及资本主义必将为共产主义（未来社会）所代替的历史必然性，它所针对的主要是以工人而非农民为主体的工业化国家。不过，经典作家在谈及传统农业部门仍占据主要地位的德、法、俄等欧洲大陆国家时，也特别提到了工人运动与农民革命之间的关系以及工农联盟的重要性。例如，在《路易·波拿巴的雾月十八日》中，马克思针对法国的情况，阐述了小农的特点以及无产阶级领导的必要性，指出"各个小农彼此间只存在地域的联系，他们利益的同一性并不使他们彼此间形成共同关系，形成全国性的联系，形成政治组织，……他们不能代表自己，一定要别人来代表他们"[1]；而在《德国农民战争》中，恩格斯更是结合德国国情进一步指出了无产阶级领导的重要性："凡是中等地产和大地产占统治地位的地方，农业短工是农村中人数最多的阶级。……唤起这个阶级并吸引它参加运动，是德国工人运动首要的最迫切的任务。"[2] 列宁结合俄国国情对马克思主义进行了创新性发展，成功建立了世界上第一个社会主义国家，实现了科学社会主义从理论到实践的历史性飞跃，他深刻认识并特别提醒道："东方大多数民族的处境比欧洲最落后的国家俄国还要坏。我们已经在反对封建主义残余和反对资本主义的斗争中把俄国农民和工人联合起来了，我们的斗争所以进行得很顺利，正是因为工人和农民是联合起来反对资本和封建主义的。……你们面临着全世界共产党人所没有遇到过的一个任务，就是你们必须以共产主义的

---

① 《马克思恩格斯文集》第 2 卷，人民出版社 2009 年，第 567 页。
② 《马克思恩格斯文集》第 2 卷，人民出版社 2009 年，第 211 页。

一般理论和实践为依据，适应欧洲各国所没有的特殊条件，善于把这种理论和实践运用于主要群众是农民、需要解决的斗争任务不是反对资本而是反对中世纪残余这样的条件。这是一个困难而特殊的任务"[①]。

在新民主主义革命时期，我们党在马克思主义基本原理同中国革命具体实际相结合的过程中不断推进理论创新和实践创新，实现了马克思主义中国化的第一次历史性飞跃，特别是系统阐述了新民主主义理论及其与土地改革的关系，其主要理论逻辑是：第一，"中国有百分之八十的人口是农民，这是小学生的常识。因此农民问题，就成了中国革命的基本问题，农民的力量，是中国革命的主要力量"[②]，中国革命必然是无产阶级领导的、以工农联盟为基础的新民主主义革命。其二，农民问题，主要是土地问题，故"土地制度的改革，是中国新民主主义革命的主要内容"[③]。其三，土地改革"必须注意两条基本原则：第一，必须满足贫农和雇农的要求，这是土地改革的最基本的任务；第二，必须坚决地团结中农，不要损害中农的利益。只要我们掌握了这两条基本原则，我们的土地改革任务就一定能够胜利地完成。……如果我们能够普遍地彻底地解决土地问题，我们就获得了足以战胜一切敌人的最基本的条件"[④]。其四，"发展农业生产，是土地改革的直接目的。只有消灭封建制度，才能取得发展农业生产的条件。在任何地区，一经消灭了封建制度，完成了土地改革任务，党和民主政府就必须立即提出恢复和发展农业生产的任务，将农村中的一切可能的力量转移到恢复和发展农业生产的方面去"[⑤]。

正是基于这一理论逻辑，我们在新民主主义革命时期始终把土地改革作为一项重要内容，尽管期间也历经曲折探索和阶段性调整，如大革命后期的右倾路线、土地革命时期"地主不分田""富农分坏田"的"左"倾政策、抗日战争时期为适应民族革命需要而调整为"减租减息"等，但土地改革始终是新民主主义革命的核心内容。特别是解放战争时期，随着1946年《中共中央关于土地问题的指示》的发布和1947年《中国土地法大纲》的实施，

① 《列宁全集》第37卷，人民出版社1986年，第323页。
② 《毛泽东选集》第2卷，人民出版社1991年，第692页。
③ 《毛泽东选集》第4卷，人民出版社1991年，第1313~1314页。
④ 《毛泽东选集》第4卷，人民出版社1991年，第1251~1252页。
⑤ 《毛泽东选集》第4卷，人民出版社1991年，第1315~1316页。

我们在解放区全面展开了彻底的土地改革。到 1952 年底基本完成土地改革时，我国共有约 3 亿农民无偿获得了约 7 亿亩土地，从根本上铲除了延续数千年的传统社会的封建根基，为我国从传统社会向现代社会的转型提供了坚实的微观基础。

三、社会主义革命和建设时期的土地
集体化（1949～1978 年）

如何在落后农业国的基础上推进工业化，是我国在社会主义革命和建设时期的核心逻辑，而农村土地制度的适应性调整则是其必不可少的关键环节。正如毛泽东指出的，"我们还是一个农业国。在农业国的基础上，是谈不上什么强的，也谈不上什么富的"[①]。早在新民主主义革命时期，我们党就认识到了工业化的重要性，指出"消灭封建制度，发展农业生产，就给发展工业生产，变农业国为工业国的任务奠定了基础，这就是新民主主义革命的最后目的"[②]。理论上讲，工业化进程有赖于劳动、土地、资本等生产要素向现代工业部门的流动，但在农业部门仍在国民经济中处于主导地位的情形下，工业化的启动和推进并不是一件很容易的事情：一方面，作为高度依赖土地资源的经济部门，农业部门通常具有净剩余相对较少、区域发展不平衡、农业经营呈现出明显的收入波动性和自然灾害面前的脆弱性等特点，以农业部门为基础的自由自发的工业化进程必然是一个漫长且充满偶然性的过程，这也是世界上不少国家迄今仍难以成功启动工业化进程的重要原因；另一方面，作为一个东方大国，我国很难像西方国家那样利用世界市场和世界殖民体系实现原始资本积累，而不得不更多地依靠自己相对有限的资源，走独立自主的工业化道路。

在这种情况下，我国的工业化进程就必然主要依赖于农业部门的积累，并对农业组织方式和农村土地制度提出了新的要求。例如，毛泽东指出：

---

① 《毛泽东文集》第 6 卷，人民出版社 2009 年，第 495 页。
② 《毛泽东选集》第 4 卷，人民出版社 1991 年，第 1316 页。

"我国的商品粮食和工业原料的生产水平，现在是很低的，而国家对于这些物资的需要却是一年一年地增大，这是一个尖锐的矛盾。如果我们不能在大约三个五年计划的时期内基本上解决农业合作化的问题，即农业由使用畜力农具的小规模的经营跃进到使用机器的大规模的经营，……我们就不能解决年年增长的商品粮食和工业原料的需要同现实主要农作物一般产量很低之间的矛盾，我们的社会主义工业化事业就会遇到绝大的困难，我们就不可能完成社会主义工业化"[①]。正是在推进工业化和农村集体化的过程中，我们在社会主义革命和建设时期逐渐形成了集体所有、统一经营的农村土地制度，而这种土地制度又与户籍制度、人民公社和统购统销等一系列体制机制和制度安排一起，共同推动了我国社会主义革命和建设时期的工业化进程。

客观地讲，通过工业化推动我国经济发展、实现从传统社会向现代社会的转型，既符合国际经验又适应我国具体国情，是我国现代化进程中的必然选择，而在落后农业国的基础上推进工业化，必然意味着生产要素从农业部门向现代工业部门的流动和资源的重新配置。在正常情况或现代市场关系相对发达的情况下，市场机制无疑是最为有效的资源配置方式，但在市场发育不完善（甚至缺乏现代意义上的市场主体）的情况下，资本的逐利性和自发的市场机制不足以在较短的时间里，把存在巨大差异、处于不同发展水平的数亿人口带入一个人们普遍参与的工业化时代。我国在社会主义革命和建设时期形成的社会主义传统模式下的工业化路径，是落后的农业国国情、工业化的现实需要、战后国际格局和借鉴苏联经验等多种因素共同作用的结果，集体所有、统一经营的农村土地制度则是其中的一个重要组成部分，并在我国工业化进程中发挥了关键作用：一方面，集体所有、统一经营的农村土地制度与统购统销政策一起，不仅在粮食、工业原材料等方面为现代工业部门的发展提供了支持，而且通过工农业产品的价格"剪刀差"等形式，为我国的工业化进程提供了高额的强制性资金积累并有效降低了农副产品收购的交易成本；另一方面，在集体所有、统一经营的农村土地制度下，村集体与人民公社在一定程度上承担了农村公共服务和农业基本建设的职能，有助于保

---

① 《毛泽东文集》第 6 卷，人民出版社 2009 年，第 431 页。

障农村居民的基本生活需要、维持农村社会的稳定、推动农业基础设施建设
和农业发展。我国在社会主义革命和建设时期产业结构变迁如图 8 - 1 所示。

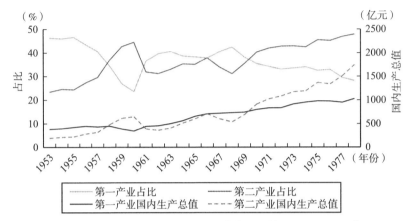

图 8 - 1 社会主义革命和建设时期的产业结构（1953 ~ 1978 年）

资料来源：中华人民共和国国家统计局：《新中国六十五年》，中国统计出版社 2014 年。

图 8 - 1 清晰地表明，尽管我国不同产业之间的比例在 1953 ~ 1978 年表
现出了比较大的波动性，但第二产业占 GDP 的比重始终保持了明显的上升趋
势，由 1953 年的 23.4% 大幅升至 1978 年的 47.9%，其中工业部门占 GDP 的
比重则由 19.8% 快速升至 44.1%。[1] 这是一个在落后农业国基础上努力推进
工业化的过程，但正如毛泽东（1957）指出的，"我国是一个大农业国，农
村人口占全国人口的百分之八十以上，发展工业必须和发展农业同时并举，
工业才有原料和市场，才有可能为建立强大的重工业积累较多的资金"[2]，我
国在落后农业国的基础上推进工业化，必须兼顾农业和工业、轻工业和重工
业等不同产业之间的关系。在社会主义革命和建设时期的实践探索中，我们
也走过了不少弯路，甚至一度付出比较惨重的代价（图 8 - 1 中的波动性），
但整体上而言，一方面，我们大致维持了农业部门的相对稳定，如第一产业
的国内生产总值由 1953 年的 381.4 亿元稳步增加到了 1978 年的 1027.5 亿

---

[1] 中华人民共和国国家统计局：《新中国六十五年》，中国统计出版社 2014 年。
[2] 《毛泽东文集》第 7 卷，人民出版社 2009 年，第 241 页。

元；另一方面，我国在较短的时间里迅速实现了国民经济由农业部门主导向工业部门主导的转变（图 8-1 中的趋势性），并初步建立起了相对完整的工业体系和国民经济体系。在这个过程中，集体所有、统一经营的农村土地制度发挥了至关重要甚至决定性的作用。

回顾社会主义革命和建设时期的我国发展和工业化进程，我们实际上是在市场机制难以充分发挥作用的情况下，通过高度集中的计划经济体制和高度集权的行政管理体制，强制性地推进要素和资源从传统部门向现代部门流动。在工业化起步阶段，至少就形成全国性的资源配置体系、促进现代部门的成长而言，这是一种相对有效的资源配置方式和赶超型发展模式，而集体所有、统一经营的农村土地制度则为这种模式提供了必不可少的微观基础。不过，随着工业化的推进和经济社会发展，这种模式日益显示出了其内在弊端：其一，在计划经济体制下强力推进工业化，不仅存在着资源配置和产业结构的极大扭曲，而且存在着明显的资源浪费（如重复建设）和微观低效率（激励机制不足）；其二，强制性的高强度积累，某种程度上抑制了居民消费和社会发展，人们的收入水平和生活水平并没有随着经济发展同步提高；其三，集体所有、统一经营的农村土地制度，是社会主义传统模式的重要组成部分，而主要借鉴苏联经验形成的社会主义传统模式具有明显的教条主义和僵化特征，特别是容易产生脱离生产力实际发展水平的"左"倾冒进思想，这也是我们在社会主义建设时期历经多次波折的重要原因。

四、改革开放和社会主义现代化建设新时期的家庭承包经营（1978～2012 年）

"社会主义生产关系的发展并不存在一套固定的模式，我们的任务是要根据我国生产力发展的要求，在每一个阶段上创造出与之相适应和便于继续前进的生产关系的具体形式。"[①] 1978 年 12 月召开的党的十一届三中全会，

---

① 《改革开放三十年重要文献选编》，中央文献出版社 2008 年，第 213 页。

在深刻总结我国社会主义建设正反两方面经验的基础上，作出了实行改革开放的历史性决策。改革开放的一个重要的理论创新是立足马克思主义基本原理和我国具体国情，深刻认识到我国处于并长期处于社会主义初级阶段，而社会主义初级阶段的根本任务是发展生产力，"是否有利于发展生产力，应当成为我们考虑一切问题的出发点和检验一切工作的根本标准"①。正是依据社会主义初级阶段理论，改革开放以来，我们不断深化改革、更多地引入市场化的体制机制，充分发挥每个人的积极性，不断提高社会活力和经济效率，在实现快速经济发展的同时，极大地改善了人们的生活水平、提高了人们的生活质量，开辟了中国特色社会主义道路，实现了中华民族从站起来到富起来的伟大飞跃。改革是社会主义的自我完善，是为了适应生产力发展水平而对生产关系进行的适应性调整，在这个过程中，我国的土地制度同样经历了制度变革和适应性调整过程，并在改革开放以来的经济社会发展中发挥了重要作用。

改革开放以来的土地制度变革，最重要的是农村土地制度由集体所有、统一经营调整为集体所有、家庭承包经营。从 1978 年底安徽凤阳小岗村 18 户村民自发签下包干合同，到 1983 年全国94.5%的农户实行包干到户，家庭承包经营在全国农村地区迅速展开，集体所有、家庭承包经营的农村土地制度成为改革开放和社会主义现代化建设新时期占支配地位的农村土地制度。集体所有的农村土地制度，不仅保证了我国发展的社会主义性质、稳定了农村社会，而且在 20 世纪 90 年代后期以来的快速城市化进程中大幅降低了我国城市化的成本；而家庭承包的经营方式不仅极大地促进了农村地区的社会活力、提高了农业部门的生产效率和农民的收入水平与生活水平，而且为改革开放以来的快速工业化提供了大量低成本的劳动力资源，是我国始终保持较快经济增长、快速成长为世界第二大经济体和第一大工业国的重要因素。在这个过程中，正如习近平总书记强调的，"理论和实践都证明，市场配置资源是最有效率的形式。市场决定资源配置是市场经济的一般规律，市场经济本质上就是市场决定资源配置的经济"②，改革开放的一项重要内容是围绕社会主义市场经济的发展完善不断推进市场化改革，努力发挥市场在资源配置中的决定性作用，并以此激发

① 《改革开放三十年重要文献选编》，中央文献出版社 2008 年，第 476 页。
② 《习近平关于社会主义经济建设论述摘编》，中央文献出版社 2017 年，第 52 页。

社会活力、提高经济效率。改革开放以来形成的集体所有、家庭承包经营的农村土地制度，本质上属于一种市场化改革，然而，由于土地要素的特殊性、不同要素在改革进度上的差异等，集体所有、家庭承包经营的农村土地制度在极大地促进了我国生产力发展的同时，也逐步产生了一些新的问题。

具体而言，市场在资源配置中的效率优势，主要体现为生产要素通过自由流动实现资源的优化配置，但不同生产要素的属性有所不同，如在劳动、土地、资本等三种主要的生产要素中，资本的流动性最强、劳动次之、土地最弱。集体所有、家庭承包经营的农村土地制度固然极大地促进了要素流动性，并在市场化改革和社会主义市场经济的发展完善中发挥了提高经济效率、激发社会活力的巨大作用，但不同要素特别是劳动和土地的流动性差异还是造成了不少新的问题。大致而言，由于劳动要素的流动性远大于土地要素，在改革开放以来的工业化和城市化进程中，集体所有、家庭承包经营的农村土地制度通过促进农村劳动力的自由流动和优化配置，在大幅提高农村居民收入水平（特别是非农收入）的同时，也造成了劳动和土地在市场化进程中的不匹配，某种程度上造成了某些农村的空心化、土地的闲置甚至荒废。特别是农村地区的基础设施建设和基本公共服务，在集体所有、家庭承包经营的农村土地制度下，不仅同集体所有、统一经营时期（如公益金和公积金）相比在内部资金积累方面有所欠缺，而且在改革开放以来劳动和土地要素的流动性差异中日益凸显不匹配性。21世纪以来，国家不断提高对农村地区基础设施和基本公共服务的支持力度并致力于推进城乡基础设施的一体化和城乡基本公共服务的均等化，但并不足以弥补市场化改革不足（不同要素的市场化进程）和市场化本身（不同要素自身存在的流动性差异）所造成的农村地区基础设施和公共服务的供给缺口，我们必须顺应我国发展的新阶段和新要求，进一步发展完善农村土地制度。

五、新时代面向全面建设社会主义现代化 国家的土地制度（2012～2021年）

党的十八以来，"经过长期努力，中国特色社会主义进入了新时代，这是我国发展新的历史方位"①，其基本依据是改革开放以来我国创造的经济快速发展奇迹和社会长期稳定奇迹，极大地提高了我国社会生产力水平并引起我国社会主要矛盾发生了转化，即由"人民日益增长的物质文化需要同落后的社会生产之间的矛盾"转化为"人民日益增长的美好生活需要和不平衡不充分的发展之间的矛盾"。党的十九大对新时代我国经济社会发展进行了全面阐述，明确了分两个阶段到 2035 年基本实现社会主义现代化、到本世纪中叶全面建成社会主义现代化国家的战略目标。2021 年是中国共产党成立 100 周年，也是全面建设社会主义现代化国家的新发展阶段的开局之年，我们必须立足新时代特别是新发展阶段我国发展的新的历史方位，依据人民日益增长的美好生活需要和不平衡不充分的发展之间的社会主要矛盾，围绕全面建设社会主义现代化国家的战略目标，全面深化改革，努力破除制约高质量发展、高品质生活的体制机制障碍，进一步完善中国特色社会主义制度，加快构建同社会主义现代化国家相适应的现代化经济体系，不断促进人的全面发展、全体人民共同富裕。土地制度是中国特色社会主义制度的重要组成部分，我们必须进一步发展和完善我国土地制度以适应新时代全面建设社会主义现代化国家的新要求。

新时代以来，面对我国社会主要矛盾的转化和全面建设社会主义现代化国家的新要求，我们对土地制度的认识不断深化并赋予了其更为丰富的内容：其一，正如前文所述，对于人类社会而言，土地具有多重功能，经济社会发展和时代变迁必然对土地要素提出新的要求。新时代以来，为了满足人民多样化、个性化和不断升级的美好生活需要，我们日益认识到了土地要素在满足生产、生活、生态和文化等方面的功能的多样性，进一步把农村集体土地细分为农村承包地、宅基地和经营性建设用地等不同类型。其二，土地的功能和价值取决于人们对土地的利用方式，且这种利用方式必定随着时代变迁而不断动态演变。新时代以来，我们对土地财产权利的认识不断深化，如对于农村承包地进一步界定了其集体所有权、农户承包权和土地经营权，对于农村宅基地进一步界定了集体所有权、农户资格权和农民房屋使用权等。其

---

① 习近平：《决胜全面建成小康社会 夺取新时代中国特色社会主义伟大胜利》，人民出版社 2017 年，第 10 页。

三，统一开放、竞争有序、城乡一体的市场体系是现代化经济体系的必然要求，尽管土地是一种特殊的要素，但社会主义市场经济体制的发展完善必然要求消除土地市场的制度性分割、进一步增强土地要素的市场流动性、提高土地要素的市场化配置程度，就经营性建设用地而言特别体现为"加快建设城乡统一的建设用地市场，建立同权同价、流转顺畅、收益共享的农村集体经营性建设用地入市制度"等。[①] 在此基础上，党的十九届五中全会立足全面建设社会主义现代化国家的新发展阶段，对"十四五"和未来更长时期的农村土地制度改革作出了全面部署，明确要求："健全城乡统一的建设用地市场，积极探索实施农村集体经营性建设用地入市制度"；"探索宅基地所有权、资格权、使用权分置实现形式"；"保障进城落户农民土地承包权、宅基地使用权、集体收益分配权，鼓励依法自愿有偿转让"；"深化农村集体产权制度改革，发展新型农村集体经济"；等等。[②] 这意味着我国全面开启了面向全面建设社会主义现代化国家的土地制度改革。

理论上讲，现代化进程是一个长期的动态演进过程，一方面，现代化进程必然意味着生产要素从传统经济部门向现代经济部门的流动和现代经济部门的成长，尽管土地是一种特殊的生产要素，但进一步消除土地市场的制度性分割、进一步增强土地要素的市场流动性、提高土地要素的市场化配置程度，仍然是全面建设社会主义现代化国家新征程中的基本趋势和大方向，这也是新时代进一步完善社会主义市场经济体制、构建现代化经济体系的必然要求；另一方面，现代社会不同于传统社会的重要特征是生产生活更具开放性、人们之间的市场交易和社会交往的频次空前提高，这必然意味着更多的公共空间、公共生活并对基本公共服务提出了新要求。新时代以来，我国土地制度特别是农村土地制度取得了一系列重要的理论创新和制度创新，但仍然远远不能满足构建现代化经济体系、全面建设社会主义现代化国家的要求：即便我们考虑到土地要素的特殊属性，土地要素的市场化配置仍然远远不足，

---

① 《中共中央 国务院关于新时代加快完善社会主义市场经济体制的意见》，人民出版社 2020 年，第 10 页。

② 《中共中央关于制定国民经济和社会发展第十四个五年规划和二〇三五年远景目标的建议》，人民出版社 2020 年，第 22 页。

土地要素仍然承载了太多的不应完全由它承担的功能；我国土地市场仍然存在着较为严重的制度性分割，特别是城乡土地的制度性分割，而基本公共服务的不充分不平衡则是最为重要的深层次原因。

具体而言，新中国成立以来，为了在不太长的时间里把我国从一个贫穷落后的农业国建设成为社会生产力相对发达的现代化工业国，我们更多地把资源集中投入到经济建设之中，不仅资源配置方式是扭曲性的，而且在居民生活和公共服务等方面是有历史欠账的；改革开放以来，尽管我们极大地提高了社会生产力、改善了人们生活，并加大了住房教育、医疗卫生、社会保障等方面的投入，但有关公共服务的数量和质量仍然存在不足，仍然存在不平衡不充分问题。特别是随着经济发展、消费升级和城镇化进程，越来越多的农村人口流入城镇，进一步凸显了城市公共服务的相对短缺。目前农村土地和城市土地存在的制度性分割，一定程度上是由于城市基础设施和公共服务的不足，使得我们不得不继续保留农村土地对于农村居民的某种社会保障功能。随着社会主义市场经济体制的完善、城乡一体的社会保障体系和基本公共服务体系的健全，农村土地和城市土地的制度性分割必将随着劳动力要素的自由流动逐渐消除，这也是全面建设社会主义现代化国家的必然要求。

（作者胡怀国，原题目为《中国现代化进程中的土地制度：百年变革的理论逻辑》，发表于《当代经济研究》2021 年第 6 期，第 15～23 页。）

第九章

我国土地制度的阶段性演变

[摘要] 总结中国土地制度确立、改革及不断完善的过程，可发现中国的土地制度是随着生产力发展而不断变革的。从中华人民共和国成立初期的土地归农民所有，到人民公社时期确立的土地集体所有制，再到改革开放以来的家庭联产承包责任制和党的十八大以来的"三权分置"，无一不是土地制度变革与生产力发展相互作用的结果。中国土地制度变革所取得的成就不仅体现在农村，还体现在通过建设城乡统一的建设用地市场推进了城镇化和工业化的进程。

[关键词] 土地制度　家庭联产承包责任制　"三权分置"

中华人民共和国成立以来，中国经济发展取得了举世瞩目的成就。据统计，中国的 GDP 从 1952 年的 679 亿元增长到 2018 年的 900309 亿元（数据来源于国家统计局），成为世界第二大经济体，仅次于美国；中国农村居民人均可支配收入由 1978 年的 133.6 元增长到 2017 年的 13432.4 元。[1] 这一系列成就离不开土地制度的安排。为适应生产力发展的要求，中国土地制度进行了多次改革，包括中华人民共和国成立初期的土地改革运动、社会主义改造和社会主义探索时期的农业合作化运动、改革开放以来的家庭联产承包责任制以及党的十八大以来的"三权分置"。时逢中华人民共和国成立 70 周年，梳理、总结 70 年来中国土地制度的阶段性演变，剖析经济社会发展过程中土

---

① 数据来源于 2018 年《中国统计年鉴》。

地制度所起到的作用，才能为深化土地制度变革提供一定的启示。

一、中华人民共和国成立以来土地制度的演变过程

土地制度是中国政治经济制度的基础性安排。[①] 为适应生产力的发展，在不同历史发展时期，中国采用不同的土地政策，逐步形成了现阶段的土地制度。

（一）中华人民共和国成立初期的土地制度：农户私有

在中华人民共和国成立初期，中国共产党领导全国人民进行了土地改革运动，通过没收地主、富农的土地，并无偿分配给农民，调动了农民生产的积极性，为社会主义革命和建设创造了条件。

实际上，土地改革运动始于1946年。基于对乡村土地占有状况和阶级结构的估计，中共中央于1946年5月4日发出《关于清算减租及土地问题的指示》（即"五四指示"），对乡村阶级构成的判断是地主、富农约占农村人口的8%，占有全部土地的70%～80%；[②] 地主、富农通过收取地租和雇佣劳动剥削贫下中农，导致乡村阶级矛盾突出。为此，党中央提出要把抗日战争时期的削弱封建制度的减租减息政策变为"耕者有其田"政策，获得了广大农民的拥护。中华人民共和国成立后，按照《中国人民政治协商会议共同纲领》的规定，党中央于1950～1953年继续领导农民进行土地改革运动，逐步将土地分给农民，土地所有制变为农民土地私有制。

"土改运动"采用阶级斗争的方式使农民获得土地这一关键生产资料，极大地调动了农民的生产积极性，促进了农业生产力的发展。但"土改运

---

① 刘守英：《中国土地制度改革：上半程及下半程》，《国际经济评论》2017年第5期，第29～56页，第4页。

② 李里峰：《经济的"土改"与政治的"土改"——关于土地改革历史意义的再思考》，《安徽史学》2008年第2期，第68～75页。

动"后也出现了两大问题：一是贫富差距问题。一些刚刚获得土地的农民由于耕种不当、收益低下、生活困难等，不得不典当甚至变卖土地，面临重新失去土地的危险，伴随而来的是农户间"两极分化"的趋势，农村中的贫富差距逐渐扩大。例如，当时中共山西省忻县地委关于 143 个村 42215 户农户的调查报告显示，有 19.5% 的农户出卖土地，共卖地 39912 亩（约 2660.8 公顷）。[①] 二是不利于工业化进程的推进。个体的、分散的、落后的农业生产经营活动，不能为国家的工业化提供足够的粮食和其他生产资料，不利于工业化建设和整个国民经济发展。

针对土地改革后农村面临的两大问题，党中央经过讨论后认为农民自发形成的互助组有利于调动农民生产积极性，但是这种生产积极性有资本主义自发趋向的可能，应加以引导。而后，中共中央于 1953 年 12 月 16 通过了《关于发展农业生产合作社的决议》，在总结农业生产合作社十大优越性的基础上，规定了农业生产合作社的发展指标。这种初级农业生产合作社与互助组在经营方式和分配方式上大有不同。具体而言，农户以土地入股，土地由农业生产合作社统一经营，劳动成果由农业生产合作社统一分配。至此，虽然土地所有制仍然使土地为农户私有，但是土地的直接控制权已经归农业生产合作社所有。

1955 年 10 月，面对农村合作化运动热情日益高涨的态势，党中央对农业合作化问题进行全面规划和部署。截至 1956 年底，参加农业生产合作社的农户已占全国总数的 96.3%，其中，参加高级社的农户占全国农户总数的 88%。[②] 至此农业合作化任务基本完成，农村土地集体所有制初步形成。

（二）1957～1978 年的土地制度变迁：集体所有

随着农业生产合作社规模的扩大，农业生产管理不善、生产率下降等问题日益凸显，因此在 1957 年 9 月中共中央发出《关于整顿农业生产合作社的

① 陈吉元、陈家骥、杨勋：《中国农村经济社会变迁（1949—1989）》，山西经济出版社 1993 年，第 88 页。
② 陈锡文等：《中国农村制度变迁 60 年》，人民出版社 2009 年，第 13 页。

指示》，通过调整社队组织来促进生产力发展，认为大多数情况下"一村一社"较为合适，生产队则以就近居住地为原则，以 20 户左右为宜，便于"管理和组织"。截至 1957 年底，除了部分还没有进行土地改革的少数民族地区外，全国农村中个体农户比例只剩 3% 左右。[①] 为了继续推进农村集体经济的发展，1958 年 8 月《关于在农村建立人民公社问题的决议》（以下简称《决议》）指出，目前存在的几十户、几百户的单一的农业生产合作社已不能适应形势发展的要求，要建立工农商学兵一体的人民公社，指导农民加快社会主义建设。提及人民公社的规模，《决议》认为，人民公社的规模一般以一乡一社、2000 户左右为宜。从 1958 年 8 月末到 11 月初，全国就有 753000 个集体农场被合并成 24000 个公社，涵盖了 12000 万户农户，约占 1958 年中国农户总数的 99%[②]，基本实现了全国范围内的人民公社化。

由于人民公社与大队以及大队之间存在无偿平调、占用生产资料的问题，1960 年中共中央在《关于农村人民公社当前政策问题的紧急指示信》中明确提出"三级所有，队为基础，是现阶段人民公社根本制度"。其中，生产大队是基本核算单位，也是统一分配单位，人民公社和生产小队都应该分别从上下两个方面来维护生产队的基本所有制，不能从两头削弱生产队的基本所有制。人民公社、生产大队、生产小队的职责在这一指示信中得以明确，即人民公社的生产计划建立在生产大队的生产计划和生产小队的包产计划的基础上，人民公社可对计划提出建议，也可检查督促生产队的工作，但不能任意提高产量指标等，这意味着生产计划的制定主要在生产大队。此外，生产经营管理权以及分配权也属于生产大队。不可忽视的是，"三级所有，队为基础"的体制也存在一定问题，集中体现在生产单位与核算单位不一致。因包产计划的执行组织是生产小队，核算组织是生产大队，这种功能分离导致各生产小队之间的分配出现了平均主义问题，挫伤了各生产小队的生产积极性。针对这一问题，1962 年 9 月，《农村人民公社工作条例（修正草案）》明

---

① 周恩来：《关于正确对待个体农户的指示》，《中华人民共和国国务院公报》1958 年第 1 期。
② 林毅夫：《制度、技术与中国农业发展》，上海人民出版社 2005 年，第 19~20 页。

确要把生产队作为人民公社的基本核算单位①。实行以生产队为基本核算单位后，农村基本生产资料的所有权关系实际上也出现了较大的调整。原来明确属生产大队所有、使用的土地，事实上改为了属生产队集体所有，不仅如此，生产队对生产的经营管理和收益的分配也有了自主权。直到1978年改革开放前，中国农村仍实行"三级所有，队为基础"的土地集体所有制。

（三）改革开放以来实行的家庭联产承包责任制

农村土地制度改革可称为中国改革开放的真正起点。1978年底，安徽省凤阳县小岗村等贫困村率先实行了"包产到户""包干到户"的做法，并逐步在全国范围推广发展；1980年全国包产到户的比重已经达到20%。② 群众的意愿促使党中央高层不断审视基层农业经济组织关系，认识到农村实行的单一公有制和统一经营、统一分配制度已经不再适应农业生产力的发展，因此迫切需要改变土地经营方式。

1982年的中央一号文件正式承认了包产到户的合法性，认定目前存在的"包产到户、到组，包干到户、到组，等等，都是社会主义集体经济的生产责任制"。此后，中央连续3年出台一号文件来巩固和完善家庭联产承包责任制。1983年底，全国农村基本实现了土地集体所有制下的家庭联产承包经营的体制，1991年党的十三届八中全会正式将这一体制表述为"统分结合的双层经营体制"。1993年3月这一体制被正式纳入宪法；同年7月，颁布《中华人民共和国农业法》，强调中国将"长期稳定农村以家庭承包经营为基础、统分结合的双层经营体制"。

为了稳定土地承包关系，鼓励农民增加投入，提高土地生产率，1993年中央11号文件对土地承包期限进行了明确的规定，"在原定的耕地承包期到期之后，再延长三十年不变"，并提倡"增人不增地，减人不减地"，这一规

---

① "根据各地方不同的情况，人民公社的组织，可以是两级，即公社和生产队，也可以是三级，即公社、生产大队和生产队。"由此可见，若分为三级，生产队对应的是上述的生产小队。

② 张旭、隋筱童：《我国农村集体经济发展的理论逻辑、历史脉络与改革方向》，《当代经济研究》2018年第2期，第26～36页。

定在 2002 年出台的《中华人民共和国农村土地承包法》、党的十七届三中全会报告中被提及。这些法律、报告明确提出，稳定的土地承包经营权是由国家法律规定的，现有土地承包关系要保持稳定并长久不变。以"长久不变"为核心的一系列农村土地政策，包括农村集体土地所有权和农户承包经营权的确权、登记、颁证，大大促进了农村土地承包经营权的稳定。

改革开放以来，农村土地制度的改革为中国工业化和城市化奠定了坚实的经济基础，为中国经济腾飞提供了物质保障。然而，随着经济社会的不断发展，农村土地制度开始面临新的问题，即"小农户和现代农业发展有机衔接"的问题：第一，农业适度规模经营是现代化农业发展的要求，而土地碎片化经营的现状与农业适度规模经营的需求相矛盾。农业适度规模经营不仅需要土地流转，还需要配套相应的农业生产社会化服务。于是，2017 年中央财政共安排资金 230 亿元，继续支持农业适度规模经营，主要用于国家农业信贷担保、农业生产社会化服务等。第二，工业化、城镇化进程的加快使得大量农业转移人口进入城市，直接造成了年轻的农业劳动力的流失。据农业部种植司提供的信息，2009 年全国务农劳动力平均年龄达 45 岁。[1][2] 这迫切需要建立"家庭农场和农民合作社"等新型农业经营主体。但无论是发展农业适度规模经营还是确立新型农业经营主体，都必须先完善农村土地制度，为此，党的十八大以来中国对农村土地制度开展了"三权分置"等一系列改革。

（四）党的十八大以来的土地制度改革："三权分置"、建设城乡统一的建设用地市场

党的十八大以后，农村土地制度又发生了新的变化。2014 年，十三届全国人大常委会第七次会议正式将农村土地实行"三权分置"制度法制化。

---

① 朱玲：《农业劳动力的代际更替：国有农场案例研究》，《劳动经济研究》2017 年第 3 期，第 5~31 页。

② 数据来源于叶贞琴：《夯实农业基础提高粮食综合生产能力》，2010 年 5 月 22 日在中国农村发展高层论坛上的讲演。

2015 年 1 月,《关于农村土地征收、集体经营性建设用地入市、宅基地制度改革试点工作的意见》提出,要完善土地征收制度;建立农村集体经营性建设用地入市制度;改革、完善农村宅基地制度;制定土地增值收益分配机制,提高个体及集体收益。为更有效地保障农户家庭的合法权益,2017 年党的十九大报告提出:"巩固和完善农村基本经营制度,深化农村土地制度改革,完善承包地'三权'分置制度。"这些改革标志着通过土地流转和建立城乡统一的建设用地市场以增加土地收益成为农村土地制度改革的重要任务。

通过历史梳理可以发现,一方面,中国土地制度确立的历程是顺应中国生产力发展要求的改革历程;另一方面,中国土地制度也大大促进了生产力的解放和发展。

二、"两个飞跃"与农村土地制度改革的成就

1990 年 3 月 3 日,邓小平在与中央负责同志的谈话中说:"中国社会主义农业的改革和发展,从长远的观点看,要有两个飞跃。第一个飞跃,是废除人民公社,实行家庭联产承包为主的责任制。这是一个很大的前进,要长期坚持不变。第二个飞跃,是适应科学种田和生产社会化的需要,发展适度规模经营,发展集体经济。"[①] 第一个飞跃早已实现,废除了人民公社,确立了统分结合的双层经营体制,从而解放和发展了生产力。第二个飞跃是很长的过程。随着中国特色社会主义进入新时代,如何在坚持农村土地集体所有制的基础上,通过农地制度变革进一步解放和发展生产力,成为农村土地制度改革的主要目标。

(一)"第一个飞跃"及其成就

农村改革首先需要调整和完善不适应农村生产力发展的生产关系。推进

---

① 《邓小平文选》第 3 卷,人民出版社 1993 年,第 355 页。

农村市场化改革中的一个重要步骤就是建立和完善家庭联产承包责任制，家庭联产承包责任制的主要形式是包产到户、包干到户。

一方面，从以农户为中心的微观角度看，家庭联产承包责任制赋予了农民独立的生产经营权，使其可以根据市场需求及自身劳动力状态调整和安排农产品的生产和供应。这充分发挥了其在市场中的主体作用，在增加农民收益的同时，也调动了农民的生产积极性，为社会主义市场经济的发展夯实了微观经济基础。另一方面，从国家产业布局的宏观角度看，家庭联产承包责任制建立了与市场发展相适应的农业资源配置机制，为中国三大产业的协调发展和市场经济的繁荣提供了保障，促进了生产力的发展。

值得注意的是，农村市场化改革需要在坚持和不断完善农村土地制度的基础上进行，因此，党中央在坚持农村土地集体所有的基础上继续稳定农村土地承包关系。

家庭联产承包责任制实施初期，农地使用权限只有两到三年。而后，中央政策强调延长土地承包期，鼓励农民增加投资，培养地力。[①] 1984 年中央一号文件规定，"土地承包期一般应在十五年以上"；1993 年中共中央、国务院提出"在原定的耕地承包期到期之后，再延长三十年不变"。1998 年修订的《中华人民共和国土地管理法》规定，"土地承包经营权期限为三十年。农民的土地承包经营权受法律保护"。党的十九大报告提出要"保持土地承包关系稳定并长久不变，第二轮土地承包到期后再延长三十年"。这一系列法律法规、制度政策确保了土地承包关系的稳定性，切实维护了农民的土地承包经营权，完善了农村基本经营制度。

农村土地制度的变革以及一系列稳定农村土地承包关系的举措取得了令人瞩目的成就。第一，粮食产量不断提高。中国粮食产量在改革开放初期为2527.3 千克/公顷，1984 年增长到 3608.23 千克/公顷，1998 年增长到4502.2 千克/公顷，2017 年增长到5607.4 千克/公顷；从人均粮食产量来看，中国人均粮食产量 1978 年为 316.6 千克/人，1984 年增长到 390.3 千克/人，

---

① 黄季焜、邵亮亮、冀县卿、罗斯高：《中国的农地制度、农地流转和农地投资》，上海格致出版社 2012 年。

1998 年增长到 410.6 千克/人，2017 年增长到 475.9 千克/人。① 中国农村土地制度改革不仅提高了粮食的生产效率，更解决了世界上近 1/5 人口的温饱问题。第二，农业增长速度大幅提高，农民人均农业纯收入增长更加显著。农业国内生产总值年均增长率从 1952～1978 年的 2.2% 提高到 1978～2016 年的 4.5%；② 农民从农业中获得的纯收入大幅度上升，从 1978 年的人均 107元提高到 2016 年的人均 3270 元，扣除价格因素后实际增长了近 4 倍，年均增长 4.3%，为农民收入的稳定提高起到了重要作用。第三，农业生产率的提升与农村土地制度改革息息相关。诸如一些学者（Tang、Wen、Wiens、Hayami-Ruttan、Chow 等）发现，1978～1988 年间，除个别年份外，农业生产率一直处于上升状态。③

（二）新时代背景下的"第二个飞跃"

当前中国社会的主要矛盾已经由过去的人民日益增长的物质文化需要同落后的社会生产之间的矛盾转化为人民日益增长的美好生活需要和不平衡不充分的发展之间的矛盾。这一矛盾在农村表现为城乡发展不平衡、农村发展不充分，具体表现为农业竞争力不强、农民收入增长乏力、农村自我发展能力不强。近年来，农业经济增速下降，2012～2016 年中国农业国内生产总值年均增长率为 1.5%④；农民从农业中获得的纯收入增速下降，2012～2016 年扣除价格因素后年均纯收入增长率为 1.8%⑤，农民增收后劲不足。农业发展质量效益低下直接导致撂荒问题频发，与之相伴的则是农村发展凋敝、空心化现象。事实上，这一系列问题并非中国独有，也是其他国家曾经经历或正在面临的问题。

第一，农地碎片化问题使得农业适度规模经营存在困难，由此导致了依

---

① 数据由笔者通过《中国统计年鉴》和《新中国 60 年统计资料汇编》整理而得。
② 黄季焜：《四十年中国农业发展改革和未来政策选择》，《农业技术经济》2018 年第 3 期，第 4～15 页。
③ 林毅夫：《制度、技术与中国农业发展》，上海人民出版社 2005 年，第 19～22 页。
④ 这一增长率扣除了价格因素，是笔者根据《中国统计年鉴》整理所得。
⑤ 笔者根据《农村统计年鉴》整理而得。

靠规模效应来提高农业生产效率是很难实现的；第二，信息通信技术、生物化学技术等科学技术的发展要求通过新的农业生产经营方式来满足生产力进一步提升的需求；第三，农业生产技术的提升也相应需要高素质农民，然而，受教育年限、农业生产技术普及和农民接受程度影响，农民的劳动生产能力虽然比之前有大幅度提升，但是依然无法迅速适应现代农业发展的需要。这3个问题可归纳为一点：传统的小农生产方式难以适应市场发展的需要，亟须通过农村土地制度改革来解决这一问题，即需要发展农业适度规模经营，发展集体经济，推进第二个飞跃，为此，应深化农村土地制度改革，完善"三权分置"制度。

"三权分置"制度进一步分离了土地承包权和经营权，是对农村土地基本经营制度的一种完善。一方面，从法律法规角度定义"三权"的具体含义和相互关系，实现和维护了农民、农村集体组织以及承包土地农户和其他经营主体的不同权益归属；另一方面，通过实行"三权分置"，促进了土地要素的流动，推进了农村经营主体的规模经营和农业生产的供给侧结构性改革，为发展现代农业、增加农民收入提供新的路径和制度保证。① 除此之外，习近平总书记对农地基本经营问题也有着深刻的思考。党的十九大报告提出要"深化农村集体产权制度改革，保障农民财产权益，壮大集体经济"。关于发展集体经济的意义，习近平在《摆脱贫困》一书中指出："加强集体经济实力是坚持社会主义方向，实现共同致富的重要保证"，"发展集体经济实力是振兴贫困地区农业的必由之路"，"发展集体经济实力是促进农村商品经济发展的推动力"，"集体经济实力是农村精神文明建设的坚强后盾"。② 关于发展集体经济的方式，习近平认为，发展集体经济绝不意味着要重新"归大堆"，"所谓'统'，就是以基层农村组织为依托，帮助农民解决一家一户解决不了的问题"，"靠发展生产来增加积累，而不是靠削弱家庭经济来增大集体实力。加强集体经济力量，目的在于发挥集体经济组织的统的职能"③，只有将

---

① 国务院新闻办公室：《农村土地〈"三权分置"意见〉政策解读》：http://www.scio.gov.cn/34473/34515/Document/1515220/1515220.htm。

② 习近平：《摆脱贫困》，福建人民出版社 1992 年，第 142~143 页。

③ 习近平：《摆脱贫困》，福建人民出版社 1992 年，第 135~136 页。

集体优越性与个人积极性完美结合，才能保持生产力的旺盛发展势头。

三、建立城乡统一的建设用地市场
对城乡融合发展的贡献

中国土地制度安排所带来的成就不仅体现在农村，在城乡关系变迁过程中，中国土地制度改革也发挥了推动作用。中国农村发展经历了城乡二元结构、城乡二元发展以及城乡融合发展几个阶段：1949～1979 年为城乡二元结构时期；中国改革开放 40 年间所开展的土地改革，更多地体现了以城市发展为主导的城乡二元发展的状态；① 党的十八大以来，党中央对城乡融合发展越来越重视，党的十八大报告明确提出"推动城乡发展一体化"的要求。2018 年习近平在中共中央政治局第八次集体学习时也强调，改革开放最早发生在农村，如今，城乡融合发展和现代化建设新局面更要通过乡村振兴来实现。党的十九大更是提出要"建立健全城乡融合发展体制机制和政策体系"。从这一系列表述可看出，中国进入了城乡融合发展阶段。城乡融合发展离不开土地制度的改革，而其中的一项重要举措就是建立城乡统一的建设用地市场，这一举措与城市建设用地制度、农村建设用地制度的确立、改革以及完善有密切的关系。

（一）城市建设用地制度的确立、改革以及完善经历了漫长的历史过程

按照土地所有权与使用权分离的原则，1982 年全国人大常务委员会通过《中华人民共和国宪法》修订案第十条明确规定"城市的土地属于国家所有"。1986 年 6 月 25 日，《中华人民共和国土地管理法》规定，"国家依法实行国有土地有偿使用制度"。1990 年 5 月 19 日，《中华人民共和国城镇国有土地使用权出让和转让暂行条例》允许将土地使用权进行转让、出租和抵

---

① 黄贤金：《中国土地制度改革 40 年与城乡融合的发展之路》，《上海国土资源》2018 年第 39 卷第 2 期，第 5～7 页。

押。这一系列法律法规、规章制度的颁布和制定意味着城市建设用地制度是将土地所有权和使用权相分离的一种土地制度，而且逐渐向有偿使用的方向转变。城市建设用地的有偿使用增强了土地资源的流动性，有利于实现城市土地资源的优化配置，进而有利于实现投入产出的良性循环。取得这一成就的原因，实质上是在保证城市土地国有的基础上，通过分离所有权和使用权来适应市场经济，这是一种与社会主义市场经济相适应的土地制度。

（二）农村建设用地制度也同样经历了确立、改革和完善的过程

中华人民共和国成立初期，农村宅基地是归农民私有的，社会主义改造时期和社会主义探索时期农村建设用地逐渐归农村集体所有，改革开放后，农村建设用地制度进一步改革。1998 年修订的《中华人民共和国土地管理法》把宅基地确立为农村建设用地，且规定农村集体土地不能进入城镇建设用地一级市场。2004 年再次修订的《中华人民共和国土地管理法》规定，"农民集体所有的土地的使用权不得出让、转让或者出租用于非农建设"。随着城市化进程的加快，2007 年修订的《中华人民共和国城市房地产管理法》规定，"城市规划区内的集体所有的土地，经依法征用转为国有土地后，该幅国有土地的使用权方可有偿出让"。这些规定意味着农地用途不能随意变更，农村建设用地流转依然受到限制，但同时这些制度也通过稳定的农地经营权保证了粮食安全和小农户的利益。

（三）党的十八大以来，围绕"城乡统一的建设用地市场"，中国共产党对土地制度进行了一系列改革

2013 年，《中共中央关于全面深化改革若干重大问题的决定》提出要"建立城乡统一的建设用地市场"，其中包含"在符合规划和用途管制前提下，允许农村集体经营性建设用地出让、租赁、入股，实行与国有土地同等入市、同权同价"① 这一重要内容，为建立城乡统一的建设用地市场提供了

---

① 《中共中央关于全面深化改革若干重大问题的决定》，《人民日报》2013 年 11 月 16 日，第 1 版。

制度保障，同时也明确了农村土地制度改革的方向和任务。2014 年 12 月，《关于农村土地征收、集体经营性建设用地入市、宅基地制度改革试点工作的意见》获得通过。2015 年农村土地征收、集体经营性建设用地入市、宅基地管理制度的改革试点在全国 33 个县（区）正式落地。这两次农村土地制度改革意味着建立城乡统一的建设用地市场的相关制度不断完善。2018 年 12 月 23 日，《国务院关于农村土地征收、集体经营性建设用地入市、宅基地制度改革试点情况的总结报告》总结了改革试点的基本情况和主要成效，此项土地改革制度的实施，极大地推进了中国建设城乡统一的建设用地市场的进程。

上述改革取得的成效，离不开市场在土地资源配置中的决定性作用的发挥。第一，国有土地使用权转让加速了土地资源的流动，促进了经济发展。在中国上一个经济高速发展阶段，由于内需不足、创新缺乏，经济增长的动力主要依靠高投资、高出口。这些都需要要素投入来支撑，中国的土地制度使政府将国有土地的使用权得以低价转让，避免了土地资源稀缺所导致的土地高价。低地价有利于招商引资，从而极大地加快了工业化进程。第二，国有土地出让的收益可以使地方政府获得可支配的财力，为城市基础设施建设和公共服务提供了资金来源。《中国国土资源年鉴》统计显示，中国国有建设用地出让收入从 1999 年的 514.3 亿元上升至 2016 年的 36461.7 亿元，占地方一般公共预算收入的比例由 1999 年的 9.2% 上升至 2016 年的 41.8%。[1]由此可见，建设用地出让收入成为地方财政收入的有力支撑，也成为其财政支出的重要来源。第三，建立城乡统一的建设用地市场有利于增加农民收益。农民作为集体组织成员所拥有的土地进入市场后能获得一定的出让收益，不仅如此，土地入市还可以加快城市化进程，这使得农民得以从享受城市的公共服务中间接受益。

四、启示与展望

土地制度的确立和完善过程是为满足生产力发展的需要而不断改革的过

---

① 数据为笔者根据《中国国土资源年鉴》和《中国统计年鉴》整理所得。

程，也是保障和改善民生的必然要求。就当下而言，如何深化土地制度改革从而增加居民尤其是农村居民的收益是保障和改善民生的重要环节。与此同时，不得不面对的问题是，当前和今后很长一段时期，小农户家庭经营将是中国农业的主要经营方式。[①] 如何平衡这两个难题？

一方面，要增加农民从农地中获得的收入。家庭联产承包责任制解决了土地经营的激励问题，但是也带来了新的问题，即家庭分散经营，规模过小，难以形成规模经济。从数据来看，2016 年，全国农业经营户为 20743 万户，其中规模农业经营户仅有 398 万户，[②] 这是中国土地规模化经营的现状。因此，要健全土地承包权流转的市场运行机制，从而实现土地规模经营。这一机制除了要稳定承包关系以保证农户稳定、长远的经营外，还需要有序流转土地经营权。前者通过确权的方式可以实现，而后者则相对复杂。提高土地流转双方所获得的收益是土地经营权流转的重要前提条件，流转双方收益的长期提高需要配套的农业生产社会化服务来维持。具体而言，一是要做好新型农业经营主体的培育工作，大力培育合作社、家庭农场、龙头企业、农业产业化联合体和社会化服务组织，推进多样化的适度规模经营。这样不仅可以降低生产经营成本，还可以使农户通过新型农业经营主体来对接市场，提升市场竞争能力。因而，要积极发展"农户 + 合作社""农户 + 合作社 + 工厂或公司"等模式。二是要做好农产品交易市场建设工作。从市场供给方来讲，要发挥龙头企业对小农户的带动作用，延长产业链、保障供应链、完善利益链，最终形成品牌；从市场需求方来看，要通过市场建设来拓宽需求渠道。2016 年末，全国 68.1% 的乡镇有商品交易市场，39.4% 的乡镇有以粮油、蔬菜、水果为主的专业市场，10.8% 的乡镇有以畜禽为主的专业市场，4.3% 的乡镇有以水产为主的专业市场。[③] 三是完善的市场机制需要金融服务的配合。要健全金融服务组织体系，引导涉农机构回归本源；完善金融基础设施，营造良好的农村金融生态环境。从信贷支持方面来看，要允许承包土

---

① 中办国办印发《关于促进小农户和现代农业发展有机衔接的意见》，《人民日报》2019 年 2 月 22 日，第 1 版。
② 国家统计局：《第三次全国农业普查主要数据公报（第二号）》，2017 年 12 月 15 日。
③ 国家统计局：《第三次全国农业普查主要数据公报（第三号）》，2017 年 12 月 15 日。

地的经营权担保融资，加大保险政策支持力度，推动农业保险从覆盖直接物化成本向逐渐实现完全成本转变。① 总之，多元化的农业经营主体，健全的农产品交易市场，配之以多样化的金融服务，是推动承包地经营权流转市场发展的重要配套举措。

另一方面，促进农业转移人口有序实现市民化，健全城乡发展一体化体制机制。② 从土地制度改革角度来看，如何在制度设计上保障农业转移人口承包地、宅基地以及集体建设用地的权益是农业转移人口有序实现市民化的重要前提条件。这中间需要通过建立城乡统一的建设用地市场来推动城乡土地的权与价的统一。关于承包地，要保护好进城落户农民的土地权益，各地应积极探索农民对承包地的退出机制，允许在城镇有固定工作和住所的农户自由转出承包地，同时不能以退出承包地和宅基地作为农民进城落户的必要条件。关于宅基地，在严格实行土地用途管制的前提下，要适度放活宅基地和农民房屋使用权。据国家统计局数据，2016 年末，全国 99.5% 的农户拥有自己的住房。其中，拥有 1 处住房的有 20030 万户，占 87.0%；拥有 2 处住房的有 2677 万户，占 11.6%；拥有 3 处及以上住房的有 196 万户，占 0.9%；拥有商品房的有 1997 万户，占 8.7%。③ 这意味着，若按照一户一宅来计算，可能有 10% 以上的农村住宅非本人居住。在农民不断进城落户的趋势下，如何将这些宅基地利用起来是一个问题。《国务院关于促进节约集约用地的通知》规定"对村民自愿腾退宅基地或符合宅基地申请条件购买空闲住宅的，当地政府可给予奖励或补助"，因此，政府可制定农村宅基地有偿退出机制，在农民自愿退出闲置宅基地的基础上，推动宅基地流转，盘活闲散宅基地。整合零星分散的集体经营性建设存量用地、在符合法律法规的前提下，允许闲置用地入市，并将"城乡建设用地增减挂钩节余指标跨省域调剂使用"④，以增加集体经济

---

① 农业农村部：《促进小农户和现代农业发展的有机衔接意见》，2019 年 3 月 1 日，http：//www. moa. gov. cn/hd/zbft_news/xnhxdnyfz/wzzb/。

② 《习近平在安徽凤阳小岗村农村改革座谈会发表重要讲话》，2019 年 4 月 29 日，http：//china. cnr. cn/news/20160429/t20160429_522017410. shtml。

③ 国家统计局：《第三次全国农业普查主要数据公报（第四号）》，2017 年 12 月 16 日。

④ 中华人民共和国自然资源部：《自然资源部关于印发〈城乡建设用地增减挂钩节余指标跨省域调剂实施办法〉的通知》，2018 年 7 月 30 日，http：//gi. mlr. gov. cn/201808/t20180808_2161764. html。

组织的收入。由此可见，承包地和宅基地的有偿退出机制、集体经营性建设用地直接或间接入市机制，旨在实现城乡土地的权与价的统一，增加农民从土地中获得的收益，是建立城乡统一的建设用地市场的重要举措。

（作者张彩云、隋筱童，原题目为《中华人民共和国成立 70 年来
中国土地制度的阶段性演变及成就》，发表于《改革与战略》
2019 年第 5 期，第 16～25 页。）

实践篇
乡村振兴战略

第十章

乡村振兴战略的理论阐释

[摘要] 新时代我国社会主要矛盾在农村有其特殊表现："我国发展最大的不平衡是城乡发展不平衡，最大的不充分是农村发展不充分。"从马克思主义政治经济学角度讲，解决这个矛盾，需要重新定位城乡关系，推进城乡融合发展，这是实施乡村振兴战略的必然选择，也是乡村振兴战略的理论依据。实施乡村振兴战略，必须遵循"产业兴旺、生态宜居、乡风文明、治理有效、生活富裕"的总要求。

[关键词] 乡村振兴 "三农"问题 城乡融合

党的十九大报告明确提出，中国特色社会主义进入了新时代。我国社会主要矛盾已经转化为人民日益增长的美好生活需要和不平衡不充分的发展之间的矛盾。新时代我国社会主要矛盾在农村有其特殊表现："我国发展最大的不平衡是城乡发展不平衡，最大的不充分是农村发展不充分"[1]，这反映在"农业发展质量效益竞争力不高，农民增收后劲不足，农村自我发展能力弱，城乡差距依然较大"[2]。解决这个矛盾，实施乡村振兴战略是必然选择，正如习近平在 2013 年中央农村工作会议上指出的："中国要强，农业必须强；中国要美，农村必须美；中国要富，农民必须富。农业基础稳固，农村和谐稳定，农民安居乐业，整个大局就有保障，各项工作都会比较主动。"解决好

---

① 习近平：《把乡村振兴战略作为新时代"三农"工作总抓手》，《求是》2019 年第 11 期。
② 《党的十九大报告辅导读本》，人民出版社 2017 年。

"三农"问题，实施乡村振兴战略，实现农业农村现代化，是未来几十年建设社会主义现代化强国这一总体目标的必然要求。

一、城乡关系的新认识：城乡融合理念的确立

乡村振兴战略的提出意味着中国共产党站在新时代的高度对城乡关系问题形成了新的认识成果，这个成果就是城乡融合理念的确立。

城乡融合也是马克思主义关于解决城乡关系问题的基本主张。在 1847 年《哲学的贫困》中马克思写道："城乡关系一改变，整个社会也跟着改变。"① 马克思主义城乡关系理论认为，城乡关系演进与生产力发展水平密切相关，生产力的发展推动着人类生产方式与生活方式的变革，由此带动城乡关系不断演进；在人类社会发展的历史长河中，城乡关系要依次经历城乡依存、城乡分离、城乡融合三个阶段。随着生产力的发展，农业和畜牧业所提供的剩余粮食和劳动力不断增加，分工以及紧密的协作关系形成了城市。在前工业社会中，农业文明处于中心和主导地位，城市尚处于农业文明母体之中的发育雏形期，城乡关系呈农强城弱的浑然一体状态。城乡分离（对立）是生产力进一步发展的结果，马克思指出城乡分离和对立是生产力发展到一定阶段出现的社会现象。之所以会出现城乡对立，根源在于生产力的发展但是发展仍然不足。农业出现了剩余劳动力为农业和工业分离提供了条件，但是由于工业生产力水平发展不足导致了乡村农业人口的分散和城市工业人口的集中，进而出现城乡对立。随着生产力进一步发展，城乡将趋于融合，因为"消灭城乡之间的对立，是共同体的首要条件之一，这个条件又取决于许多物质前提"②。恩格斯在《共产主义原理》中首次提出了城乡融合的概念。他认为："通过消除旧的分工，进行生产教育、变换工种、共同享受大家创造出来的福利，以及城乡的融合，使全体成员的才能得到全面的发展。"③ 芒福德也认

---

① 《马克思恩格斯选集》第 1 卷，人民出版社 1995 年，第 157 页。
② 《马克思恩格斯选集》第 1 卷，人民出版社 1995 年。
③ 《马克思恩格斯全集》第 4 卷，人民出版社 1958 年。

为："城与乡，不能截然分开；城与乡，同等重要；城与乡，应当有机结合在一起。"①

在马克思主义相关理论的基础上，总结中国实践经验，剖析中国国情，可发现城乡关系不断处于变化之中，且具有明显的阶段性特征。城乡关系这一本质问题集中表现为"三农"问题，解决城乡对立问题，就必须要解决"三农"问题。城乡关系的阶段性变化不仅体现在对"三农"问题的认识上，还体现在一系列针对"三农"问题的政策设计上，前者是认识论范畴，后者则是方法论范畴。"三农"问题是一个什么范畴的问题？这是认识城乡关系的核心和突破口。"就'三农'论'三农'，已经难以从根本上解决'三农'问题。我们只有跳出'三农'抓'三农'，用统筹城乡发展的思路和理念，才能切实打破农业增效、农民增收、农村发展的体制性制约"②。这意味着，"三农"问题表面上看分别涉及农业、农民、农村三个方面，常见的思维方式是农业遇到什么不足，可以出台关于加强农业发展的意见；农民遇到什么状况，可以出台改善农民状况的意见；农村遇到什么问题，可以出台改进农村工作的意见。但这种思路显然是对"三农"问题分割的、孤立片面的认识，在认识论上犯了机械论和形而上学的错误。"三农"问题的表象是农业效益低，农民收入低，农村发展水平低，但这种低是有比较对象的，是与工业、城市居民、城市发展水平相比较得到的结论。因此，"三农"问题本质上是在国家社会发展过程中工业与农业、农民与市民、城市与乡村之间发展失衡的问题，即城乡对立问题，由于工业和市民集中在城市，"三农"问题本质也变成了城乡关系和矛盾的不平衡。因此，就"三农"本身论"三农"问题，解决不了"三农"问题，而应该聚焦于城乡二元分割的体制上。城乡二元经济结构是发展中国家工业化过程中出现的一般现象，会出现以城市中制造业为主的现代化部门和农村中以传统生产方式为主的农业部门并存的现象。就中国而言，城乡二元结构也出现在经济发展过程中，而体制性因素进一步强化了这一结构。

① 刘易斯·芒福德：《城市发展史：起源、演变与前景》，倪文彦等译，中国建筑工业出版社1989年。
② 习近平：《之江新语》，浙江人民出版社2007。

从发展阶段来看，1949～1978 年中国最根本的问题就是如何解决农业快速发展并为工业化奠定基础和提供保障。城乡关系实质上是工农业关系的更广泛表现，在推行农村经济体制由个体经济、合作经济再向"政社合一"的集体经济转变过程中，城乡分隔的壁垒也逐步形成，农民被束缚于既有的土地和社区内不得自由流动，这就是所谓的城乡"二元结构"。具体而言，从中华人民共和国成立开始，国家采取了优先发展重工业的政策，为此采取农产品统销统购和工农产品价格"剪刀差"，以农业剩余实现对工业化的支持。为了保证支持的效果，国家采取了城乡分割的二元体制，包括城乡分割的生产资料所有制和户籍管理制度，以及在此基础上的农村以人民公社体制为标志的城乡二元社会就业、教育、福利保障等治理机制。这种城乡二元分割体制使农民在既有的土地和农村中不得自由流动，既集中力量于农业积累为国家的工业化服务，又减少了对城市的就业、粮食供应等各方面的冲击。应该说，改革开放前的"三农"状况的主导因素是国家的重工业优先发展战略形成的工业农业关系，工业农业关系决定了农民的身份和农民市民关系，也决定了城乡关系的实质，从而形成了"三农"问题的体制因素。中国的农业、农民、农村在改革开放前为中国的工业化做出了巨大贡献，这些工业成就和相应的城市发展为改革开放积累了良好的物质基础，这一时期农业、农民、农村对工业化的支持主要是通过提供农产品剩余来支持，改革开放后则转为以提供农村劳动力和土地来支持。

1978 年底党的十一届三中全会以后，城乡关系进入了一个新的历史时期。过去完全由政府控制的城乡关系开始越来越多地通过市场来调节，但是农业支持工业、乡村支持城市的趋向并没有改变。改革开放是从农村开始的，首先是农业生产上的体制改革，家庭联产承包责任制在维持土地集体所有制的基础上取代了原来的人民公社，加上以化肥使用和农作物品种改良为代表的农业科技进步，农业粮食产量得到了极大提高，很快解决了温饱问题。改革开放后的农业对工业的支持除了农业生产效率迅速提高对工业提供更多的农产品剩余支持外，更重要的是改革开放引入了市场经济体制，农民开始以转移劳动力的方式参与工业化进程，包括农民创办乡镇企业和作为农民工进入城市。这表明，改革开放后二元分割的城乡壁垒开始松动，特别是户籍制度开始松动。

在这一时期,农民的劳动力转移开始以市场的方式实现,但市场化的经济发展本身也会存在拉大发展差距的倾向。相比农村发展,城市产业的聚集效应使高生产率的产业都集中在城市,拉大了城市和农村的发展差距,农村的乡村工业和乡镇企业也必须适应这种聚集的过程。农民可以从农村移居城市加入城市化和工业化浪潮,但对农民工来说,由于之前在农村受到的教育层次低导致的知识水平限制,高生产率和高收入水平的职业机会难觅。并且,城乡二元体制只是松动,城乡分割的体制仍然存在,"三农"仍是处于为工业化城市化服务的附属地位,农业成为工业的附属,农村与农民成为城市的附属,只不过表现形式有所变化。一系列数据可反映这一时期的城乡对立关系,改革开放后的城乡发展差距拉大,成为全国收入分配差距的主要成因。1978 年城乡居民收入差距是 2.37 倍,1985 年缩小到 1.72 倍,但随着 20 世纪 80 年代中后期改革重心开始转向城市,城乡收入差距又开始扩大,到 1995 年扩大到 2.47 倍,到了 2004 年则扩大到 3.21 倍。[①]

意识到解决"三农"问题于实现共同富裕的意义,党中央对此格外重视。从农业发展入手,针对"三农"问题采取了一系列措施。在改革开放初期的 1982~1986 年连续发布了五个中央一号文件,对当时以土地承包制为核心的农村经济体制改革和农业发展做了部署。当时中央关注"三农"问题的核心在于农业生产效率的发展,通过出台系列农业政策激发广大农民的生产积极性,农业发展取得了极大的成效。随着改革开放和城市化的进一步发展,城乡发展差距继续拉大,"三农"问题更加突出。"三农"问题不再只是农业落后于工业的问题,更在于"三农"问题系统性和整体性的变化,因农产品附加价值低,农民仅从事农业生产,使收入增加缓慢,这又导致农村发展缓慢。这个问题在 20 世纪 90 年代初我们开始有所认识。1991 年党的十一届八中全会是改革开放多年后召开的一次专门讨论农业及农村问题的重要会议,与以往会议不同,这次会议不再只关注农业,而是把农业与农村发展联系起来。之后,1998 年党的十五届三中全会明确提出"三农"问题是关系我国改

---

① 国家统计局:《中国统计摘要(2005)》,中国统计出版社 2005 年。

革开放和现代化建设全局的重大问题。2001 年党的十六大提出了全面建设小康社会的宏伟目标，解决好"三农"问题，是其中的关键。至此，党的十六大跳出了传统的以农业论农业、以农村论农村，工作重点只在于农业粮食增长的思路，提出了"统筹城乡经济社会发展，建设现代农业，发展农村经济，增加农民收入"，这首次明确了统筹城乡发展，缩小城乡发展差距，解决"三农"问题的方式。党的十六大还明确了土地承包经营权流转，反映了农村土地集体所有制实现形式适应经济发展需要的新要求；提出了走中国特色城镇化道路，为农村劳动力有序流入城镇做了部署。2003 年党的十六届三中全会将统筹城乡发展的目的进一步界定为逐步改变城乡二元经济结构，为此国家要加大对农业和农村的财政投入，对在城市有稳定职业住所的农业人口，放宽了户籍管理的规定。

此后，中国发展进入了统筹城乡发展和城乡一体化发展阶段。时隔 18 年后的 2004 年，中央一号文件重新聚焦"三农"，指出农民增收对解决"三农"问题的重要性，并加大了财政对"三农"的支持力度，提出了三项补贴政策，即粮农补贴、良种农机具补贴、最低收购价补贴。2005 年十届全国人大常委会第十九次会议做出了废止农业税条例的决定，这意味着在我国延续了 2600 多年的农业税从此不复存在，对农民减负具有典型意义。2005 年党的十六届五中全会提出了社会主义新农村建设，要求"生产发展、生活富裕、乡风文明、村容整洁、管理民主"，这意味着"物的新农村"和"人的新农村"建设齐头并进。2006 年、2007 年中央一号文件提出了推进社会主义新农村建设的部署，进一步加大了支持"三农"工作的力度，提出了各种强农惠农的政策。总的来说，党的十六大以来，随着我国社会主义经济建设不断取得巨大成就和日益暴露出的发展中的一些问题，党中央逐步确立了科学发展观的指导思想。科学发展观的确立是 21 世纪以来中国发展理念层面上的一次重大变化，其要求的是实现全面协调可持续的发展，提出的"五个统筹"，其中第一位的就是统筹城乡发展，这也反映了 21 世纪以来党把"三农"工作提高到了关系发展全局的战略高度。这种发展不同于过去单纯的农业增产，而是更加关注农村社会民生和协调发展的全面发展，以及农民的全面增收，最终实现消除城乡二元差别。这也表明，相对之前农业为工业化服务，中国城乡关系进入了工业反哺农业、城市支持乡村的新阶段，我国工业化和城市发展的巨大成就使得这种反哺与支持既有可能，也更为必要。

具体到"三农"问题与城乡一体化的关系，这一阶段对这对关系的认识不断深化，相关政策也陆续出台。"三农"问题的核心问题是城乡二元体制，解决"三农"问题需要从城乡一体化着手综合布局，而不仅是考虑如何增加农业生产。消除城乡二元差别，彻底解决"三农"问题，一直是党中央工作的重中之重，2004年开始每年的中央一号文件都体现了这种重视。除了政策部署，在发展战略上，继"城乡统筹发展"的提法之后，2007年党的十七大提出了"缩小城乡差别，加速城乡一体化"，党的十七届三中全会指出，以工促农、以城带乡，形成城乡一体化发展新格局。城乡一体化的一个核心是要实现基本公共服务的均等化，这触及了城乡一体化的本质，意味着继以往的城乡差别户籍制度改革之后，城乡在基础设施、教育、医疗、社保等领域也要缩小公共服务差距。原来城乡居民间因身份差异导致公民权利和应享基本服务的巨大差异是中国城乡二元差异的本质，在以往"三农"重点是农业增产为工业服务思路中，粮食生产是重点，在21世纪中央重视"三农"问题和提出城乡统筹发展之后，关注的重点开始转移到如何增加农民收入和城乡共同发展上，而在城乡一体化发展战略阶段，解决因身份造成的公共服务待遇差异，不再因户籍差异造成享有权益的不平等这一城乡最大的不平等，真正触及了城乡二元分割这一"三农"问题的实质。

党的十八大以来，以习近平同志为核心的党中央对"三农"问题和城乡一体化发展做出了适应新时代发展要求的重大部署，并在实践中形成一系列新理念、新战略和新思想。党的十八大报告明确提出了城乡发展一体化是解决"三农"问题的根本途径。除此之外，还提出了走中国特色"新四化"道路，即新型工业化、信息化、新型城镇化和农业现代化同步发展，农业现代化、工业化与城镇化并列，突出强调了三者之间协调发展和互相促进的关系。

城镇化是农业人口通过空间集聚而转化为非农产业人口的过程，而新型城镇化则是强调以人为核心的城镇化，为移居城镇的人口提高其素质和生活质量。从根本上说，由于传统农业生产率低，而现代农业劳动力需求不大，农民增收问题不可能依靠农业自身来解决，只能通过农村富余劳动力移居到城镇从事工业和三产来解决，因此，"四化"同步，归根到底是实现可持续发展和协调发展，而城乡一体共同发展正是其中的重要部分。

习近平在党的十八届三中全会上指出：我国"城乡二元结构没有根本改变，城乡发展差距不断拉大趋势没有根本扭转。根本解决这些问题，必须推进城乡发展一体化"①。党的十八届三中全会《中共中央关于全面深化改革若干重大问题的决定》提出，城乡二元结构是制约城乡发展一体化的主要障碍。必须健全体制机制，形成以工促农、以城带乡、工农互惠、城乡一体的新型工农城乡关系，为此要推进城乡要素平等交换和公共资源均衡配置，完善城镇化健康发展体制机制，促进城镇化和新农村建设协调推进。这些新思路和新做法在理念上已经接近城乡融合的实质性内容。党的十九大对解决"三农"问题的认识又前进了一大步。报告首次提出了乡村振兴战略问题，而乡村振兴战略是城乡融合为旨归的重要战略。"农业农村农民问题是关系国计民生的根本性问题，必须始终把解决好'三农'问题作为全党工作重中之重。""建立健全城乡融合发展体制机制和政策体系，加快推进农业农村现代化。"②

从"城乡统筹发展"，到"城乡发展一体化"，再到"城乡融合发展"，反映了党和政府对解决"三农"问题的战略设计的与时俱进，城乡融合发展在消除城乡二元体制上与之前的战略是一致的，而创新的地方在于不仅是强调了政府对于城乡公共服务均衡配置的责任，更强调了乡村与城市的共存共生关系和和谐发展局面。以往"城乡统筹"和"城乡一体化"注重的是缩小城乡差距，注重的是政府的统筹兼顾和公共政策导向，以城带乡、以城补乡，乡村发展是被动的，是被带动和被补贴的发展，乡村发展仍然滞后，城市导向的农村公共政策的结果仍是村庄凋敝。而城乡融合发展更强调了乡村自身的发展动力机制和潜在的发展比较优势，乡村与城市互相带动，互相促进。在以往强调工业化和城市化的推进过程中，农业附属于工业、农村附属于城市的格局之所以尚未得到根本改观，就在于乡村缺乏自我发展的功能，以农村人口向城市转移可以增加收入，但这并不能改变农村发展的落后局面。我

---

① 《中共中央关于全面深化改革若干重大问题的决定》，《人民日报》2013年11月16日。

② 习近平：《决胜全面建成小康社会 夺取新时代中国特色社会主义伟大胜利——在中国共产党第十九次全国代表大会上的报告》，人民出版社2017年。

国至今仍有约一半的人口居于乡村，解决"三农"问题也不可能只依靠城市化的一端。城乡齐头并进，才是新时代中国特色社会主义融合发展的必由之路，乡村振兴战略正是站在新时代的高度，着眼于增强乡村的造血机能，从根本层面改变城乡之间乡村被动发展和依赖城市的一面，这无疑是秉承社会可持续的协调发展，实现社会主义共同富裕的顶层战略。

二、农村发展战略的新定位：解决新矛盾的重要选择

中国社会主要矛盾已经由人民日益增长的物质文化需要同落后的社会生产之间的矛盾，转化为人民日益增长的美好生活需要和不平衡不充分的发展之间的矛盾，这一主要矛盾在乡村最为突出。发展不平衡不充分的问题分布于政治、经济、文化、社会、生态五个方面。政治和经济方面的表现是，农村基层党建存在薄弱环节，乡村治理体系和治理能力亟待强化；农产品阶段性供过于求和供给不足并存，农业供给质量亟待提高；农民适应生产力发展和市场竞争的能力不足，专业农民队伍建设亟须加强；国家支农体系相对薄弱，农村金融改革任务繁重，城乡之间要素合理流动机制亟待健全。文化、社会和生态方面表现为，农村基础设施和民生领域欠账较多，农村环境和生态问题比较突出，乡村发展整体水平亟待提升。新时代中国社会主要矛盾具有整体性，发展不平衡不充分是一个系统性、整体性问题，因此，要把上述问题纳入乡村振兴战略，才能从根本上解决乡村的主要矛盾。

中国的社会主义制度脱胎于半殖民半封建社会，生产力极端落后是近代中国的基本国情，解放和发展生产力和实现共同富裕就成为中国特色社会主义建设的双重任务。1981 年党的十一届六中全会指出，在现阶段，我国社会的主要矛盾是人民日益增长的物质文化需要同落后的社会生产之间的矛盾。发展生产力是解决这一主要矛盾的根本途径，改革开放也是为了这一根本任务而采取的措施。改革开放之后相当一段时期内，快速发展经济，追求发展速度，成为改革开放的重心，追求 GDP 增长速度成为经济发展的成就和标准。在追求经济高速发展的形势下，由于农业本身的特点和效益状况，其必

然在追求经济增速中处于附属地位，农业的任务就是为城市人口提供廉价农产品，农民为工业化提供廉价的劳动力，农村为城市的发展扩张提供廉价的资金和土地。"三农"的附属地位是客观存在的：从市场经济角度看，工业和城市的集聚功能自然会吸引资金和人力资源，市场经济的发展自然会导致发展的天平朝向工业和城市一端，而计划经济时期形成的城乡二元体制又使得资源过度向工业和城市倾斜，乡村的发展既然对国内生产总值（GDP）和经济增长不如工业和城市那么起作用，相比之下乡村的工作也难免不被重视。

从经济发展角度看，随着经济的高速增长，人民日益增长的物质文化需要同落后社会生产之间的矛盾得到了极大缓解。但是，追求总量的增长使资源汇集于城市，城市成为经济发展和现代化的动力，而发展的代价是城乡差距的拉大，就城乡而言，主要矛盾表现在城市居民收入的快速增长，而农村居民收入增长缓慢上。在21世纪，"三农"工作的重心和矛盾解决的侧重点转到了农民增收上。以往对农业的重视并不必然带来农民增收，这主要因为农村劳动力丰裕但土地资源有限，导致农业的低生产率。农民增收的主要途径是农业人口从低收入的农业转移到工业和第三产业，并移居到城市。因此，21世纪以来的"三农"政策除了给农民减负，增加农业科技扶持，主要的方法是工业化和城镇化。事实上，21世纪以来中国的城镇化率，从1999年的30.89%提高到2016年的57.35%，是提高速度最快的一段时期。为了配合城镇化的进程，使城镇化的农民享有居住、就业、教育、社保等市民同等权利，国家对城镇化做了总体规划和部署，这正是党的十八大报告"四化"并举中的农业现代化和新型城镇化的政策意义。

城镇化已成为我国经济增长的关键因素，我国的城镇化率每增加1%，就可拉动当年国内生产总值1%～2%，[①] 城镇化是解决我国"三农"问题的重要途径。另外，城镇化中除了镇区所在人口外，其余的大中小城市人口与农村在空间距离和产业分布上都相去甚远，城镇化实现了人的转移，但城镇化不可能完全替代农村的发展。而且，城镇化特别是让人口往城市集中使得农村中最具生产力的劳动力外流，这容易使乡村出现空心化和凋敝现象，这

---

① 杨庆蔚：《投资蓝皮书：中国投资发展报告》，社会科学文献出版社2013年。

也是城乡二元经济发展中容易出现的城市与乡村的矛盾。城镇化率只要不是达到100%的水平，大量农民仍然生活在农村，农村中的农民仍然面临增收的问题，只要国民农产品消费不可能百分百依靠进口，农村中的农业仍然面临发展的问题。此外，在地域空间上，农村的广大与城市的狭小形成了鲜明对比，农村的发展还具有空间格局的问题，包括资源开发和生态环境的空间格局，也包括乡村文化和社会环境的空间格局，这使得农村发展具有特殊而重要的意义。2015年4月30日习近平在中央政治局第二十二次集体学习时的讲话中指出："推进新农村建设，使之与新型城镇化协调发展、互惠一体，形成双轮驱动"①，这高度概括了农村发展与城镇化的齐头并进的关系。21世纪以来在党和政府的关怀下，我国农村发展在新农村建设的战略指引下取得了长足发展，这不仅反映在农村基础设施的改善和农村居住条件以及周边环境的改善上，也表现在农村社会事业的发展和乡村工作的改进上，包括农村义务教育经费国家保障、新型农村合作医疗制度、农村最低生活保障制度和新型农村社会养老保险制度等，都反映了中央对农村的关心和财政对农村的支持。

随着多年来我国经济的快速发展，我国经济进入了强起来的阶段。如何才能够强起来呢？在根本意义上就是要集中精力解决人民日益增长的美好生活需要和不平衡不充分的发展之间的矛盾。而城乡之间的不平衡是最大的发展不平衡，农村发展的不充分是最大的发展不充分，这也是党的十九大提出乡村振兴战略的根据。在新时代，在中国强起来的过程中，尽管农业占GDP的比重会进一步下降，但农业的基础地位不会变，农业在保障国家安全的战略地位不仅不会下降而且还会进一步加强。尽管城镇化水平将进一步提高，但大量农民生活在乡村的国情也不会改变，他们对美好生活的追求也会日益增长。从农业增产、到农民增收，再到农村发展，以往党中央的一系列相关政策侧重的是"三农"的某一或某些方面，到党的十九大的乡村振兴战略，则形成综合性的整体战略设计，是新时代"三农"工作的总方针。乡村振兴战略把农业增产、农民增收、农村发展作为一个整体来安排，更加关注综合

---

① 《健全城乡发展一体化体制机制　让广大农民共享改革发展成果》，《人民日报》2015年5月2日。

和全面的农村发展。在整体性的视野中，农业增产和农民增收是为了实现农村发展，这与过去侧重于强调发展农业是为工业化积累做贡献，农民是为工业化和城市化提供劳动力的思路是不一样的。此外，党的十九大提出了农业农村现代化，与党的十八大"新四化"的农业现代化相比，增加了农村现代化，表明了农村发展和农村现代化的整体性意义，这比单纯强调农业现代化更加全面和深刻。

乡村振兴这种整体性的战略安排与过去提出的"城乡统筹"和"城乡一体化"的发展思路也有所不同。它是以城乡融合为根本理念，应当说，"城乡融合"是对"城乡统筹"和"城乡一体化"的发展和超越。"城乡统筹"和"城乡一体化"着眼的是"以工补农"和"以城统乡"，这种思路虽然比城乡对立的理念有所进步，对解决"三农"问题有所裨益，但从发展理念上讲这仍然是以城市为中心的发展模式，按照这种思路也不会改变总量发展下城乡结构差距拉大的情况。城乡差距既然成为新时代解决主要矛盾的主攻方向之一，那么，强调乡村与城市是共存共荣、互相推动的两个空间发展布局，从以往城市为中心转变到城市与乡村的双中心，乡村不再是依附城市的发展而要有自己的独立性和自主的发展格局，这种思路就成为必然选择。乡村振兴战略正是"城乡融合"理念在国家实践层面的具体实施，着眼的是农村发展与乡村振兴，使农村发展形成与城市发展既有共性又有差异性，形成农村自主发展的格局，最终消除城乡发展差距。因此，无论从"三农"问题本身来看，还是从消除城乡发展差距来看，乡村振兴战略都是解决"三农"问题和消除城乡差距的政策交汇点，通过增强农村的全面发展，来彻底解决"三农"和城乡发展差距问题，也就是发展不充分和不平衡的问题。这正如2018年1月2日《中共中央 国务院关于实施乡村振兴战略的意见》指出的，"加快推进农业农村现代化，走中国特色社会主义乡村振兴道路，让农业成为有奔头的产业，让农民成为有吸引力的职业，让农村成为安居乐业的美丽家园"。

三、农村发展的新思路：实施乡村振兴战略的总要求

关于乡村振兴，党的十九大报告明确指出"产业兴旺、生态宜居、乡风

文明、治理有效、生活富裕"① 的总要求。在此基础上，2018 年 3 月 8 日，习近平总书记在参加全国人大山东代表团审议时提出"五个振兴"的科学论断，"乡村产业振兴、乡村人才振兴、乡村文化振兴、乡村生态振兴、乡村组织振兴"。"五大振兴"是落实总要求的举措，这五大要求以及"五个振兴"既是"五位一体，立体布局"在乡村振兴战略上的体现，也是解决乡村社会主要矛盾的路径：产业兴旺和产业振兴针对经济问题，生态宜居和生态振兴针对生态问题，乡风文明和文化振兴是文化层面的要求，治理有效和组织振兴是政治领域的表现，生活富裕和人才振兴是社会方面的体现。

与新时代"五位一体"总体布局是一个有机整体一样，乡村振兴战略作为一个有机整体，也从物质文明、政治文明、精神文明、社会文明、生态文明各个角度要求一致、协同地推动乡村整体振兴和治理现代化。乡村振兴战略的这些总体要求描绘了农业农村的现代化，从党的十八大报告正式提出"四化"同步以来，农业现代化和其他"三化"，特别是新型城镇化之间是密切联系、同步发展的。2013 年党的十八届三中全会提出了全面深化改革的总目标是完善和发展中国特色社会主义制度、推进国家治理体系和治理能力现代化，这包括政治、经济、文化、社会、生态文明建设和党的建设等各领域的体制机制的现代化。2015 年 4 月《中共中央 国务院关于加快推进生态文明建设的意见》指出了生态文明建设在中国特色社会主义建设事业中的重要性，在"四化"的基础上加入"绿色化"，成为"五化同步"，乡村振兴战略的这些总体要求，也是国家治理体系和治理能力现代化在农村发展和现代化战略中的反映，是这些总体工作布局在"三农"工作中的细化。

关于落实乡村振兴战略规划的大背景，在党的十九大报告和 2017 年 12 月的中央经济工作会议中，习近平提出从现在到 2020 年的全面建成小康社会决胜期，要坚决打好三大攻坚战，精准脱贫就是其中之一。更进一步，实现全面建成小康社会的目标，是我们党提出的实现第一个百年奋斗目标，在此基础上还要分阶段向第二个百年奋斗目标，即建设社会主义现代化强国进军。2018 年 1 月 2 日《中共中央 国务院关于实施乡村振兴战略的意见》还指出，

---

① 习近平：《决胜全面建成小康社会 夺取新时代中国特色社会主义伟大胜利——在中国共产党第十九次全国代表大会上的报告》，人民出版社 2017 年。

"农业农村农民问题是关系国计民生的根本性问题。没有农业农村的现代化，就没有国家的现代化"。乡村振兴战略着眼的农村发展不仅仅只是为了完成全面决胜小康社会的目标，而是适应两个一百年奋斗总目标的长期战略，是建设社会主义现代化强国的战略之一，也是最终实现全体人民共同富裕的重要成分。在 2018 年 1 月《中共中央 国务院关于实施乡村振兴战略的意见》中，与党的十九大提出的两个一百年奋斗目标安排相对应，到 2020 年，乡村振兴取得重要进展，制度框架和政策体系基本形成。这与 2020 年决胜全面小康社会的总安排是一致的，特别是对于脱贫攻坚战的安排，2020 年要实现现行标准下农村贫困人口实现脱贫，贫困县全部摘帽，解决区域性整体贫困；到 2035 年，乡村振兴取得决定性进展，农业农村现代化基本实现；到 2050 年，乡村全面振兴，全面实现农业强、农村美、农民富。

2018 年中央农村工作会议对贯彻乡村振兴提出了八点要求：一是坚持加强和改善党对农村工作的领导，为"三农"发展提供坚强政治保障；二是坚持重中之重的战略地位，切实把农业农村优先发展落到实处；三是坚持把推进农业供给侧结构性改革作为主线，加快推进农业农村现代化；四是坚持立足国内保障自给的方针，牢牢把握国家粮食安全主动权；五是坚持不断深化农村改革，激发农村发展新活力；六是坚持绿色生态导向，推动农业农村可持续发展；七是坚持保障和改善民生，让广大农民有更多的获得感；八是坚持遵循乡村发展规律，扎实推进美丽宜居乡村建设。这八点要求是对乡村振兴战略的落实，也是应遵循的原则。

无论是乡村振兴的规划还是举措为何，乡村振兴战略的总要求是一个内容全面的战略要求，是一个有机整体。《中共中央 国务院关于实施乡村振兴战略的意见》明确指出，"产业兴旺是重点"，这也是现代化经济体系建设的必然要求，就如同"五位一体"中经济建设的地位一样。要实现农业农村现代化，首要条件是产业兴旺。乡村振兴战略要实现"城乡融合"理念，在新时代农村发展也需要从原来附属和被动的发展地位改变为实现内生和主动的发展，产业兴旺是重点是因为它是农村内生和主动发展的重点。就农业发展而言，产业兴旺包含了农业现代化。就农民增收而言，过去在以城市为主导的经济发展格局下，农民增收的主要途径不是靠农业农村的就业机会，例如，

2014～2016年，农业净收入对农民增收的贡献只有14.7%，农民增收主要是靠到城市打工。在新型城镇化的配合下，乡村产业兴旺就是要让剩下的农民在农村也能有好的就业和收入，从而实现农民增收的内生循环的长效机制。就农村发展而言，产业兴旺更是意味着实现农村发展的自我造血机能，产业兴旺可以带来农村社会、文化等方方面面的兴旺，从而为农村发展带来可持续的发展格局。产业兴旺也不仅仅是指发展现代农业来提高农民收入，更是要依靠"促进农村一二三产业的融合发展"，以现代农业为基础，发展农产品加工流通业和依托农业农村的观光、休闲、旅游、文化、养老等服务业，以及依托农业农村的绿色科技产业，来实现农业农村发展的新动能。

生态宜居是建设生态文明的重要组成部分，在地理上农村占有最广阔的空间，居住着近一半的人口，农村的生态宜居搞好了，建设美丽中国的宏伟计划才能实现。在以往工业化和城市化过程中，环境污染也日益严重，这也不可避免影响到农村，农村环境问题一方面是农村农药化肥污染问题，这方面的环境治理与发展现代绿色农业是结合在一起的。另一方面农村往往是城市废弃和工业污染的排放地，这方面的环境治理是与美丽中国和健康中国的战略规划联系在一起的。一个生态宜居的农村，不仅有利于农民的身心舒畅和农村的持续发展，与产业兴旺也是密切联系的，只有生态宜居的农村才能实现农村大旅游大健康产业等新型服务业和绿色科技产业。而且，一个生态宜居的农村，桃红柳绿，丹桂飘香，宜人的田园风光本来就是中华传统文化称颂的人文场景，是中华传统优秀文化在当代的继承与实现。因而，要加大农村的生态系统保护力度，加快农村的绿色产业发展，真正实现"绿水青山就是金山银山"。

乡风文明同样是中国乡村传统，也是文化建设的重要组成部分，光有物质建设的乡村只是空壳，文化才是乡村的内在。乡风文明要继承和发扬中华传统优秀文化和区域特色非物质文化，并体现在乡村精神风貌中，这对乡村的产业兴旺也有重要的促进作用，它使乡村新型服务业带有文化内涵并具有本土文化特色。乡村文明也要推动社会主义精神文明建设，开展移风易俗，弘扬时代新风，使农村成为精神生活朝气蓬勃，人民安居乐业的社会主义新农村。

乡村振兴，治理有效是基础。治理有效是政治建设的重要内容，是国家治理能力和治理体系现代化的重要成分。农村由于"地广人散"以及熟人、半熟人群居的特征，加上传统文化的影响相对较大，不同地区的乡村治理有其自身的特点。党的十九大报告提出"健全自治、法治、德治相结合的乡村治理体系"，就是中国特色乡村治理体系的提纲挈领的提法。自治是基于农村"地广人散"的乡情，可顺应农村乡土风情，减少治理成本，也是社会主义民主政治在乡村基层的实践；法治是"四个全面"中全面推进依法治国在乡村治理中的贯彻，在坚持和完善党的领导下的依法治国，在乡村治理中不仅要维护各种法律的尊严，确保法律实施，更要坚持和完善党的领导，是农村工作和乡村治理的基本原则。德治是乡村熟人、半熟人社会及传统文化习俗对治理影响的反映，道德风尚不仅包括传统习俗，更要在坚持和完善党的领导下提倡社会主义核心价值观。乡村工作治理有效不仅能促进乡风文明，更能通过乡村工作推动产业兴旺和生态文明，在这个意义上有效治理为乡村振兴的各个方面提供了保障。

产业兴旺、生态宜居、乡风文明、治理有效的社会主义新农村，生活富裕是顺理成章、水到渠成的结果。产业兴旺是生活富裕的物质保障，生态宜居是生活富裕的环境保障，乡风文明是生活富裕的文化保障，治理有效是生活富裕的政治保障。乡村振兴战略中的生活富裕，不单指物质生活的富裕，还包括生态、文化精神、政治生活的富裕，是一种全面的富裕，是社会主义本质即解放和发展生产力、实现共同富裕美好愿景的具体体现！

[作者张彩云、隋筱童、胡怀国、陈健，原文发表于《乡村振兴潍坊模式的昌邑实践》导论（乡村振兴战略的理论阐释），经济科学出版社 2021 年。]

[摘要] 农村基本经营制度是我国经过多年实践摸索出的重要制度安排，是实施乡村振兴战略的制度基础。完善农村基本经营制度，重点在于协调"统"和"分"的关系。应进一步深化农村土地改革，在坚持农村土地集体所有制的基础上，保证土地承包关系长期稳定，健全土地经营权流转机制，充分保障农民的合法权益，为乡村振兴战略提供内生动力。与此同时，农村新型集体经济让农民通过新的组织形式重新结合起来，顺应了生产力的发展要求。适应社会主义市场经济体制，与农村社会基础的变化和传统文化因素相契合，应因地制宜发展壮大农村新型集体经济。具体来说，应积极鼓励引导农村新型集体经济的健康发展，正确认识其多样化发展形式，充分重视农民的主体性作用，通过发展农村新型集体经济推动全方位实现乡村振兴战略。

[关键词] 农村基本经营制度　乡村振兴战略　农村新型集体经济

我国始终把解决好"三农"问题作为所有工作的重中之重，新中国成立后特别是改革开放以来，我国农村面貌极大改善，农业农村现代化程度不断推进，农民各方面生活水平显著提高，几亿人口实现了脱贫。这些发展成就的取得，正是源于我国在农村探索出了适合中国国情的发展制度，源于中国特色社会主义制度的强大生命力和巨大优越性。在党的十九届四中全会审议通过的《中共中央关于坚持和完善中国特色社会主义制度、推进国家治理体系和治理能力现代化若干重大问题的决定》中，将中国特色社会主义的制度总结为十三个方面，为进一步坚持和完善国家制度指明了方向，也为新时代决胜全面建成小康社会、全面建设社会主义现代化国家厘定了行动方案。其中"坚持和完善社会主义基本经济制度，推动经济高质量发展"这一部分明确提出："深化农村集体产权制度改革，发展农村集体经济，完善农村基本经营制度。""实施乡村振兴战略，完善农业农村优先发展和保障国家粮食安全的制度政策，健全城乡融合发展体制机制。"这一方面是对我们党解决"三农"问题实践经验的制度总结；另一方面也为接下来加强"三农"工作、实施乡村振兴战略明确了制度选择和着力方向。农村基本经营制度和乡村振兴战略概念的形成有先后之分，作用机制也有着逻辑上的相互作用关系，我们认为农村基本经营制度是实施乡村振兴战略的制度基础，不断完善农村基本经营制度，才能更好地推进乡村振兴战略。

一、农村基本经营制度是实施乡村振兴战略的制度基础

习近平总书记指出，农村基本经营制度是党的农村政策的基石。坚持党的农村政策，首要的就是坚持农村基本经营制度。[①] 改革开放以来，农村农业发展取得了突出成就，这些成功政策的推动和实施需要坚实的制度基础，农村基本经营制度在其中起到了重要的支撑作用。农村基本经营制度的发展和形成，经过了长时间的探索和尝试。1978 年党的十一届三中全会通过《中共中央关于加快农业发展若干问题的决定（草案）》，其中规定人民公社各级组织必须依照"各尽所能、按劳分配、多劳多得、少劳少得、男女同工同酬"的原则，可以包工到作业组，联系产量计算劳动报酬。之后的实践过程中，广大干部群众不断探索总结，发展农民承包经营的方式和方法，经历了联产到组、联产到劳、联产到户，最后发展为包干到户的方式，在广大农民中取得了很好的效果，调动起农民的生产积极性，这在之后的中央文件统一界定为"家庭联产承包责任制"。1982 年中央颁布了《全国农村工作会议纪要》，这是改革开放后的第一个中央"一号文件"，明确指出包产到户、到组，包干到户、到组都是社会主义集体经济的生产责任制。1980 年，实行家

---

① 《习近平关于"三农"工作论述摘编》，中央文献出版社 2019 年，第 50 页。

庭联产承包责任制的农村基本核算单位仅占总数的 5.0%，1982 年达到
80.9%，1984 年这一数字达到 99.1%。① 1991 年《中共中央关于进一步加强
农业和农村工作的决定》由党的十三届八中全会审议通过，文件中指出"要
继续稳定以家庭联产承包为主的责任制，不断完善统分结合的双层经营体
制"，其中"统"的含义是指农村土地由村集体所有，坚持土地社会主义公
有制，农户从集体承包土地进行生产经营活动，农村的一些大型农业机具和
农田水利设施也是由集体提供建造；"分"指的农业生产以家庭承包经营为
主，土地的生产经营权下放到农户手中。1993 年 3 月的《中华人民共和国宪
法》修正案将"农村中的家庭联产承包为主的责任制"写入宪法，当年 7 月
通过的《中华人民共和国农业法》也写到"国家长期稳定农村以家庭承包经
营为基础、统分结合的双层经营体制"。农村基本经营制度在法律层面被认
可，接下来的多项改革旨在进一步稳定承包关系。2002 年出台的《中华人民
共和国农村土地承包法》中指出，"国家依法保护农村土地承包关系的长期
稳定"。土地承包经营权作为一种独立的权力也在法律中得到体现，2007 年
出台的《中华人民共和国物权法》把土地承包经营权界定为用益物权，使得
与土地承包经营权相关的利益纠纷有法可依，保障了农民在承包经营土地时
的财产权利，进一步维护了农村基本经营制度的稳定。2008 年《中共中央关
于推进农村改革发展若干重大问题的决定》由党的十七届三中全会审议通
过，其中较为系统地阐述了完善农村基本经营制度的思路。

党的十九大提出实施乡村振兴战略，是我们党深刻把握现代化建设规律
和城乡关系变化特征，对"三农"工作做出的战略性安排，是建设社会主义
现代化强国的必然要求，也是做好"三农"工作的基本遵循。乡村振兴是全
面振兴，总要求包括产业兴旺、生态宜居、乡风文明、治理有效、生活富裕
等五个方面。其中既涉及经济发展方面的任务，也涉及上层建筑层面的任务。
从马克思主义理论来看，一方面，生产力是社会经济发展的决定性力量；另
一方面，经济基础决定上层建筑。我国改革开放以来的实践充分表明，农村
基本经营制度能够极大发展农业生产力，调动农民生产积极性。农村土地所

① 农业部农村合作经济指导司《当代中国农业合作化》编辑室：《农村合作经济组织及农业生
产条件发展情况资料》（1950—1991）。

有权和承包经营权相分离，使得农民能够以家庭为单位承包经营土地，可以有效避免经济学上的"公地悲剧"问题，农民持续在土地上进行投入，有效增加土地利用效率，提高农业生产率。我国农业长期健康发展和农民生活水平持续提高，与农业生产力水平不断提升有着直接的关系，继续完善农村基本经营制度，促进生产力发展，将会为产业兴旺和生活富裕提供重要的制度保障。对于生态宜居、乡风文明、治理有效等方面的要求，单纯提升农业生产力水平是难以解决的，需要调动社会各方面力量，从文化、机制、理念等方面着手推进，涉及上层建筑层面的问题。理想的上层建筑需要由合理的经济基础进行支撑，农村基本经营制度以制度形式规定了经济基础的主要内容，对形成生态宜居、乡风文明、治理有效的农村社会环境具有重要作用。从生态宜居来看，农村生活环境问题是一个系统工程，需要统筹管理农村生产生活，主动开展环境治理工作，建立相应的鼓励绿色发展的机制。如果仅从家庭生产的角度来考虑，没有家庭有能力和意愿主动开展生态环境治理保护工作，必须发挥"统"的作用，由政府统一负责安排相关工作。乡风文明是文化建设方面的内容，也需要政府统筹协调，才能完成乡村振兴战略的目标要求。治理有效是社会主义政治建设的重要内容，而政治建设是以经济基础为出发点的，必须在农村坚持社会主义的经济基础，才能够达到社会主义治理有效的要求。农村基本经营制度保证了基层生产经营方式的社会主义性质，通过发展统分结合的"双层经营"体制，既在"分"的过程中激发了农业生产的活力，又在"统"的过程中壮大了农村基层组织的领导力量和组织能力，从而实现政治、文化、理念等多方面的同步发展。

如何协调"统"和"分"的关系，完善农村基本经营制度，是进一步推动乡村振兴战略所要着重解决的基本问题。2013年3月在十二届全国人大一次会议的江苏团会议上，习近平总书记在听取相关汇报后指出，"改革开放从农村破题，大包干是改革开放的先声。当时中央文件提出要建立统分结合的家庭承包责任制，实践的结果是，'分'的积极性充分体现了，但'统'怎么适应市场经济、规模经济，始终没有得到很好的解决"。[①] 应正确认识

---

① 吴重庆、张慧鹏：《小农与乡村振兴——现代农业产业分工体系中小农户的结构性困境与出路》，《南京农业大学学报（社会科学版）》2019年第1期，第13~24页、第163页。

"统"和"分"辩证关系，在生产力水平还不高的条件下，分田到户适应了广大农民的生产需要，能够调动农民的生产积极性。不过，随着农业生产力不断发展，农业生产对规模化、机械化、组织化的要求也逐渐增加，"统"的方面应该受到重视，通过发展农村新型集体经济，将农村的人力、物力、财力重新组合起来，能够有效促进农业及附加产业的分工，实现技术化和专业化，并显著增强农民在市场经济中的抗风险能力和议价能力。与此同时，许多情况下这种"统"也是建立在家庭承包经营基础之上的，家庭在获得土地承包权之后，将土地流转出来再进行统一生产经营，可以说是建立在"分"之上的"统"。因此，在进一步完善农村基本经营制度的过程中，要把握好"统"和"分"的辩证关系，在"统"和"分"的辩证运动中不断推动乡村振兴战略的实施，我们认为应从以下两个方面进行：一是深化农村土地制度改革，让广大农民能够"分"得清楚，充分保障农民的合法权益；二是大力发展农村新型集体经济，让农民通过新的组织形式重新结合起来，以适应社会主义市场经济的发展要求。

二、深化农村土地改革为乡村振兴战略提供内生动力

农村土地制度是农村基本经营制度的核心。党的十九大报告指出，保持土地承包关系稳定并长久不变，第二轮土地承包到期后再延长 30 年。这一政策稳定了广大农民的制度预期，为维护农村基本经营制度长久不变起到重要作用，有助于更好推进农村农业的现代化建设。需要指出的是，农村土地改革包括农村承包地、宅基地以及集体建设用地改革等，根本目的在于促进农村稳定，推动农业发展，保障农民利益。在构建城乡建设用地增减挂钩体系的过程中，应当注重以城镇化带动农村发展，以工业带动农业。现阶段增减挂钩产生的节余建设用地指标一般在省域内流动，农村土地增值空间有限，很难抵偿村庄建设和土地复垦的成本，将发达城市地区的资金通过土地渠道转移到农村建设中的环节并不是很通畅。与此同时，乡村振兴战略的实施需要大量资金投入，以原本就不充裕的地方财政投资为主要渠道进行农村建设会产生

较强的预算约束,"增减挂钩"政策可以成为农村建设筹措资金的重要渠道。这需要建立完善全国性的节余建设用地指标交易平台,通过建设用地指标跨区域交易,激活全国土地利用效率,促进全国发达地区和欠发达地区资金、土地要素的合理双向流动,为农村建设提供充足资金保障,为实施乡村振兴战略提供更好的展开条件。我们认为应该进一步深化农村土地制度改革,充分保障农民承包经营土地的合法权益,促进土地要素流动,激发乡村振兴的内生动力。

(一) 坚持农村土地集体所有制

习近平总书记特别重视农村土地集体所有制问题,他在中央农村工作会议上的讲话中指出:"坚持农村土地农民集体所有。这是坚持农村基本经营制度的'魂'。农村土地属于农民集体所有。这是农村最大的制度。农村基本经营制度是农村土地集体所有制的实现形式。农村土地集体所有权是土地承包经营权的基础和本位。坚持农村基本经营制度,就要坚持农村土地集体所有。"[①] 任何土地制度改革,都要牢牢把握住这个红线,不能以任何形式削弱土地集体所有制,这是社会主义制度的根本要求。无论从理论上还是实践中来看,坚持农村土地集体所有制,是我们党开展"三农"工作的基本条件和重要优势。我国古代历史上出现社会动荡的重要原因多在于土地不断兼并集中,地主阶层垄断大量生产资源,人民群众缺少必要的生产条件,难以维持生计。农村土地集体所有制从源头上遏制了这种情况的发生,使得国家有能力从宏观层面调节土地资源的配置情况,保证农业生产需要,维护基本的社会公平正义。只要农村土地集体所有制不变,在此基础上的各种改革措施就有能够回旋的余地,社会主义制度基础就难以动摇,人民群众的根本利益也就能够得到保障。

(二) 保证土地承包关系长期稳定

2019 年 12 月,《中共中央国务院关于保持土地承包关系稳定并长久不变

---

① 中共中央文献研究室:《十八大以来重要文献选编》(上),中央文献出版社 2014 年。

的意见》（以下简称《意见》）正式发布，这进一步为深入推进乡村振兴战略夯实了制度基础。文件中指出，家庭承包经营的基本制度长期不变，并保障农民集体能够有效行使土地所有权，村集体的村民在享有土地承包权时是平等的；农业生产以家庭经营为基础，普通农户可以继续长期承包集体土地，相关权利受法律保护。同时，《意见》中进一步明确了党的十九大提出的第二轮承包到期后再延长 30 年。这为我国农业生产保持长期稳定奠定了重要的制度基础，有利于在此基础上开展土地经营权的流转工作。随着农业生产的现代化水平逐步提高，单位土地投入的生产资本明显增加，保证土地承包关系长期稳定，有利于农业生产技术迭代更新，符合乡村振兴战略的发展要求。不过，在具体执行过程中，应积极探索更为灵活的土地承包变更方式，"增人不增地、减人不减地"虽然在一定程度上有利于土地规模经营，但弊端也很明显，对年轻人回流农村从事农业生产活动可能产生阻碍作用。随着我国农村发展进入新阶段，城乡差别逐渐缩小，城乡融合程度不断加深，人口双向流动会越发频繁，如何在保证土地承包关系长期稳定的条件下，适应人口双向流动的新特点，需要在实践中进一步探索。

（三）健全土地经营权流转机制

在保证土地承包关系长久不变的基础上，"三权分置"改革、促进土地经营权流转将能够更好地实施。在农民土地承包经营权完成确权、登记、颁证等步骤之后，只要依法合规，农民有权自主决定承包土地的经营权是否流转、怎样流转、流转给谁。[1] 要深入推进农村承包地"三权分置"改革，保障所有权、承包权、经营权三权分置，使得经营权能够通过市场机制进行流转。农村承包地"三权分置"改革具有重大意义，是我国继家庭联产承包责任制之后，农村制度改革领域的又一重要探索，给农业生产经营带来多方面的益处。首先，在坚持农村集体土地所有权的基础上，突出了农户对土地进行承包经营的权利，保障了广大农民的长久经营土地的愿望；其次，给予土

---

[1] 陈锡文：《从农村改革 40 年看乡村振兴战略的提出》，《中国党政干部论坛》2018 年第 4 期，第 12~18 页。

地经营权的流转以充分空间，顺应了部分农户流转土地经营权的意愿，有利于土地规模化经营，提高土地利用效率。另外，"三权分置"改革也从制度上保障了土地经营者的权益，可以有效避免利益纠纷。农业生产力水平的提高必然会带来农业生产规模化，大范围地使用农业机械设备，发展规模农业，小规模的农业生产已难以适应市场化的需求。通过土地经营权流转，将土地集中经营以适应农业生产的新要求，促进农业产业化，是实施乡村振兴战略的重要举措。应逐步扩大农村土地改革试点范围，完善土地经营流转相关措施，推动农村土地制度改革不断深化，解决农民迫切关心的重点问题。接下来应在试点改革经验的基础上，将改革措施制度化、规范化。农村宅基地问题也是改革的难点问题，应重点推动房地一体的农村集体建设用地和宅基地使用权确权改革，这是当前广大农民关心的难点问题，探索推进宅基地所有权、资格权、使用权"三权分置"改革，充分保障农户的房屋财产权、农户对宅基地的使用权、宅基地的集体所有权，在此前提下，探索适度放活宅基地和农户房屋使用权的措施，有效利用农村土地资源，激活农村发展深层次动力。[①]

三、发展壮大农村新型集体经济是
乡村振兴战略的重要方向

随着中国特色社会主义进入新时代，社会经济等各方面条件都有了新的变化，农村基本经营制度也应进一步改革完善。其一，随着市场经济不断发展，农业市场化水平不断提高，以家庭为基本生产单位的普通农户在面对市场环境的时候，难以全面适应市场需求，面对市场风险的能力也较弱。其二，我国城镇化的进程不断深入，部分农业人口向城市转移是必然趋势，一些农民耕种土地的意愿下降，不少地方甚至出现土地撂荒的现象。其三，随着外部环境的冲击和农村人口结构的变化，农村基层组织的领导力有下降的风险，

[①] 蒋永穆：《基于社会主要矛盾变化的乡村振兴战略：内涵及路径》，《社会科学辑刊》2018 年第 2 期，第 15~21 页。

农村政治秩序需要适应新的历史条件，社会治理问题成为较为突出的难点，乡村文化建设也亟待改善。这些问题为进一步实施乡村振兴战略带来极大挑战。我们认为发展农村新型集体经济能够顺应时代要求，较好地解决以上问题，助力乡村振兴战略实施。

（一）农村新型集体经济能够助力乡村振兴战略

首先，农村新型集体经济顺应了生产力的发展要求。从马克思主义唯物史观的视角来看，农村基本经营制度必须适应生产力发展和生产方式演变所提出的新要求。一方面，伴随着科技进步，信息科学、生物科学、材料科学等方面的新技术大量运用到农业生产之中，农业生产力水平大幅度提高，农业生产方式已经有了翻天覆地的变化；另一方面，随着社会不断发展，新一代农民劳动能力也迅速提高，受教育程度大幅度增长，能够更好地掌握新技术新知识。农村新型集体经济组织能够较好地适应生产力的这种变化，邓小平同志曾提出"两个飞跃"的观点就预见到了这一趋势，我国农业的改革和发展要经历两个飞跃，"第一个飞跃"是实行家庭联产承包为主的责任制；而要适应科学种田和生产社会化的需要，就要进行"第二个飞跃"，发展适度规模经营，发展集体经济。[①]

农村新型集体经济能够促进农业现代化，有利于先进生产技术的运用。农业现代化必定是以大规模采用先进农业生产技术为基础的，这些技术多是技术供给方从外部输入进农村。农村新型集体经济将以家庭为单位的农户组织起来，能够使得先进生产技术在农村的引进、推广、普及更为高效。新型集体经济组织主动寻找合适的技术供给方进行对接，首先能够理智地判断这种生产技术是否适应当地的实际情况，其次通过自身在当地的组织能力迅速推广这种技术，大大减少了技术供给方与农户直接对接造成的各种摩擦。生产力发展的一个重要标志就是分工不断深化，协作不断加强。发展农村新型集体经济将有利于整合农村内部和外部的人力资源，使得农民劳动专业化，

---

① 《邓小平文选》第 3 卷，人民出版社 1993 年，第 355 页。

提高生产效率。农村新型集体经济还有利于资本积累和资本集中，生产社会化需要扩大资本规模，依托农村新型集体经济组织，能够迅速实现资本集中，生产经营的利润由集体统一分配，能够将更多利润用于资本积累，从而不断扩大资本规模。

其次，农村新型集体经济适应社会主义市场经济的发展需要。改革开放40多年来，我国确立了社会主义市场经济体制。一方面，我国坚持社会主义方向，反映在农村就是坚持土地公有制，只有这样才能保证农民平等地占有基本生产资料，最终实现共同富裕，任何农村经营方式的改革都应以此为基础进行。另一方面，市场在资源配置中起决定性作用，无论是城市还是农村，是企业还是个人，只要涉及商品生产，都受到市场经济规律的支配。以小农户为单位参与市场经济，有着先天的劣势，缺少进行市场博弈和市场竞争的力量，难以在市场中获得与其他市场主体对等的地位。通过发展农村新型集体经济，既能够坚持土地集体所有制不变，又能够形成规范的市场主体，充分保护普通农民在参与市场经济时的利益。

农村新型集体经济组织有能力进行广泛的市场调研和充分的信息分析，进行正确的生产决策，更好地应对市场变化。在市场交易过程中，农村新型集体经济组织具有更好的议价权，可以避免大企业通过局部买方市场的优势，恶意打压农产品价格的情况发生，在市场博弈中充分维护自身利益。农村新型集体经济组织还有助于减少交易成本，可以有效整合生产资源，通过规范的领导、管理、监督等方法更加合理地进行资源配置，将单个农户需要通过市场交易来完成的行为在组织内部解决，从而优化了资源配置流程，提高了市场竞争力。农村新型集体经济组织在市场中具有更强的抗风险能力，由于其具有更大的资本规模、更丰富的经营手段、更大的市场影响力，相比于单个农户来说在应对市场波动时能够游刃有余。与此同时，发展农村新型集体经济还能够产生规模效应，将土地和资本集中经营，方便大规模投入生产设施和设备。

再者，农村新型集体经济顺应了农村社会基础的变化和传统文化因素。农村新型集体经济能够蓬勃兴起，不仅由于经济方面的原因，也包括社会和文化方面的因素。改革开放以后，市场经济给农村社会基础带来巨大冲击，农村人口发生外流，大部分传统集体经济组织瓦解，"村两委"失去了组织劳动的职能，也就没有了维护社会秩序的直接手段。农村新型集体经济的发展能够重构社会基础，将农民重新联结起来。新型集体经济推动的农业产业升级，可以容纳更多的劳动力，使得农民不必背井离乡打工。新型集体经济组织成为农村社会新的黏合剂，村集体获得了集体经济收入，相关工作便能够展开。由于"村两委"是群众自治组织，财政预算约束较为明显，因此村级组织有足够的经济实力和物质条件，是其为群众提供生产和生活服务的基本要求，也是其拥有凝聚力和号召力的物质基础。农民基本生活需要得到充分保障，农民具有发展新型集体经济的热情，从而使得村级组织获得很强的向心力，填补了农村基层组织力量的缺失，重新夯实了农村的社会基础。

传统文化因素也是农村新型集体经济成功发展的重要原因。我国传统农耕文明有很强的集体主义观念，一直强调对于"大同社会"理想的追求，有着互帮互助的传统，注重血缘、地缘关系，强调公平和伦理秩序。新型集体经济的内在基因与传统文化基因存在共鸣，这成为农村新型集体经济组织运行的润滑剂，农民从根本上认可新型集体经济发展所要达到的目的和运行方式。我国农村自古以来就是一个"熟人社会"，这种文化氛围使得农民新型集体经济组织在运行时少了很多摩擦力，有效减少了沟通和管理成本。传统文化因素的另外一个积极作用就是吸引企业家、党政干部、专家学者、技能人才等返乡创业，带领村民实现共同富裕。在"熟人社会"中，村民之间的组织纽带更加紧密，获得内部人的认可能够带来更多成就感，乡情乡愁是人与人之间重要的链接纽带，许多在外取得一定成绩人才渴望回乡创业，从而带领村民走上新型集体经济的道路。

（二）因地制宜发展农村新型集体经济

习近平总书记在 20 世纪 90 年代初曾对农村集体经济有着深入的思考，他将集体经济的重要作用总结为四点：其一，加强集体经济实力是坚持社会主义方向，实现共同富裕的重要保证；其二，发展集体经济能够促进贫困地区农业发展；其三，集体经济有助于农业生产适应市场经济；其四，集体经济实力增强，能够为农村精神文明建设提供充足的物质保障。① 这些重要作用在今天看来对新型集体经济仍然适用，新型集体经济与市场经济融合程度更深，组织机制更加完善，对集体利益保障更加健全，是新时代农业农村工作的重要抓手，也是实施乡村振兴战略的重要方向。

第一，实施乡村振兴战略的道路可以是多元的，发展农村新型集体经济是一种重要的选择方向。乡村振兴之路是多样的，发展农村新型集体经济是其中的一种重要选择，需要基于当地的具体条件。我们通过实地调研和理论研究认为，新型集体经济能够蓬勃发展起来村庄，一般都具有一定规模的可利用土地，且具有一定的区位优势，集体文化影响较深的地区也更易于发展农村新型集体经济。因此，乡村振兴道路的选择应根据当地实际情况合理引导，因地制宜，不能一刀切、一阵风。当农民自发走上新型集体经济道路时，政府应尊重人民群众的首创精神，积极鼓励引导农村新型集体经济的健康发展，不能为农村新型集体经济的发展设置阻碍。

第二，农村新型集体经济本身的发展形式是多元的。农村新型集体经济是以适应市场经济为核心特征，在社会主义土地公有制前提下，通过财产联合或者劳动联合进行共同经营的经济组织，实现全体人民共同富裕是其根本目的。把握农村新型集体经济的本质内涵，有助于认清农村新型集体经济的存在形式和发展方向。无论从事哪种产业，处于产业链的那个环节，或是选择怎样的组织结构和经营方式，只要符合农村新型集体经济的本质，我们都可以将其看成是农村新型集体经济不同形态，从而能够更加合理地对待农村新型集体经济的发展，拓展我们对于农村新型集体经济的认知范围，拓宽实现乡村振兴的道路。

第三，农业农村发展应充分重视农民的主体性。人民群众是历史的创造者，决定着社会变革的方向。在"三农"问题中，农民始终处于主体地位，这在农村新型集体经济的发展中表现尤为明显。一方面，农民是农业农村发展的行为主体。农村新型集体经济之所以能够蓬勃兴起，主要依赖农民的主动创造和积极实践，依靠农民自身的智慧和力量，使得农业经营生产模式适

---

① 习近平：《摆脱贫困》，福建人民出版社1992年，第142~143页。

应了社会主义市场经济的发展要求。另一方面，农民是农业农村发展的利益主体。符合农民发展需要，能够实现共同富裕的发展模式受到农民衷心的支持和拥护。另外，在引入外部资本、外部人才参与农业农村发展的过程中，农村新型集体经济组织能够有效保证农民的主体性地位，防止农民被边缘化，防止农村的稀缺资源被低价剥夺。2019 年中央一号文件中特别指出，要发挥好农民主体作用，农村新型集体经济组织能够成为落实这一政策重要抓手。

第四，发展农村新型集体经济，可以从多方面助力乡村振兴战略的实施，全方位推进农业农村的现代化进程。通过大力发展农村新型集体经济，可以充分调动农村的各方面要素，包括人力、物力、财力等，为发展第一产业、第二产业、第三产业或者融合产业提供便利条件。农村集体经济组织在市场经济中有着更好的议价能力和抗风险能力，能够作为参与市场竞争的独立主体，有助于实现产业兴旺。在发展农村新型集体经济的过程中，广大农民收入普遍提高，农业生产效率也得到充分释放，这使得一部分农民可以从土地上解放出来，从事其他非农业领域的工作，为农民增收拓宽了渠道。"村两委"在这一过程中起到了领导组织的作用，一方面使得基层组织在农民心中树立起威信，方便开展工作；另一方面也增加了村集体的收入，使得基层组织积累了开展其他工作的物力财力。在此基础上，"村两委"能够获得了推动生态改善、社会治理、乡风建设等方面工作的能力，相较于集体经济发展较弱的村庄，将能够更好地实现"生态宜居、乡风文明、治理有效"等相关要求。由此，农村新型集体经济发展较好的村庄，将能够全面满足乡村振兴战略的五大要求。[①]

(作者王立胜、张弛，原题目为《不断完善农村基本经营制度——乡村振兴战略的制度基础》，发表于《理论学刊》2020 年第 2 期，第 53～59 页。)

---

① 王立胜：《改革开放 40 年的农村基本经营制度》，《当代经济研究》2019 年第 1 期，第 17～20 页。

第十二章
乡村振兴的"潍坊模式"

[摘要] 为解决小农户对接大市场的问题,中国不同地区发展出不同模式,农业农村现代化的"潍坊模式"就是其中之一。这一模式以农业产业化为核心,在产业链带动下,农村经济顺利进入市场经济大循环。从这一模式中可以总结出实现一二三产融合发展、实现资源禀赋引致的内生性发展、在党的领导下实现农户与市场共建、实现公共服务均等化、搭建"离土不离乡"的完善乡村治理体系等经验,从而能够为实施乡村振兴战略提供重要参考。

[关键词] 潍坊模式 一二三产融合 内生性发展

小农户和大市场的对接不仅是中国面临的难题,也是广大发展中国家面临的普遍性问题。据世界银行统计,截至 2018 年,全球仍有 45% 的人口属于农村人口,而这些农民绝大多数分布在发展中国家;在现代世界经济中,农民处在边缘的位置上。他们一只脚站在市场内,另一只脚留在维生经济中,所以,农民既没有完全融入市场,也没有完全脱离市场压力。未来这一群体的生存和发展问题仍是各个国家需要着力解决的问题,其重点仍是小农户如何对接大市场。中国各个地区为解决这一问题进行了长时间的探索,不同地区发展出不同模式,农业农村现代化的"潍坊模式"就是其中之一,这一模式以农业产业化为核心,在产业链带动下,农村经济顺利进入市场经济大循环。

山东省潍坊市是农业产业化的发源地。农业产业化经营作为一种新的生产经营方式,诞生在中国从计划经济体制向市场经济体制转轨的 1992～1993 年间,并不是偶然的。它是农业和农村经济发展过程中农民单家独户的分散经营与大市场的矛盾日益突出，城乡关系、工农关系不协调，农业比较效益低、与其他产业利益分配不合理的矛盾更加尖锐，以及农业领域市场法规不配套、不完善等情况多种矛盾相互作用的必然结果，是潍坊市广大干部群众认真总结了昌邑市龙型经济发展情况、诸城市贸工农一体化、寿光市依靠市场带动发展农村经济、寒亭区"一乡一业、一村一品"和高密市实行区域种养等做法和经验，总结、对比、借鉴日本农协、法国农业联合体、美国垂直一体化农业公司等管理现代化农业的先进经验，积极探索市场经济条件下农业发展新路子的必然结果。

习近平总书记在参加十三届全国人大一次会议山东代表团审议时指出，改革开放以来，山东创造了不少农村改革发展的经验，贸工农一体化、农业产业化经营就出自诸城、潍坊，形成了"诸城模式""潍坊模式""寿光模式"。① "潍坊模式"是潍坊人民在改革开放的伟大历程中，在党委政府的正确领导下，立足国情、省情、市情，不断实践创新，不断总结完善，形成的以推动城乡融合为目标，致力于农业全面升级、农村全面进步、农民全面发展的农业农村现代化道路和模式，完全符合实施乡村振兴战略的内在要求。新时代准确认识"潍坊模式"的深刻内涵，更好发挥"潍坊模式"的经验引领作用，对于推进实施乡村振兴战略，具有重大理论意义和实践意义。

一、"潍坊模式"形成演进的历史过程

党的十一届三中全会以来，从"包产到户"到"家庭联产承包责任制"，再到乡镇企业发展，潍坊和全国一样，农业和农村经济有了长足发展。但是，自20世纪90年代以来，在从计划经济向市场经济转轨时代，农民一家一户分散经营与大市场之间的矛盾越来越突出，一度出现比较严重的"菜贱伤农""粮贱伤农"现象，农业持续发展面临挑战。党的十四大明确提出建立社会主义市场经济体制后，山东省委要求潍坊市在总结提升诸城市"商品经

① 张少义：《寿光采访记：总书记点赞的"寿光模式"》，求是网，2019年4月30日。

济大合唱"、贸工农一体化做法基础上，按照建立社会主义市场经济体制的要求，率先探索更高层次的农业发展机制。

带着这个重大命题，潍坊市广泛调查研究、全面总结党的十一届三中全会以来农业农村经济发展历程，系统梳理诸城市贸工农一体化，寿光市靠市场带动农村经济，寒亭区"一村一品、一乡一业"，安丘实施名牌战略，高密实施区域化种养等经验做法，学习借鉴了日本、法国、美国等国家农业发展先进理念。在通过总结、对比、借鉴之后，一致认为：要破解农村改革与发展中的深层次矛盾、解放农村生产力，必须靠产业化改造传统的自给半自给的农业和农村经济，使分散经营的农户与国内外大市场紧密衔接，农村经济顺利进入市场经济大循环。1993年5月，潍坊印发实施关于按照农业产业化要求进一步加强农村社会主义市场经济领导的意见；1994年初，山东省委印发1号文件在全省推广潍坊农业产业化经验；1995年底，人民日报发表社论《论农业产业化》并配发三篇述评，充分肯定了农业产业化思路和做法；2001年10月，全国农业产业化现场经验交流会在潍坊召开，农业产业化在全国全面推行和实施。

农业产业化以"确立主导产业、实行区域布局、依靠龙头带动、发展规模经营"为主要内容，体现"生产力标准"的原则。潍坊市从调整生产关系入手，依靠深化改革，创新农业生产的组织形式、经营模式和运行机制，农业农村生产力极大释放。它的全面推行和实施，把千家万户的农民与千变万化的市场紧密连接，促进了农村产业结构升级和资源优化配置，提高了农业比较效益，这一过程本质上是农业供给侧结构性改革的过程。

自2002年以来，潍坊市为更好地适应国内外市场和消费需求的变化，把推行农业标准化作为发展现代农业、提高农产品质量、增强农业核心竞争力的重要措施来抓，构建起了现代农业标准化体系。潍坊市目前先后收集整理了61项国家标准和24项进口国标准，制定并发布实施了248项地方农业标准规范，形成了比较完整的农业标准体系，而且全市建成无公害、绿色、有机食品基地520万亩，获得"三品"认证的农产品1600多个。瓜菜、果品、畜牧、水产品生产基地标准化率达90%以上。目前，全市已经投资2.2亿元建成农业、畜牧、水产等三个市级检测中心，20个县级检测站，120处乡镇检测点，730处企业、市场检测室，形成了市、县、乡、市场（基地、企业）四级农产品质量检测网络，农产品检测合格率达到98%以上。

关于现代农业建设。为深入推进现代农业建设，进一步打造潍坊农业品牌，潍坊市政府出台了《关于加快发展现代农业的意见》，潍坊市已经建成了上下联动、覆盖全市、快捷方便的农业"110"科技信息服务体系，建成国家和省级农业技术研发中心14处，同时全市还推行农村新型能源建设、新型农民培育以及大力发展农民专业合作组织等现代农业科技服务体系。全市正努力将潍坊打造成全国最大的优质农产品生产基地、全国最大的农产品加工基地，进而潍坊市农业科技创新能力将明显增强，一批具有自主知识产权的农业科技成果得以广泛应用。

关于现代农业标准化体系建设。按照高标准规划、高起点建设的要求，大力发展种植、养殖、加工等各类特色现代农业科技示范园区，形成了一批规模化种养基地、企业集群和加工园区。现代农业园区建设呈现出投资大、标准高、后劲足的特点。目前，全市已建设各类现代农业示范园区912处，标准化生态养殖园区3539个；创建国家级蔬菜、水果标准化生产示范园区37处，国家级现代农业示范区2处，省级现代农业示范区3处，全国农业产业化示范基地2处，具有区域性特色的农副产品出口基地120多处。这些园区汇集了全国乃至发达国家的先进技术成果和高科技人才。现已建成全国第一个农业高科技示范园——寿光蔬菜高科技示范园，全省第一个农业国家级企业技术中心——诸城外贸国家级企业技术中心，全省第一个农业高新技术企业——潍坊华裕实业有限公司，拥有最多的省级农业科技示范园。寿光蔬菜高科技示范园被国家批准设立了博士后流动站，并与中国农业大学合作在寿光建立了中国农业种子研究院。2012年，潍坊（寿光）省级农业高新技术产业示范区获得省政府正式批复，与滨州、东营并称为"全国农业现代化的三朵金花"。

农业产业化引领了中国农业发展20多年，农业产业化形成的理论成果和制度成果成为指导我国农业和农村经济发展的重要依据，经过多年的实践、探索、提升，农业产业化已经成为中国特色农业现代化道路的重要内容。

二、新时代"潍坊模式"的实践

习近平总书记在山东考察时指出，农业大省的责任首先是维护国家粮食安全。要把粮食生产抓紧抓好，把农业结构调活调优，把农民增收夯实夯牢，把脱贫攻坚战打好打赢，扎实实施乡村振兴战略，打造乡村振兴的齐鲁样板。进入中国特色社会主义新时代，潍坊市以农业产业化为核心，采取了一系列相关举措，大大增加了农民收入，在实践"潍坊模式"的同时，也对其作了更好的诠释。总体来看，潍坊市以全国 1.7‰的土地、1‰的淡水，产出了全国 7.2‰的粮食、15.7‰的蔬菜、12.7‰的花生、6‰的水果、19‰的农产品出口额；500 多种农副产品及加工产品出口全球 120 多个国家和地区，其中蔬菜和畜牧产业出口创汇分别占全国的 1/18、1/8，东亚畜牧交易所、中美农业创新中心等重大开放创新平台也已建成运营。

（一）培养新型农业经营主体、发展规模经济

具体来看，农业产业化经营面临的一项突出问题是土地碎片化经营。家庭联产承包责任制解决了土地经营的激励问题，但是也带来了新的问题，即家庭分散经营，规模过小，难以形成规模经济。与长三角等一些地区相比，潍坊市在土地流转改革方面存在一定问题。2012 年，苏州、宁波、嘉兴等地土地流转面积普遍占到总量的 60%～80%，而潍坊市仅为 30% 左右。由于土地流转慢，规模经营难开展，一些先进的农业技术装备和标准化生产手段难以推广，影响了现代农业发展进程。为了缓解这一问题，潍坊市大力培育新型农业经营主体，通过壮大发展龙头企业，带动农业的规模发展。

新型农业经营主体的崛起缓解了农地经营碎片化的问题，带来了规模效益，这是农民增收的重要条件。2017 年全市土地流转面积占比达 41.8%、土地经营规模化率达到 60% 以上，关于流转的规模和形式，以安丘市为例，土地流转 59 万亩，流转率 51%。其中，流转入农户 28.9 万亩，流转入合作社

9.8万亩，流转入企业12万亩，流转入其他主体5.4万亩。流转50～200亩的经营户309个，200～500亩31个，500～1000亩6个，1000亩以上2个。其中以出租土地方式流转的占总流转面积的81.86%，转让的占2.98%，互换的占10.45%，股份合作的占2.49%，其他占2.22%。参加土地流转合作社的人员数量5万户，参与率为21.7%。

（二）打造品牌企业，注重成果转化

在发展农业龙头企业方面，潍坊农业虽然名气大，但从农民到企业、从政府到社会，对农业品牌价值认识上还不到位，普遍存在"重生产、轻宣传"的现象；潍坊的农业龙头企业虽然数量较多，但低水平同质化竞争比较严重，巨型企业缺乏、大型企业偏少。

进入中国特色社会主义新时代，潍坊市委、市政府积极落实党中央、国务院关于农业科技成果转化、农业品牌建设等方面的文件，积极健全和完善科技成果转化政策，结合自身优势资源，打造高知名度的龙头企业。如今，潍坊市拥有13家进入全国农业龙头企业500强的企业，农业龙头企业发展到3100家，数量居山东省之首，2019年销售收入在500万元以上农业龙头企业数量达1000多家；国家级现代农业规模化园区达到23个；全市田园综合体达到30个以上；全市休闲农业经营主体发展到1866家，其中省级田园综合体5家、市级田园综合体20家、休闲合作社65家、休闲观光家庭农场83家、农家乐962家，建成省级以上休闲农业示范点25处、示范县5个。

（三）搭建公共服务平台、集聚发展资源

农业产业化经营需要配套的社会化服务，潍坊市围绕解决农业经营的社会化服务难题，按照主体多元化、服务专业化、运行市场化的思路，扶持发展各类新型农业社会化服务组织500多个，建成110处为农服务中心。关于产权交易中心，全国首家省级农村产权交易平台齐鲁农村产权交易中心建成运行，在全国率先完成农村信用社股份制银行化改革，创新农村产权抵押融

资模式，累计支持农户超过 23 万户、发放贷款 300 多亿元。关于高素质农民的培训工作，围绕为农业持续健康发展提供坚实人力基础和保障，全面强化职业农业教育，构建专业农民队伍，成立潍坊职业农民学院，有省级专业农民实训基地 35 家，排山东省第 1 位。关于种苗研发，全市从事种子研发企业达到 19 家、占全省 60%，国产蔬菜品种市场占有率达 80%，育苗企业达到 260 多家，培育新品种 188 个、育苗能力达 17 亿株以上。2017 年，潍坊市良种贡献效益 480 亿元，良种贡献率达到 47%。北京大学现代农业研究院已正式落户，有国家级农业科技园区 2 家、省级以上农业工程技术研究中心 18 家，与全国 100 多家农业科研院所建立了稳定的科技协作关系。

在推进产业融合发展的过程中，潍坊市也注重对公共平台的打造，通过统筹规划，引导区域合作，减少同质竞争现象，推动集聚集群发展和区域品牌打造。如寿光市引导蔬菜高科技示范园、现代农业示范区、西外环生态农业观光走廊、双王城市国际生态农场等联合打造生态观光旅游线路，成为发展乡村旅游的亮丽名片。潍坊市积极加强农村产业融合的公共平台建设，增强对农业产业化组织推进农村产业融合的辐射带动力，拉动农村产业融合、节本增效和提质降险，提升其品牌形象。通过政府搭台、企业唱戏等方式，潍坊市已打造寿光菜博会、青州花博会、昌邑绿博会等 3 大农业会展，带动农业产业化组织创新产业发展理念和组织方式，更好地对接现代科技和高端市场、特色市场、要素市场。由潍坊市人民政府、寿光市人民政府等承办的寿光菜博会，已成为国内唯一的国际性蔬菜专业展会。潍坊市政府还积极扶持龙头企业参加国际国内农产品展会，发挥服务业对农业转型升级的拉动作用。经山东省政府批准建立的齐鲁农村产权交易中心已在潍坊市域形成了市、县、乡三级交易服务网络，成立了 4 家省内分中心和 8 个省外工作站，具备了面向省内外提供产权交易、抵押融资、政策咨询等一站式服务的能力，为吸引优质资源和要素进入农村产业领域提供了良好的平台。

潍坊市还积极推进农村产业融合服务体系的改革创新，为科技、资金、人才等要素加快进入农村产业融合提供通道。如该市在全省率先开展了土地经营权和蔬菜大棚抵押贷款试点，为解决农村产业融合的融资难问题探索新路。安丘市在加强基层农技推广体系建设的同时，积极整合市、镇、村三级农技力量,形成"专家组 + 试验示范基地 + 农技人员 + 科技示范户 + 辐射带动农户"五位一体的科技推广模式,带动农民培训的有效展开。根据农民的职业需求,潍坊市开展了生产经营型、专业技能型、社会服务型 3 类有针对性的新型职业农民培训。自 2014 年到 2016 年 8 月,已培训新型职业农民6000 余人,组织认定新型职业农民 900 余人,包括现代青年农场主 40 人。新型职业农民培训,为推进农村产业融合提供了良好的后备企业家队伍。

三、"潍坊模式"的经验和内涵

总结"潍坊模式"的成果经验和内涵中的一般经济规律和政府治理能力的具体指标,能够为其他面临类似经济压力和治理问题的地区提供更好的指导。与"苏南模式"为代表的长江三角地区和以"珠江模式"为代表的珠三角地区比较,"潍坊模式"具有内生性发展突出的特点,缺乏独特的资源禀赋和明显的区位优势,依靠农业完成现代化的起飞。因此,"潍坊模式"内生性特点更为突出,主要依靠自身资源,通过体制机制的创新,实现了迭代计划,这是"潍坊模式"非常重要的特点。

(一)实现一二三产融合发展以及小农户与大市场的对接

党的十九大报告指出,"实现小农户和现代农业发展有机衔接",切中了乡村发展问题的要害。一方面,小农户经营在我国人地关系高度紧张的国情下有天然的合理性。实践证明,在当前普遍较为粗放的生产经营方式和低下的管理水平下,较大规模经营几乎无法做到土地产出率、资源利用率和劳动生产率同步提高,往往导致单产下降,浪费宝贵耕地资源。而"半耕半工"的家庭生计模式,在解决农村中老年人就业的同时,充分发挥精耕细作的传统农业优势,在保障粮食安全方面作用巨大。因此不能在观念上将小农户和新型经营主体对立起来,贴上绝对的"落后"与"先进"的标签,必须立足中国国情,走中国特色的现代化农业道路。另一方面,土地流转水平其实是城镇化水平在农村土地上的投影，换言之，有多少农村人口永久离开土地进入城市生活，决定了农村土地流转水平。因此，提高农村土地流转水平、实现农业规模经营，不是一厢情愿的事情，而决定于城镇化水平这一基本约束条件。我们必须以大力发展各种新型经营主体、实施多种创新形式，缓解小农户经营导致的土地细碎化带来的一系列问题，但是也必须以城乡人口结构、农村人地关系结构，作为建立政策体系的依据和出发点。

鉴于上述两方面的现实可以发现，一方面，通过一二三产融合的方式延长农业生产链，增加农业附加值，推动乡村经济的多元化发展是解决小农户无法很好地融入大市场问题的一条路径。具体而言，乡村经济多元化发展，将经济发展的新理念、新元素引入乡村建设全过程，改变农业内部三次产业相互割裂状态，有效促进农业多元功能的深度融合，激活乡村各类生产要素资源，提高乡村产业综合实力，促进农村产业结构调整优化，降低农业生产经营成本，提升农业生产经营效益，增强农民及各类参与者在农业产业链中的获利能力，并可吸纳大量城乡劳动力就业。以农业为基础的乡村经济蕴藏丰富的文化资源，农耕民族勤劳、质朴的优良传统在乡村建设中能够充分体现，对科学人生观、价值观和世界观的形成具有积极作用，而且人与自然的和谐相处还会为农业的可持续发展和生态环境的改善奠定基础。乡村经济各功能之间相互关联、相互依赖、相互促进，共同构建了一个有机整体，乡村经济繁荣与发展对整个社会的政治、经济、文化和生态具有重要基础支撑作用。农业多功能开发涌现了众多创意农业，进一步衍生全新的乡村生产、生活需求空间。农业供给侧结构性改革将信息技术、基因技术、智能技术等高科技成果广泛运用于农业生产，有利于完善农业产业结构，优化乡村产业布局，拓展农业产业链纵向延伸，创新乡村新兴产业、新兴业态，推动农业部门向现代产业部门转变

另一方面，进一步完善农业社会化服务体系，通过平衡新型经营主体和小农户的关系，减少小农户与规模化经营之间的冲突，使之更好地适应市场竞争环境。推进一二三产的融合，能吸引多元化的投资主体，打破乡村经济在信息供需方面的不对称，能够激发农民作为经济主体的发展活力。但是小农户在资金规模、土地规模等方面与种养大户、家庭农场、农业合作社、龙

头企业等无法抗衡，因此，"三产融合"的关键在于建立利益联结机制。要坚持"基在农业、惠在农村、利在农民"原则，以延长产业链、提升价值链、完善利益链为关键，以农民合理分享全产业链增值收益、持续增进农民福祉为核心，建立健全紧密型利益联结机制，引导"三产融合"主体之间及其与小农户之间紧密合作，形成风险共担、互惠共赢、包容互促的紧密型经济共同体、利益共同体和命运共同体。关于一些落实举措，设计制定更加符合小农户利益的国家支农资金投放方式，建立能够更好回应小农户需求的政策供给模式，建立更加符合实际的小农户与国家政策的承接对接机制，这样才能真正实现小农户与现代农业的有机衔接，这是实施乡村振兴战略的关键性问题。

（二）实现资源禀赋引致的内生性发展

与以"苏南模式"为代表的长三角地区和以"珠江模式"为代表的珠三角地区比较，在缺乏独特资源禀赋、明显区位优势和特殊政策扶持的情况下，潍坊依靠农业完成了现代化的起飞阶段。

长三角地区的现代化过程强烈依赖于上海在产业升级过程中的"产业外溢"，早在20世纪80年代就有"星期日工程师"现象，国营企业的技术人员和销售人员利用业余时间为乡镇企业和私营企业服务，国营企业长期积累的技术、工艺、材料、设备以及销售渠道网络的转移为这一经济区域的发展提供了巨大动力。珠三角地区的发展初始阶段依赖于"三来一补"产业形式，依托与香港结成的"前店后厂"模式，在较短时间内解决了剩余劳动力问题，积累了资金、技术、管理经验，掌握了市场网络，为此后的发展提供了非常好的基础。"潍坊模式"的内生性特点更加突出，几乎是完全依赖自身的资源，通过体制机制创新实现了产业的迭代进化。潍坊根据各个县市区的土地、水等资源禀赋的特征，考虑到各个地区的地理位置，制定了不同的农业发展战略，形成了多样化的农业经营模式，例如，诸城市自20世纪80年代以来，着力推进贸工农一体化，有效解决农副产品产销脱节矛盾，形成产供销一条龙的新型经济运行机制，搭建起"小生产""大市场"对接的桥梁。改革开放以来，寿光市则以蔬菜产业化引领农业与非农产业协调发展，带动农民富裕、城乡融合、农村城镇化。充分利用自身资源禀赋的内生性的发展模式为其他国家和地区提供了一定启示。

一个地区发展战略的升级，要求推动社会资源禀赋结构的升级。资源禀赋结构的升级主要通过技术创新和制度创新来实现。然而，技术创新和制度创新需要条件，其中，激励结构和社会内生能力是推动技术创新和制度创新的两个关键变量。在缺少创新的激励结构或者社会内生能力的条件下，仍然可以通过从外部引进技术实施地区发展战略。但是，从外部引进技术实现发展战略，如果不能通过激励结构的设计，激活地方社会内生能力，那么，这种发展不可持续。因此，一个地区发展战略的升级需要通过激励结构的设计与调整，激活、开发和持续维护社会的内生能力。

需要指出的是，激励结构与内生能力并非总是同向的。激励结构既能够抑制社会的内生能力，也能够激活社会的内生能力。激励结构抑制社会的内生能力，这种发展属于外生性发展或行政驱动的发展；激励结构激活或推动社会内生能力，这种发展属于内生性发展，"潍坊模式"显然属于后者。

"潍坊模式"的成果也说明，乡村振兴并不意味着所有的农村都能振兴。实际上，工业化城市化之后，社会生产、生活、文化等功能从乡村转移到城市，城市繁荣往往以乡村衰退为代价。繁荣与衰退由资源禀赋结构来决定，在资源禀赋及其结构未得到升级的乡村，即使有科学的规划和巨大的投入，依然不能保证它的振兴，这是长期以来社会生活的基本事实。能够复兴的乡村必须确保资源禀赋结构的持续升级，能够秉承创新、协调、绿色、开放、共享的发展理念，以人民为圆心，利用市场和政府的半径，为乡村振兴划出更大的圆。乡村的振兴离不开市场，在市场经济中乡村必须提供市场需要的服务或产品，实现城乡人口、产业、人才等市场要素的双向流动。乡村的内生发展要求也要求转变政府领导的方式，行政命令的方式已经难以奏效，乡村振兴需要催化型领导来推动多元主体之间的合作，旨在促成多元主体在沟通、信任、承诺、理解和成果之间形成一个良性循环。

（三）在党的领导下实现农户与市场共建

党的领导力量的介入和参与，在一定程度上解决了小农户与市场的连接问题，也解决了小农户的组织化问题，将政府信誉注入潍坊农业产业化过程，在克服"市场失灵"方面作用巨大，较好体现了中央"更好发挥政府作用和发挥市场在资源配置中的决定性作用"的要求。潍坊农业产业化的发展过程，始终是与基层党委政府的积极作为紧密联系的。在 20 世纪 90 年代，被学术界称之为"逼民致富"的农业产业结构调整成为潍坊农业实现"三产融合"的重要历史条件，也是党的领导下，农户与市场共建的成功实践。这种实践要求正确处理政府与市场、政府与农户的关系。

一方面，处理好政府与市场的关系。20 世纪 80 年代人民公社的废止、乡政府的建立，打破了原有的生产大队政经一体化的制度。但是，政经分离并不彻底，乡镇基层政府对农村社区经济干预并没有停止，导致政府职能不断外溢。为此，应规范政府行为，限定政府的权力，界定政府与市场的边界，发挥农村经济体自身力量，彻底地实现政经分离。农村经济共同体应按照市场规律运作，减少政府直接干预，政府不能把属于自己的职责摊派给经济组织，要充分体现"民办、民管、民营、民受益"原则，淡化"行政色彩"，避免走"政经合一"的老路。但政府也不是无所作为，应为农村经济共同体提供政策支持和公共服务，保护处于弱势的农村经济体免受市场侵害，为经济组织的成立壮大、为市场组织和社会组织行使社会职能创造条件。

另一方面，处理好党组织与农户的关系。新型农民合作经济组织成员中党员人数的增加需要成立党组织。随着新型农民合作经济组织的增多，规模和人数的扩大，加入新型农民合作经济组织的党员人数也在增加，为了能够更好地开展党组织生活，发挥党员的模范带头作用，客观上要求成立合作经济组织内部的党组织。而新型农民合作经济组织党组织和村党组织之间存在着合作与冲突的关系。新型农民合作经济组织内部党组织的成立，对村党组织产生一定的影响，这种影响表现为在一个空间（村组）内并行存在两个党组织。从党的组织规定来讲，这两个党组织之间是平行的关系，工作上互相支持，经验上相互交流，组织上同归上级党委的领导。但实际上，由于农民合作经济组织和村组织在具体的职责、利益和行为价值取向等方面存在着差别，两个党组织之间在党员归属、党员流动、乡村选举、村务公开等方面势必存在着矛盾和冲突，其中突出的表现就是新型农民合作经济组织内部党组织对村党组织构成了挑战，并有可能削弱村党组织的发展和领导力。按照《中华人民共和国村民委员会组织法》规定，村党组织应发挥村各项事业的领导核心作用，作为乡村治理的政治领导主体，所属村组的党员都应该属于村党组织，其组织关系、政治活动也应该在村党组织内部进行。村党组织能够真正按照民主集中制的原则开展活动，能把党组织的活动与合作经济组织的业务、成员的利益有机统一起来，真正代表合作经济组织成员根本利益，从而更加团结、更富有战斗力和吸引力。

如今的部分新型农业经营主体也是由村党支部领办的。部分地区积极推行"党支部 + 土地流转 + 村企联建 + 红色旅游"的运营机制，实现村集体、企业、合作社、农户四方共赢。例如，寒亭前阙庄村党支部领办"东篱田园综合体"，发展"前阙红谷"系列旅游项目，成功打造了集农业生产、乡村旅游、休闲体验于一体的综合性红色旅游平台。

（四）实现了公共服务均等化、助推良性城乡关系的建设

潍坊市具有大城市与大农村并存，大工业与大农业并存，城镇化与逆城镇化并举的特征。之所以形成这些特征，与长期以来促进公共服务均等化的一系列举措是分不开的。

第一，财政支出逐渐向民生倾斜，民生支出占公共财政预算支出的比例由 2012 年的 56.1% 上升至 2018 年的 80% 以上，这些支出主要用于教育、文化体育、就业和社会保障、医疗卫生、强农惠农等方面。第二，逐渐构建学校建设标准统一、基本设施配置统一、教师编制标准统一、生均公用经费标准统一等城乡教育一体化的制度；构建城乡一体化的养老制度，使城乡居民享受同样的养老待遇，并逐年提高居民养老金发放标准；整合城乡医疗保险，提高报销比例，最高可达 96.5%，大大减轻了城乡居民的医疗负担；始于 2005 年的城乡环境综合整治，从 2009 年开始在中心城区试点后全面推开，近年来更是把城乡环卫一体化作为统筹城乡发展、建设美丽乡村的重要举措，打破了城乡环卫"两元"格局，为居民提供了良好的居住环境。上述一系列公共服务均等化的措施助推了良好的城乡关系结构，使得城乡融合体制机制

初步实现。

基本公共服务均等化是城乡一体化发展的主要内容，也是实现一体化发展的关键环节，其重要作用主要体现在三个方面。首先，基本公共服务均等化是缓解矛盾、缩小城乡差距的重要手段。当前我国农村公共服务供需矛盾日益凸显。供给方面，由于公共服务范围的不明晰和政府职能缺位，农村教育、医疗和社会保障等基本公共服务和公共产品供给严重不足，与农村日益增长的基本公共服务需求之间的矛盾日益凸显。分配方面，由于经济社会二元结构的长期存在，基本公共服务供给大都向发达地区倾斜，导致农村公共服务水平远低于城市，城乡之间、区域之间以及不同人群之间的基本公共服务存在较大差距。唯有加快推进城乡公共服务均等化，才能改变长期以来自给自足的短缺性公共服务供给方式，让农村居民摆脱因病、因缺乏教育致贫的困境，让农村经济焕发活力，从根本上改变农村落后的局面，缩小城乡差距。

其次，基本公共服务均等化是保障农民基本权利的重要基础。城乡一体化的重要目标之一是实现农民的公平发展，其实质就是承认和保障农民的自身发展权益。对政府而言，保证全体居民享有公平的生存与发展机会是政府基本义务，政府理应保证每个居民享有基本生存权利，不应让任何人滑入"基本需要"的底线公平之下。而实行基本公共服务均等化将是守住农村享受基本公共服务的机会均等底线、保障农民基本权益的结果均等的关键举措。

最后，基本公共服务均等化是实现经济发展的重要保证。农村的潜在投资和消费需求对于保证经济持续快速发展具有重要作用。长期以来不断扩大的城乡差距、供给严重短缺的农村公共服务压制了农民的消费能力和欲望，限制了农村市场对刺激经济作用的发挥，因此，加快推进基本公共服务均等化能够为农村居民提供生存和发展保障，有效改善消费预期，释放消费需求，为经济发展提供强劲的内需动力。

（五）搭建了"离土不离乡"的完善乡村治理体系

乡村振兴，关键在人。从吸引人才返乡和培育本地人才两端发力，为构建"自治、德治、法治"相结合的乡村社会治理体系提供人才支撑。实践证明，资本下乡这种"资合"方式不可避免地具有社会成本高昂和"道德风险"等问题，资本逐利和流动的基本特点也在切割农村原有社会关系结构，容易引发农村社会治理中一系列问题。考虑到这一点，在吸引人才返乡时，政策导向要从鼓励"资本下乡"逐渐转向大力支持外出农民返乡创业，扎实开展好正在进行的"结合新型城镇化开展支持农民工等人员返乡创业试点"，推动建立城乡相互吸纳机制和城乡精英循环机制。外出农民返乡创业，可以将他们多年积累的经济资本、社会资本、管理经验与乡土资源、信任关系很好结合，将经营成本、道德风险降到最低，实现地缘、血缘、业缘纽带的充分联结，实现"资合"与"人合"的内在统一，实现企业与农村社区的高度融合，同时很好发挥农村精英的"组织员"功能，有利于实现党的十九大报告提出的"健全自治、法治、德治相结合的乡村治理体系"目标。

工业化和城市化提高了居民生活水平和公共服务条件，但是也带来了两个问题：一是将大量劳动力吸纳到城市中，但这些人无法同当地居民享受同样的公共服务；二是造成了农村"留守"问题。"潍坊模式"则恰恰造就了各具特色的发达县域经济，减少、甚至杜绝了这两个问题的产生。通过县域经济吸纳了大量的农村劳动人口，80%以上农村转移劳动力可以不出县实现就业；通过开设培训班等方式提供农民种植养殖水平，提高农业的技术含量，从而增加农民的收入。这两种举措为当地发展培育了人才，促成了"离土不离乡"的生产和生活方式。进而保留住农村传统社会的结构功能，促使传统社会治理资源作用的发挥，最终形成"自治、德治、法治"相结合的乡村社会治理体系。

乡村振兴战略充分肯定了农民的主体地位和治理潜力，强调作为治理主体的农民群体在自治、法治、德治相结合的乡村治理中可以大有作为，这为村民自治的主体优化、塑造精英型农民群体创设了良好的外部条件。

要充分发挥乡村精英群体的重要作用。村民群体中的一小部分属于场域中的精英分子，包括体制内干部及经济能人、社会能人等体制外精英。生于斯长于斯的村庄精英不仅能力较强、资源较多，而且深谙乡土规则，对乡村有感情，具有一定的凝聚力和感召力。应出台具体措施，鼓励乡村精英在村民自治中发挥积极引领作用。在"空心化"背景下，相当数量的村民外出务工或经商，农村人才和资本的外流对村民自治造成极大困扰，当前要通过有力措施吸引外出精英返乡，以充实和优化村民自治主体队伍。

要引导广大普通村民向精英型村民角色过渡。通过宣传和培训，帮助村民了解国家关于农村工作的政策及战略部署，开阔视野，转变观念，强化其自身的主人翁意识、权利意识、参与意识，培养公共精神与素养，提升其参与乡村公共事务治理的能力。注重培养和强化村民的法治精神、参与意识。同时，要提升农民的监督能力，建立健全村庄公共权力运行的监督机制，规范公共权力运行。注重农民市场意识与生产技术技能的培训，把农民塑造成为新时代乡村振兴的主角，进而成为基层民主政治完善中的主体。

"潍坊模式"是中国特色农业农村现代化道路的鲜明体现，是"中国道路"的组成部分，也是增强"四个自信"的重要来源。在实践中，不但对打造乡村振兴战略齐鲁样板，对国内欠发达地区农业农村发展有很强指导作用，而且对落后发展中国家有着较大借鉴价值，具有很强的国际意义。在理论上，从一个落后经济体，依靠党的领导和地方政府的积极作为、强力推动，主要发挥内生性力量，通过体制机制创新，迅速成为较发达经济体，"潍坊模式"及其形成过程具有典型的发展经济学意义，也是构建中国特色社会主义政治经济学理论体系的重要实践依据和灵感来源。

[作者张彩云、隋筱童、胡怀国、陈健，原文发表于《乡村振兴潍坊模式的昌邑实践》第一章（农业农村现代化的"潍坊模式"），经济科学出版社 2021 年版。]